# ヴィゴツキー
# 心理学論集

柴田義松・宮坂琇子
[訳]

Лев Семенович Выготский

ИЗБРАННЫЕ
ПСИХОЛОГИЧЕСКИЕ
ИССЛЕДОВАНИЯ

学文社

# ヴィゴツキー心理学論集　目　次

# ヴィゴツキー心理学論集

# 第1章　心理システムについて

## 1　心理システムとは何か

私がいまから伝えようとしていることは、私たちの全般的な実験研究から発展したもので、一連の調査活動のなかで明らかにしたものの理論的意味づけをおこなう若干の未完成の試みである。その活動は、主として二つの研究分野――発生論的研究と病理学的な研究を一つにまとめるためのものである。したがってこの試みは、いままで諸機能の発達の局面で研究対象となってきた一連の心理的問題が、これらの機能が崩壊する局面で提起された同じ諸問題と比較されるようになったことと関連して私たちに生じた新しい問題を（形式的側面からではなく、本質的に）検討し、取り出し、私たちの実験室の研究にとって実践的意義をもちうるものを選び出そうとする試みとみなすことができよう。私が話そうとしていることは、私たちがこれまで扱ってきた概念システムを複雑さにおいて上まわっているので、最初に私たちの大多数がよく知っている説明を繰り返したい。私たちはいくつかのきわめて簡単な問題を複雑にしているとの非難を受けたときは、それに対してむしろ、私たちが逆のことをした場合に、すなわち並はずれた複雑さをもつ問題を私たちがあまりにも簡単に説明しすぎた場合に、非難されるべきだと常に答えてきた。そして今、私たちがある程度わかりやすい、あるいは単純なものとみなしている一連の現象に、それが以前に明らかにされたよりももっと複雑であるとする理解に近づくようにアプローチする試みを示すことにしたい。

私は、私たちの研究対象の問題がずっと複雑なものであることを認識する動きは偶然的ではなく、私たちの研究の特定の論点に含まれていることに注意をうながしたい。周知の通り、私たちが研究している高次の諸機能に対する基本的観点は、それらの機能を、原初的精神機能とは人格と異なる関係にあるものととらえることにある。私たちが、人間は自己の行動を制御し、その行動を方向づけていると語るとき、簡単なものごと（随意的注意あるいは論理的記憶）の説明に人格のようなずっと複雑な現象を引き込んでいる。私たちは私たちが扱っている精神機能のどの説明にも出てくる人格概念を看過していると非難されてきた。それは実際にそう言えるのである。そしてあらゆる科学研究は、ゲーテのみごとな表現によれば、問題を仮定とみなすように例外なく構築されている。すなわち仮説をあらかじめ定式化することから出発している。しかしその仮説は実験研究の過程で解決と検証を要するものなのである。

私たちは、高次精神機能をどんなに原始的に単純に解釈しようとも、結局は人格のなんらかのもっと複合的でもっと統一的な概念に頼るのだということ、随意的注意とか論理的記憶のような比較的単純な機能を、人格に対するそれらの関係から説明しようと試みてきたことを思い出してもらいたい。このことから次のことが明らかである。——私たちは作業の進捗に従って、この欠陥を埋め、仮説を正しいものとみなし、その仮説を徐々に実験によって点検された知識に変えてゆかねばならない。私たちの研究から、これらの精神機能に対して特別な関係にある発生的に仮定された人格と、私たちの説明のなかで前提とされている比較的簡単なメカニズムとの間の欠落を埋めるようなモメントを選びださねばならない。

すでに私たちは以前の研究で、私が話そうと思っているテーマに出会っていた。私は自分の報告を心理システムについての報告と名づけた。それは発達過程において個々の機能間に生じるものであり、また崩壊過程で崩壊した、あるいは病的変化を受けるような複雑な結合を考慮に入れたものであった。

幼児期における思考とことばの発達を研究しているときに、私たちは次のことを見いだした。——これらの精神機能の発達過程は、各々の機能の内部で変化が起こるのではなく、主として、動物学的局面における系統発生や乳児期の子どもの発達に特徴的なこれらの機能間の原初的結びつきが変化するということに帰せられるのである。この結びつきとこの関係は、子どものその後の発達においては同じままではない。それゆえ、思考と言語の発達領域における基本的観念の一つは、思考とことばの関係を規定し、発達のあらゆる段階や崩壊の形態にも適合する不変の定式はなく、発達のどの段階においても、崩壊のどの形態においても、それらに固有の変化をしてゆく関係があるのだということである。私の小報告はまさにこのテーマにささげたものである。その基本的観念（それはきわめて単純である）は、発達過程、とくに行動の歴史的発達の過程において変化するのは、私たちが以前に研究していたように（それは私たちの誤りであった）機能が変化するというより、またそれら機能の構造や、それらの運動システムが変化するというよりむしろ、諸機能相互間の関係、結びつきが変化し、修正され、先行段階では見られなかった新たな組合わせが生ずるというものである。それゆえ、ある段階から別の段階に移行する場合の本質的な相異は機能内変化ではなく、機能間の変化、機能間結合、機能間の構造の変化である。

諸機能を相互に結びつけるこのような、新たな可変的関係の発生を、私たちは心理システム〔傍線は原文では下線――訳者〕と名づけることにする。それは、そのなかに通常収まっている内容全体をそこに含めるので、残念ながらあまりにも広い概念である。

私が資料をどのように利用するかについて一言述べておこう。研究の過程と叙述の過程とはしばしば互いに逆方向に向かうことは広く知られている。私にとっては、資料全体を理論的に把握して、実験室で実施した研究については語らないほうが容易である。しかし、私はそうすることができない。私にはまだこの資料を把握するような一般的理論的見解はないからであり、時期尚早の理論化は誤りであると考えるからである。私はただ、下から上に進んでいくように、一定の階梯をなす諸事実を体系的に述べるだけにしておこう。あらかじめ白状しておくが、私はまだ諸事実の全階梯を真の理論的理解でとらえること、諸事実やそれら事実間の結びつきを相互に論理的関係でとらえることができていない。私は下から上へ進むことによって、他の著者たちがしばしば出会っている、蓄積された膨大な資料全体を提示すること、そして解決するうえでそれらの資料が最重要な役割を果たすような問題――とくに病理学における失語症や統合失調症の問題、発達心理学における移行期の問題――と関連づけてそれらの資料を提示するにとどめたい。私はあえて理論的見解をついでに述べておくことにしよう。私にはいま現在、これだけのことしかできないように思われるのだ。

## 2 感覚過程と運動過程の統一

きわめて単純な機能――感覚過程と運動過程の関係から始めさせてほしい。現代心理学におけるこれらの関係の問題は、以前とはまったく異なるかたちで提起されている。古い心理学ではそれらの間にどのような種類の連合が生じるのかということが問題であったのに対して、現代心理学においては、問題の立て方が逆になっている。すなわち、それらの間の釣合（速記録ではこうなっている――原注）はどのように生ずるのか、という問題なのである。理論的考察でも実験的方法でも感覚運動機能が不可分の精神物理的統一体であることを明らかにしている。この見解をとくに擁護しているのはゲシュタルト心理学者たち（神経学的見地からゴールトシュタイン、心理学の見地からはケーラー、コフカほか）である。この見解を支持するために例示できるすべての知見を引用することはできない。実際、この問題点にささげられた実験研究を注意深く研究すれば、運動過程と感覚過程とがどの程度まで不可分の統一体であるかがわかるとだけ述べておこう。たとえば、サルにおける運動的な問題解決は、感覚野の閉じた内部での同じ過程、まったく同じ構造の力学的継続にほかならない。ケーラー（『類人猿の知能の研究』一九三〇年）その他の人たちによる説得力ある試みをご存知であろう。それはビューラーの説とは反対の証明をする試みである。ビューラーの説では、サルが課題を解決するのは知的領域ではなく、感覚野であるとする。そしてそれはイェンシュの実験で、直観像者において目標に向かう道具の動きは感覚野でおこなわれると証明されたことが確認されている。したがって、感覚野は何か固定したものではなく、感覚野で十分な課題解決をおこなうことができるのである。

この過程に注意を向けるなら、感覚運動の統一性の観念は私たちが動物の資料にとどまっている場合、あるいはごく幼い時期の子どもか、それらの過程が激情的なものにきわめて近い大人を対象にしている場合は、十分に確認されているものである。しかし、さらにすすむと、驚くべき変化が訪れる。感覚運動的過程の統一性、結合——その結合のもとでの運動過程は感覚野内での閉じた構造の力学的継続である——は崩壊する。すなわち、運動機能は感覚過程に対して相対的に独立した性格を獲得し、感覚過程は直接的な運動刺激から分離される。そしてそれらの間にはもっと複雑な関係が生じる。随伴運動機能についてのルリヤの実験（『激情的反応の研究における随伴運動の方法』一九二八年）は新しい側面をこれらの知見に照らしてみたものである。過程が再び激情的な形式に戻ると、運動刺激と感覚刺激の直接的結合が復活することはきわめて興味深い。人が自分のしていることを自覚しておらず、激情的反応に駆られて行動するとき、再びかれの運動機能から、かれの内的状態、かれの知覚の性格を読み取ることができるだろう。再び、発達の初期段階に特徴的な構造への回帰が観察されるだろう。

サルについて実験をおこなっている実験者が、状況に背を向け、サルに顔を向けて立ち、サルが見ているものを見ないで、ただサルの行為のみを見るとき、実験者はその実験用動物が見ているものをその行為から読み取ることができるだろう。それは、まさにルリヤが随伴運動機能と呼んでいることなのである。運動の性格によってなんとか内的反応曲線を読み取ることができるのである。これは、発達の初期段階にとって特徴的である。子どもの感覚過程と運動過程の直接的結合は頻繁に分離する。差し当たり（これ以上のことについては語らないでおく）私たちは次のことを明らかにできるだろう。——心理的局面で知覚された運動と感覚の過程は相互に相対的独立を獲得する。それは発達の第一段階では特徴的であるような統一性、直接的結合がすでに存在しないという意味での相対的独立である。双生児における運動機能の低次と高次の形態の研究結果（遺伝的要因と文化的発達要因とを分離した局面で）から次の結論に達している。——差異心理学的観点からも大人の運動機能を特徴づけているのは、その原初的構成ではなく、運動機能と人格のその他の領域、その他の機能との間につくられる新たな結合、新たな関係なのである。

私はこの考えを継承しながら、知覚について言及したい。子どもの知覚は、ある程度まで独立性を獲得している。子どもは動物と違って、しばらくの間、状況を洞察することができるし、何をすべきかを知りながら、直接行動に出ないようにすることができる。私たちはそれがどのようにおこなわれるかということに言及しないが、知覚にともなって、何が起こっているかを追跡調査するつもりである。私たちは知覚が思考や随意的注意とまったく同じタイプで発達することを見てきた。ここでは何が起こっているのだろうか。私たちが語ってきたように、物体を知覚する子どもがその物体を他の物体と比較するときなどに用いる操作のある種の「堂々めぐり」の過程が生じる。この研究は私たちを袋小路に連れ込んでしまった。そして別の研究では以下のことをきわめて明瞭に証明した。——知覚は、他の諸機能との複雑な総合、とくにことばの機能との総合にすすむことによってさらなる発達をとげる。この総合はきわめて複雑なので、私たちのだれもが病理学的事例以外では、知覚の一次的法則を分離することは不可能であった。きわめて簡単な例を引用しよう。私たちが、シュテルンのおこなったような絵の知覚を検査したとき、子どもは絵の内容を伝えるのに個々の事物を名指しするが、絵に描かれたもので遊ぶ場合は個々の部分にはふれずに絵全体を表現する。子ども、それもとくに聾唖児の知覚をある程度純粋なかたちで検査したコースの実験では、図形を完全に構造の型に基づいて組み立てて、相当する絵、色のしみを正確に再生した。しかし、これらの積み木の表示にことばでの干渉がなされるや否や、はじめのうちはばらばらの、構造を成さない合成物が得られる。子どもは積み木を構造上の全体に組み込まずに並べて置くのである。

私たちは純粋な知覚を手に入れるためには、一定の人為的な条件を創らねばならないが、それは大人を対象とする実験においてはきわめて困難な方法論的課題である。被験者に無意味図形を与えるべき実験で、その被験者に事物だけでなく幾何図形も提示する場合、そのときには知覚に知識（たとえば、これは三角形である）が加わってしまう。ケーラーが述べているように、事物ではなく、「視覚に訴える資料」を提示するためには事物の複雑でややこしい無意味な組合わせを提示すべきである。あるいは対象の視覚的印象しかとどめないように、それを最高の速さで示すべきである。ほかの諸条件ではこのような直接知覚に立ち返ることはできない。

失語症、知的機能の深刻な崩壊形態、とりわけ知覚の崩壊形態（このことはとくにペッツルが観察した）においては、知覚の複合体（私たちの知覚はその複合体で現われる）から知覚の分離へ若干の後戻りがみられる。私は現代人の知覚が本質的には直観的思考の一部分となったこと、それは私が知覚すると同時にどのような事物を知覚しているかを見ているからなのだということを指摘する以上に簡単に手短にそのことを話すことはできないだろう。対象の知識は知覚と同時にもたらされる。だから、あるものと別のものとを分けるために実験室でどれほどの努力が必要かおわかりだろう！　運動機能と分離された知覚は機能内で発達し続けるわけではない。発達は主として知覚が他の諸機能と新たな関係に入り、新たな諸機能との複雑な結合を開始し、それらの機能とある新しいシステムとしての統合に向けて活動しはじめることによって進むのである。その新しいシステムを分割することはかなり困難であり、私たちはその分裂を病理学においてのみ観察できる。

いくらか先に進むなら、諸機能の相互関係に特徴的な一次的結合が崩壊し、新しい結合が発生することがわかる。それは私たちが常にかかわっているが、気づいていない一般的現象であり、気づいていないのは、それに注意を向けないからである。このことは、きわめて簡単な私たちの実験において観察されている。二つの事例を引用しよう。

最初の事例はすべて間接的過程に関するもので、たとえば絵を手助けとした単語の記銘でもすでに私たちは機能の置き換えにぶつかる。子どもは絵を用いて一連の単語を記銘するが、その際頼りにするのは記憶だけでない。想像力、および類似点あるいは相違点を見つける能力をも頼りにする。記銘の過程は、このようにして記憶という生得的要因に依存するのではなく、直接的記銘の代わりになる一連の新しい機能に依存する。レオンチェフの著作（『記憶の発達』一九三一年）でも、ザンコフの著作（ヴィゴツキーがここで言うザンコフの資料は後に出版された。ザンコフ『記憶』一九四九年）参照のこと――編集者注）でも、記銘の一般的要因の発達はさまざまの曲線に沿って進むことが指摘されている。生得的要因の改造、それらの置き換え、思考と記憶の複合的な一体化——この一体化は、経験的に論理的記憶の使命をおびている——が見られる。

次の事実は注目される。その事実に私の関心を向けさせたのはザンコフの実験である。思考は間接的記銘では、思考がもっとも重視されるということ、そして人々は遺伝的にも個人差のうえでも、記憶の特質によるのではなく、論理的記憶の特質に基づいて序列化されるということが判明した。この思考は、本来の意味での思考とは大きく異なっている。大人は、提示されたカードによって五〇語からなる系列を記銘するように求められると、記号やカードとかれが記銘することとの間の思考的関連の樹立に努める。この思考は、人間の現実の思考とまったく一致せず、無意味であり、人は自分が記銘することが正しいとか、正しくないとか、真実味があるとか、ないとかに関心をもたない。私たちはだれも、記銘するときに、けっして課題を解決するときに思考するようには思考しないのである。本来の思考にとって特徴的な基本的基準、要因、結合のすべては、記銘に向けられた思考においては完全に歪められてしまっている。私たちは思考のすべての機能が記銘においては変化することを前もって理論的に述べておくべきだったのだ。記銘の際に、思考が実践的あるいは理論的な課題解決のためにはたらくときに必要な思考のあらゆる結合や構造に私たちが執着するとしたら、それはばかげたことであろう。繰り返して言うが、記憶がいわば思考と結婚するときには、その記憶が変化するだけではなく、思考もまた、それ自身の機能を変化させるのであり、私たちが論理的操作を研究する場合に知っているような思考とはならないのである。そこでは、すべての構造的結合、すべての関係が変化する。そして私たちの眼前にあるこの機能の置き換えの過程に、私が以前に話したような新システムの形成があるのである。

## 3　精神間機能から精神内機能へ

私たちがさらに一歩進んで、他の諸研究の結果に注意を払うとき、新しい心理システムの形成にもう一つの法則性を見いだす。その法則性は、私たちに重要なことを知らせてくれるもので、私の今日の報告の中心的問題、すなわちこの新システムの脳との関係、そのシステムと生理学的実体との関係についての問題を解明するものとなる。

私たちは、子どもにおける高次機能の過程を研究することによって、私たちにとって感動的な次のような結論に達した。行動のあらゆる高次の形態は、その発達において二度現われるということである。一度目は行動の集団的形態として、精神間機能として、次には精神内機能として、一定の行動様式として現われる。私たちは、この事実がただあまりにも日常的であるために気づかないのであり、それゆえその事実が見えないのである。そのもっとも顕著な例は、ことばである。ことばは最初、子どもと周囲の人々との結びつきの手段である。しかし、子どもが独り言を言い始めるとき、それは行動の集団的形態から個人的行動の実践への移動とみなすことができる。

ある心理学者の優れた公式によれば、ことばは他者理解の手段であるだけでなく、自己理解の手段でもある。

現代の実験研究に目を向けると、就学前児童たちの思考は、かれらの集団内で口論が現われるより前には現われないという命題をピアジェがはじめて主張し、確認した。子どもたちは、口論したり論証したりすることができないうちは、いかなる思考もおこなっていない。私は一連の要因を省いて、一つの結論を引用しよう。それはこれらの著者たちが出している結論であるが、私はそれにいくらか自分流の変更を加えている。とくに就学前児童の思考は、口論の状態の内部への移動、自分自身との議論として現われる。グロース（『子どもの精神生活』一九〇六年）の子どもの遊びについての研究では、行動の制御、遊びのルールへの行動の従属に関する児童集団の機能は、注意の発達にも影響を及ぼすことが明らかにされた。

ここに私たちにとってきわめて大きな興味をひくものがある。——最初は、あらゆる高次の機能が二人の人間の間で共有されており、相互の精神過程であった。ある過程が私の脳に生じると、もう一つの過程が私の議論の相手の脳に生じる。たとえば、「これは私の席よ」—「いや、私のよ」—「私がその席を先にとったのよ」というように。ここでは思考のシステムが、二人の人間の間で共有されている。対話でも同様である。つまり、私が話すと、あなたが私を理解する。もっと後になってのみ、私は自分自身と話しはじめる。就学前期の児童は自分を相手にしたおしゃべりに何時間も費やす。子どもには、かれの諸機能の最初の結合にはなかったような、諸機能の間の新しい結合、新しい関係が生じる。

このことは自分自身の行動を制御するうえで特別の、中心的な意義をもつ。これらの過程の発生の研究は、あらゆる意志的過程が最初は社会的、集団的、精神間的過程であることを明らかにしている。このことは、子どもが他者の注意を統制したり、逆に最初は集団的な行動の手段や形式を自分に対して適用しはじめるということと結びついている。母親が子どもの注意を何かに向けると、子どもはその指示に従い、自分の注意を母親が指し示すものに向ける。ここでは、常に二つの分離した機能がある。その後子どもは自分で自分の注意を向けはじめ、自分が自分自身に対して母親役を演じる。最初は分離していた諸機能の複合的なシステムが子どもに生じるのである。ある人が命令し、別の人が遂行する。それが一人の人間が自ら自分に命令し、自ら遂行するようになるのだ。

私は実験的に私の観察する少女からこのような現象を手に入れることができた。そのような現象はだれもがふだんの観察から知っていることである。子どもは自分で自分に号令をかけはじめる。「1、2、3」――以前に大人が号令をかけたように。そして、それに従い自分が自分の号令を遂行するのだ。つまり、精神発達の過程では、最初、二人の人間がもっていた機能の統合が生じる。高次精神機能の社会的起源は、きわめて重要な事実である。

その意義が人間の文化的発達の歴史のなかで、私たちにとって（その発達の歴史が証明するように）とても大きいと思われる記号は、最初は、通信の手段、他者に影響を及ぼす手段であることにも注目すべきである。どんな記号も、その真の起源は通信の手段である。私たちはもっと広く、社会的性格をもった一定の精神的機能の結合の手段であるということができよう。自分にそれが移動すると、それは自分自身における諸機能の、同じ様な結合の手段となる。そして、この記号がなければ、脳とその原始的結合は、ことばのおかげでできるような複雑な関係をつくることはできないだろう。

したがって社会的結合の手段は、複雑な心理的結合の形成の基本的手段でもある。その心理的結合は、それらの機能がその人間自身の個人的機能、行動の様式となるときに生ずる。

もう一段階上ってみれば、このような結合の形成のもう一つの興味深いケースがみられる。私たちはふだん、それらの結合を、子どもの遊びの過程で始終観察している（モロゾヴァによる実験）が、それは子どもが対象の意味を変化させる遊びである。私はこのことを系統発生の事例で説明することにしてみよう。

原始人についての書物を取り上げてみると、次のような事例にぶつかる。原始人の思考の独自性は、私たちのもっているような機能が十分に発達していないということでも、なんらかの機能が欠如しているわけでもなく、私たちの観点からみると、これらの機能の別の配列がなされるのである。顕著な例の一つは、レヴィ-ブリュール（『原始的思考』一九三〇年）の観察である。それは、宣教師がカフィル人に対して息子を宣教師学校にやる提案をしたカフィル人に関するものである。カフィル人にとってその状況はきわめて複雑で困難だが、かれはこの提案をはっきりと断ることは望まないので次のように言う。「私はそのことを夢で見るでしょう。」レヴィ-ブリュールが次のように指摘しているのはまったく正しい。――この場合、私たちの前には私たちのだれもが「ちょっと考えてみますよ」と答える状況があったのだと。ところがカフィル人は「私はそのことを夢で見るでしょう」と言う。かれの夢は私たちの思考が遂行するのとまったく同じ機能を果たしている。この例はくわしく語る価値があるだろう。なぜなら夢の法則そのものは、おそらくカフィル人でも私たちでも同じだろうからである。

生物学的側面からみて人間の脳が人類の長い歴史のなかで重大な進化をとげたと仮定する根拠はない。原始人の脳が私たちの脳とは異なっており、質的に劣っていて、私たちとは異なる生物学的構造をもっていたと仮定する根拠はない。すべての生物学研究は、私たちの知っているもっとも原始的な人間でも生物学的な面から言っても、人間の称号に完全に値するという考えに達している。人間の生物学的進化は、その歴史的発達が始まるまでに完成したのである。そして、私たちの思考と原始人の思考の違いを原始人が生物学的発達の別の水準にあるためなのだと説明しようとする試みは、生物学的進化と歴史的発達の概念のひどい混同を来たすことになろう。夢の法則は同じでも、夢が果たす役割はまったく異なる。そこで私たちは、たとえばカフィル人と私たちにこのような相違があるだけでなく、ローマ人も困難な状況で「私はそのことを夢で見るでしょう」とは言わなかったとはいえ、同様に異なることを見いだすであろう。というのは、ローマ人は、人類の発達史上、別の段階にあり、タキトゥス（ローマの歴史学者）の表現によれば、問題の解決は「女のように夢によるのではなく、武器と理性」によったからだ。しかし、このローマ人も夢を信じていた。つまり夢はローマ人にとって記号、予言（omen）であった。ローマ人は仕事に関係のある悪い夢を見た場合は、その仕事に取りかからなかった。ローマ人にとって夢は、ほかの諸機能ともう一つの構造的結合をもっていたのである。

フロイトの神経症患者を取り上げてみても、夢に対する新しい関係が得られるだろう。フロイトのある批評家の次のような意見はきわめて興味深い。すなわち、フロイトによって発見された神経症患者に特徴的な夢と性的欲求との関係は、まさに神経症患者に特徴的な「ここで今 here and now」だとする批判である。神経症患者の場合、夢はかれの性的欲求に奉仕するものだが、それは一般法則ではない。これは、今後、さらに研究されるべき問題である。

このことをさらに続けて検討すると、夢は一連の機能とまったく新しい関係をつくることがわかるだろう。それはまさに他の幾多の過程に関しても観察される。私たちには、スピノザの表現によれば、思考は、最初、情熱の召使であるのに対し、理性をもつ人間は情熱の主人であることがわかっている。

引用したカフィル人の夢の例は、単なる夢の場合よりもはるかに広い意味をもっている。それは、全体的な複合的心理システムの構成に応用できるものである。

私はあなたたちの注意を一つの重要な結論に向けたいと思っている。カフィル人の新しい行動システムは、一定のイデオロギー的表象から生じていること、レヴィ-ブリュールその他のフランスの社会学者や心理学者が夢に関して集合的表象と称しているものから生じていることは注目に値する。その解答を出して、このようなシステムを創出したのはカフィル人自身ではない。その夢の表象は、カフィル人が属している種族のイデオロギーの一部分である。このような夢との関係は、かれらの特徴であり、かれらは戦争、平和等々の複雑な問題をこのように解決するのである。この場合、私たちの前にある心理的メカニズムは一定のイデオロギー的システム、あれこれの機能に付与されるイデオロギー的意味から直接生じたものである。半未開民族に関する多くの興味深いアメリカの研究から、私たちはかれらがヨーロッパ文明にふれ、ヨーロッパの日用品を手に入れはじめるにつれて、それらに興味をもちはじめ、それらにともなって生じる可能性を評価しはじめることを知る。これらの研究は、未開人が読書に最初は否定的態度をとっていたことを示している。かれらはいくつかのきわめて簡単な農具を手に入れて、読書と実践との関連を認めた後は、白人の仕事を別のかたちで評価しはじめた。

思考と夢の再評価は個人的源泉でなく、社会的源泉をもっているが、いまそれは別の面からも私たちの興味をひいている。私たちはここに、人が自分の暮らしている社会的環境から汲み取った夢についての新しい表象がどのように生じるか、カフィル人の夢のようなシステムにおいて個人内行動の新しい形態がどのようにして生まれるかを見いだす。

一方では、いくつかの新しいシステムと社会的記号との結合だけでなく、イデオロギーとか人々の意識のなかであれこれの精神機能が獲得する意味との結合にも注目しなければならない。また他方では、人がかれをとりまく環境のイデオロギーから獲得した新しい内容から、行動の新しい形態が発生する過程に注目しなければならない。まさにこれらこそ私たちが今後導き出す結論に必要な二つのモメントである。

## 4　思春期における精神機能の変化

発達の初期段階には体験されず、比較的後になって生じる複雑なシステムと関係の研究に向けてさらにもう一歩進むとき、私たちは思春期における新たな人間の発達および形成にいたる過程でおこなわれる結合の変化と新しい結合の発生のきわめて複雑なシステムに到達するであろう。いままでの私たちの研究の欠陥は、幼児期にとどまり、少年にはほとんど関心をもたなかったことにある。私が私たちの研究の観点から思春期の心理を研究する必要に迫られたとき、私はこの段階と児童期との違いの程度の大きさにひどく驚いた。精神発達の本質は、この場合、そこでの成長率にあるのではなく、結合の変化にある。

思春期の心理学において、少年の思考の研究はいちじるしい困難を呼び起こした。実際に、十四―十六歳の少年は、十二歳の子どものもっていることばと比較して、そのことばに原則的に新しい形態が出現したか否かについて見れば、ほとんど変化させていない。少年の思考に起きていることを説明できそうなことは認められない。思春期における記憶、注意は、小学生と比較しておそらく何も新しいことを加えていないだろう。しかし、とくにア・エヌ・レオンチェフ（一九三一年）によってまとめられた資料を引用すると、少年にとってこれらの機能の内部への移行が特徴的であることがわかるだろう。小学生における論理的記憶、随意的注意、思考の領域の外的なものは、少年においては内的なものとなる。ここに新たな面が出現することが諸研究で確認されている。内部への移行がおこなわれるのは、これらの外的操作と一連の内的過程との複雑な一体化と統合がなされるためであることがわかる。その内的論理によって過程は外的なものにとどまれず、それと他のすべての機能との関係が別の関係となり、新しいシステムが形成される。そしてそれは強化され、内的なものとなるのである。

とても簡単な例を引用しよう。思春期における記憶と思考について――。ここでは次のような（私はほんの少しだけ単純化するが）興味深い並べ替えに気づくであろう。思春期前の子どもの思考に記憶がどんなに大きな役割を果たしているかはご存知であろう。子どもにとって、思考するということはかなりの程度、記憶に基づくことを意味する。ドイツの研究者、ビューラーは、とくに、子どもたちがあれこれの課題を解決するときの思考を研究し、記憶が高度の発達をとげている子どもたちにとって、考えるということは、具体的な事例を想起することを意味するということを明らかにした。ビネーの不朽の古典的事例で、二人の少女を対象とした実験を覚えておられるであろう。かれは、乗合バスとはどんなものか尋ねて、次のような答を得ている。――「柔らかい座席がついた鉄道馬車で、たくさんの婦人が乗っています、車掌が「りんりん」鈴を鳴らします、等々。」

思春期を見てみよう。少年にとって想起することは思考することを意味することがわかる。思春期前の子どもの思考が記憶に依拠し、思考することは想起することを意味したのに対して、少年にとって記憶は主として思考に依拠している。想起することとは、なによりも必要なことを一定の論理的順序で探索することである。私たちが思春期に観察することとは、諸機能のこの順序替え、諸機能の関係の変化、すべての機能における思考の主導的役割であり、その結果、思考は一連の他の機能のうちの一つの機能ではなく、他の精神過程を改造し、変化させる機能となっている。

## 5　概念形成の心理学

私たちは、記述の順序を同じにし、低次の心理システムからより高次のシステム形成に向かうことによって、発達と崩壊の全過程の鍵となるようなシステムに到達する。すなわち、それは概念形成であり、思春期においてはじめて十分に成熟し、完成する機能である。

いまは概念の心理学的発達についていくらかでも完成した学説を記述することは、不可能である。私は心理学研究における概念は、私が述べてきたものと同じ種類の心理システムであるということを言わなくてはならない。(それは私たちの研究の最終結果である。)

これまで、経験心理学は、概念形成の機能の基礎に、あれこれの個別的機能——抽象、注意、記憶の諸特徴の分離、一定の形象の加工——をおこうと試みてきた。その際にあらゆる高次の機能は低次の局面にそれの類似物、それの代理物、——たとえば記憶と論理的記憶、直接的注意と随意的注意——をもっているという、論理的理解を拠りどころにしてきた。概念は変形され、加工され、すべての余分な部分が取り除かれた形象、なんらかの磨きをかけられた表象とみなされた。ゴルトンは概念のメカニズムを集合写真と比較した。集合写真では、一枚の写真乾板に大勢の人物が撮られており、類似の特徴は強調され、偶然的なものはお互いにぼかし合っている。

形式論理学にとっては、概念は一連のものから抜き出され、それらに共通するモメントが強調された諸特徴の総和である。たとえば、きわめて簡単な概念、――ナポレオン、フランス人、ヨーロッパ人、人間、動物、生き物等々を取り上げてみよう。私たちは、しだいにより一般的になるが、具体的特徴の量に関してはしだいに貧弱になっていく概念の系列を得る。「ナポレオン」という概念は具体的内容に限りなく富んでいる。「フランス人」という概念は、すでにはるかに内容が乏しい。ナポレオンに当てはまるそのすべてが、フランス人に当てはまるわけではないからである。「人間」という概念はさらにもっと貧弱である、等々。形式論理学は、概念を対象群から取り出された諸特徴の総和、共通の特徴の総和とみなしてきた。このために、概念は対象についての私たちの知識の形骸化の結果として生じることになる。弁証法的論理学は、概念が、このような形式的図式化、対象から抽象された諸特徴の総和ではなく、対象のはるかに豊かで、完全な知識を与えるものであることを示した。

一連の心理学研究、とりわけ私たちの研究は、心理学における概念形成についてまったく新しい問題提起に私たちを導くものである。問題は、概念がどのようにして、ますます一般的になり、すなわちますます膨大な量の対象に関係しながら、形式論理学が考えるように内容に関して貧弱になるのではなく、豊かになるのかということである。この問題は、諸研究で予想外の解答を得ており、私たちの思考よりもっと原始的な形態と比較しながら諸概念の発生的立場から概念の発達を分析することによって確認されている。被験者が新しい概念形成の課題を解決する場合、この際に生じる過程の本質は関係の樹立にあること、また被験者は、ある対象と同類の他の一連の対象を捜し出すとき、その対象と他の対象との関係を求めることが、諸研究によって明らかにされた。被験者は、集合写真のように一連の特徴を後景に追いやることはせず、逆に課題解決のあらゆる試みは関係の形成に帰せられる。こうして対象についての私たちの知識が豊かになってゆくのは、それを他の対象との関係において研究するからである。

例をあげよう。9という数の直観的形象、たとえばトランプの絵札と9という数字を比較しよう。カードの9は、私たちの「9」の概念よりも、豊かで具体的である。しかし、「9」の概念はカードの9にはないような多くの判断を含んでいる。「9」は偶数では割り切れず、3で割り切れる。それは$3^2$であり、81の平方根である。また私たちは

「9」を整数列と結びつける等々。このことから、次のことが明らかである。――概念形成の過程は心理学的には当該対象と一連の他の対象との関連の発見、真の全体を見つけ出すことであるのに対し、発達した概念とは、その諸関係の総和であり、いわば、世界におけるそれの位置づけである。「9」は、数の理論における特定の点であり、常に一般法則に従う無限の運動と無限の組合わせの可能性を有する点である。次の二つのモメントが私たちの注意をひく。第一に、概念は集合写真ではなく、対象の個別的特徴は消し去られていない。対象は、その諸関係、その結びつきにおいて認識される。第二に、概念における対象は、変形された形象でなく、現代の心理学研究が明らかにしているように、判断の一連の系列である。「『哺乳類』のことが話されるとき、それは心理学的にはどんなことに相当するか？」とある心理学者が尋ねている。それは思考を展開する可能性を意味し、結局、世界観に行き着く。なぜなら動物界における哺乳類、自然界における動物界の位置を見いだすことは、統一的世界観をもつことを意味するからである。

私たちは、概念が一定の法則的関連をつけられた判断のシステムであることを認めた。私たちが個々の概念を操作するとき、その本質はシステム全体を操作することなのである。

ピアジェ（『子どもの言語と思考』一九三二年）は、十歳から十二歳の子どもたちに同時に二つの特徴を組み合わせる課題――動物が長い耳と短いしっぽをもっている、あるいは短い耳と短いしっぽをもっている――を与えた。子どもは一つの特徴しか注意しないで課題を解く。子どもは概念をシステムとして操作することができないのである。子どもは概念に含まれるすべての特徴をとらえているが、すべてがばらばらである。概念は統一的システムとしてはたらくものだが、子どもはその統合をマスターしていない。この意味で、私にとって注目すべきことと思われるのは、ヘーゲルについてのレーニンの批評である。そのなかでレーニンは、一般化のどんなに単純な事実でもそこに外界の法則性に対するまだ自覚されていない確信が含まれていると語っている。私たちは、きわめて単純な一般化をおこなうときも、物事を独立して存在するものとしてではなく、一定の法則に従う法則的関連において認識する。ここでは、概念形成に関する現代心理学のこの上なく興味ある、中心的意義を有する問題を述べることはできない。

この機能の最終的な形成は、思春期においてはじめて成し遂げられる。子どもは別の思考システム、複合的結合から概念的思考へ移行する。次のように自問しよう。子どもの複合はどんな特徴をもっているか。なによりも複合システムは、主として記憶に基づいた、対象に関する整理された具体的結合と具体的関係のシステムである。概念は判断のシステムであり、それはより幅広いシステムに対する関係を包含している。思春期は、世界観と人格が形成される年齢であり、自覚と世界についての一貫した観念が発生する年齢である。概念的思考はそのための基礎である。現代の文化的人類の全経験、外界、外的現実、および私たちの内的現実は私たちに一定の概念体系のなかで提供される。私たちは、私が以上に述べた形式と内容の統一を概念において見いだす。

概念によって思考することは、ある既成のシステム、ある思考形式をもつことを意味する。それは、私たちが到達することになる内容だが、まだまったく定められていないもっと先の内容についての思考形式である。ベルグソンも、唯物論者と同様に概念的に思考する。両者は正反対の結論に達しているにもかかわらず、まったく同じ思考形式を所有している。

まさに思春期において、全システムの最終的形成がおこなわれる。そのことは、私たちが心理学者にとってある意味で思春期とか、統合失調症の心理を理解する鍵となるものにすすむときにいっそう明らかになるだろう。

ブーゼマンは、思春期の心理に非常に興味深い相違点を導入した。それは精神機能間に存在する三種類の結合に関するものである。一次的結合は、遺伝的なものである。一定の諸機能の間に直接的に変形される結合があることはだれも否定しないだろう。たとえば、情動的メカニズムと知的メカニズムとの関係の構造的システムがそのようなものである。もう一つの結合システムは、形成されるものであり、外的諸要因と内的諸要因が出会う過程で形成される結合、環境によって強いられた結合である。私たちは、子どものうちに粗暴さ、残酷さ、あるいは感傷的感情をどのようにして育ててしまうのかを知っている。これが二次的結合である。そして最後の第三次的結合は、思春期に形成され、人格を発生的、個別的局面から実際に特徴づけるものである。この結合は、自覚を基礎にして形成されてゆく。

これに当てはまるのは、私たちがすでに指摘した「カフィル人の夢」のメカニズムである。それは、私たちが当の機能と他の諸機能とを、それらの機能が行動の統一的システムを形成するように意識的に結びつけるとき、私たちが自分の夢、その夢と自分との関係を自覚することを基礎にして形成される。

子どもの心理と少年の心理の根本的な相違を、ブーゼマンは、次のように見ている。子どもに特徴的なのはただ一つ直接的行為の心理的局面である。少年に特徴的なのは、自覚、自分自身の外部との関係、内省、考えるだけでなく、思考の基盤をも意識する能力である。

## 6　統合失調症の心理学

統合失調症と思春期の問題は、何度となく関連づけられてきた。たとえば、早発痴呆（dementia praecox）という名称自体がこのことを指し示している。そして臨床医学用語ではこの名称が元の意味を失ったにもかかわらず、ドイツのクレッチマーやわが国のブロンスキーのような最近の著者でさえ、思春期と統合失調症は相互に糸口となるという思想を擁護している。それは、外的類似に基づいておこなわれる。なぜなら、思春期を特徴づけるすべての特質が統合失調症においても観察されるからである。

思春期では不明瞭な特質として存在するものが、病理学では極端なものになる。クレッチマー（『身体の構造と性格』一九二四年）はさらに大胆にもこう述べている。——性的成熟の疾風怒濤の過程は、軽い経過をたどる統合失調症の過程と心理学的には区別することはできない。——この場合、外的側面においては一理ある。しかし私には、問題設定そのものが誤っていると思われるし、著者たちが到達している結論も誤っていると思われる。統合失調症の心理学研究において、これらの結論は正当であるとは認められない。

実際には、統合失調症と思春期とは逆の関係にある。私たちは、思春期に形成される諸機能が統合失調症において崩壊するのを観察している。ある駅で出会ったときの両者の動きはまったく逆方向になる。統合失調症は、心理学的観点からみて不可解な様相を呈する。現代の最高の臨床医によっても、その症状形成のメカニズムの説明はなされていない。これらの症状がどのようにして生じるのかを明らかにすることはできないのである。臨床医たちの論争は、支配的なものは何なのか、感情鈍麻なのか、あるいはブロイラーが提唱した機能乖離（diaschisis）（これがschizophrenia 精神分裂病…現在は「統合失調症」に名称変更されている――（訳者）という命名に口実を与えた）なのか、についておこなわれた。しかし問題の本質は、この場合、知的、情動的変化よりもむしろ既存の諸結合の崩壊にある。

私が話しているテーマに関する膨大な資料が統合失調症を特徴づけている。私はきわめて重要なものを提供し、統合失調症の発現の多様な形態すべてが一つの源泉から発しており、統合失調症のメカニズムを説明できるような一定の内的過程をその基礎に有していることを示そうと思う。統合失調症において最初に崩壊するのは概念形成の機能であり、その後になってから、奇行が始まるのである。統合失調症患者は感情鈍麻の特徴をもっている。そして統合失調症患者は愛する妻、両親、子どもたちとの関係を変えてしまう。対極に激しやすさをともなう鈍麻についての記述やあらゆる衝動の欠如は古典的なものである。ところが実際には、ブロイラーが正しく指摘しているように、異常に先鋭化した激情的生活が観察される。統合失調症に何か別の過程、たとえば動脈硬化症を合併すると、臨床的様相は激変する。硬化症は統合失調症患者の情動を豊かにすることはなく、基本的発現形態のみを変化させる。

感情鈍麻、情動行動の希薄化にともない、統合失調患者の思考全体が（シュトルフが指摘しているように）その激情のみによって決定されはじめる。それは、一つの異常であり、知的生活と激情的生活の相互関係の変化である。激情的生活の病理学的変化についてもっとも明快で優れた理論を発展させたのはブロンデルである。その理論の本質は、およそ次のようなものである。病的な精神過程（痴呆がみられない場合にはとくに）が前面に現われる場合には、まず集団生活の結果獲得された複合的システムの崩壊が進行し、かれらに最後に形成されたシステムの崩壊が生じる。表象、感情はすべて変わらないままであるが、それが複合的システムにおいて果たしてきた諸機能をすべて喪失する。それゆえにカフィル人の夢がその後の行動と新たな関係を築くことになったとしたら、そのシステムは崩壊し、無秩序、異常な行動形態が生じる。言いかえれば、精神病院における精神分裂について目につく最初のものは、一方では最後に形成され、他方では社会的起源をもつシステムであるようなシステムの分裂である。

このことは、とくに統合失調症で明らかである。それは、形式的な面ではこの場合精神機能が維持されており、記憶、定位、知覚、注意は変化を来たしていないということから不可解である。この場合、定位は維持されているので、妄想があって、宮殿にいるのだと語っているような病人に巧妙に質問すると、かれは実際にいる場所を実によく知っていることがわかるであろう。形式的機能自体の維持と、このときに生じるシステムの崩壊こそが、統合失調症を特徴づけるものである。ブロンデルは、このことに基づいて統合失調者の激情的混乱について語っている。

概念システムとともに周囲の環境によって私たちに強いられた思考は、私たちの感情をも巻き込む。私たちはただ感じるだけでなく、感情は私たちに嫉妬心、怒り、恨み、侮辱として自覚される。私たちがある人を軽蔑すると言うとき、その感情の呼び方がすでに感情を変化させている。すなわち、それらは私たちの思考となんらかの結びつきをすることになる。私たちには、記憶が思考過程の内的部分となり、論理的記憶と呼ばれはじめるときの記憶に生じることと似たことが起きるのである。私たちには、うわべだけの知覚がどこで終わり、それが一定の対象であるという理解（視野の構造的特質と理解が知覚に統合され、融合されること）がどこで始まるのかを見分けることができないのと同じように、まさに私たちの激情においても、概念に現われた諸結合を自覚せず、嫉妬を混じりけのないかたちで味わうことはない。

スピノザ理論（『エチカ』一九一一年）の基礎となっているのは次のことである。かれは、決定論者であったので、ストア学派と異なり、人間は激情を支配する力を有していること、理性が情熱の配列と結合を変化させ、それらを理性のなかでの配列と結合に従わせることができるということを主張した。スピノザは発生的関係を正しく表現した。人間の情動は、個体発生の、人格の自覚との関係においても、また現実認識との関係においても、一般的構えと関連づけられる。他者に対する私の軽蔑の情は、その人間の評価、かれに対する理解と結びついている。そしてこの複合的総合は、私たちの生活が経過してゆく状態である。激情あるいは情動の歴史的発達は、主としてそれらの情動を生み出した原初的結合が変化し、新しい配列と結合が生じてくることに存する。

私たちは、スピノザが正しく述べたように、私たちの激情の認識がその激情を変化させ、受動的状態から能動的状態へと変えるということを述べてきた。私が私の外部にある物事について考えるということは、それになんの変化も起こさないのに対して、私が激情について考え、その激情を私の知性その他の機関に対して別の関係におくということは、私の精神生活における多くのことを変化させる。簡単に言えば、私たちの激情は、私たちの概念との複合的システムにおいて作用する。婦人の貞節についてのイスラム教徒の観念と結びついた人間の嫉妬と、婦人の貞節についてのこれと反対の考えと結びついた人間の嫉妬とは異なるということを知らない者は、この感情が歴史的なものであり、その感情にこのような情動が生じる基礎にあるところの生物学的要素が残っていることは疑う余地もないが、感情は多様なイデオロギー的、心理的環境のなかで、本質的に変化するものであることを理解していないのである。

したがって、複雑な情動は歴史的にのみ現われる。それは歴史的生活の諸条件から生じる諸関係の組合わせであり、情動の発達過程でそれらの融合が起きる。このような考え方は、意識の病的分裂に際して何が起きるかを説明する理論の基礎におかれている。そこではこれらのシステムの崩壊が生じる。統合失調症患者における感情鈍麻はこのことから起きるのである。統合失調症患者に対し「卑劣漢のような振る舞いをして、あなたは恥ずかしくないのか」と言っても、かれはまったく冷ややかである。かれにとってそれは最大の侮辱ではない。かれの激情は、このシステムから分離し、分裂的にはたらく。統合失調症患者の場合、逆の関係も特徴的である。すなわち、激情がかれの思考を変化させはじめる。かれの思考は情動的関心と要求に奉仕する思考なのである。

私は、統合失調症について話し終えるにあたり、思春期において形成される機能、私たちが思春期においてそれらの結合を観察するまさにそれらの機能が統合失調症において崩壊していくということを述べたい。この場合、その複合的システム、激情は最初の原初的状態に逆戻りし、思考との結合を喪失する。そこで、概念を通してそれらの激情を探り出すことはできなくなる。なんらかの激情に対処することがきわめて困難であるとき、ある程度までは、発達の初期段階に存在する状態に立ち戻るものである。幼児期の子どもを侮辱することはきわめてたやすい。しかし、立派な人たちはそのような振る舞いはしないということを指摘することによって、子どもを侮辱することはきわめてむずかしい。この場合の道筋は私たちとはまったく異なるものである。同じことが統合失調症においてもいえる。

以上のすべてを要約するために、私は次のことを述べておきたいと思う。システムとそのシステムの運命の研究は、精神過程の発達と形成にとってだけではなく、崩壊の過程にとっても教訓的である。その研究では、崩壊のきわめて興味深い過程が説明されている。その崩壊過程は、私たちが精神病院で観察しているもので、たとえば失語症患者のことばの機能のように、なんらかの機能のひどい損傷をともなわずに起こってくるものである。その研究は、このようなひどい障害がなぜ脳の微細な障害にともなって起こりうるのかを説明している。またその研究では、脊髄癆（tabes）とか脳全体の器官的変化が起きたときにはわずかな精神的変化しか観察されないのに、統合失調症や反応精神病（reactive psychosis）においては、大人の行動の観点からすると行動全体のいちじるしい支離滅裂が観察されるという心理学の逆説が説明されている。この場合、理解する手がかりになるのは、心理システムの観念である。その変化は脳の発達において見られる諸機能の結合から直接生じるのではなく、私たちが語ってきたシステムから生じるのである。そして統合失調症の感情鈍麻、知的崩壊、激しやすさのような精神的症状は、その唯一の説明を固有の構造的結合に見いだすのである。

私は次のことを述べて締めくくりたい。統合失調症のもっとも重要な三つの特徴の一つは、社会的環境から切り離される性格学的変化である。統合失調症患者はますます非社交的になっていく。そしてその極端な状態が自閉症（autism）である。私たちが語ってきたすべてのシステム、社会的起源のシステムは私たちがすでに述べたように、社会的関係そのものに帰せられ、集団的諸関係の人格内部への移行によって特徴づけられる。周囲の者との社会的関係を喪失する統合失調症患者は、自分自身との社会的関係も喪失する。臨床医の一人が、このことを理論的高さまで引き上げることなく巧みに語っていたように、統合失調症患者は他者を理解し、他者と会話することをやめるだけでなく、自分自身に会話を通して接することもしなくなるのである。社会的に形成された人格システムの崩壊は、外的諸関係——すなわち、精神間関係——の崩壊のもう一つの側面なのである。

## 7 心理システムの生理学的根拠と社会的性格

私は問題をもう二つだけ、検討しておこう。

第一の問題は、心理システムと脳について述べたすべてのことから引き出される私たちにとって、きわめて重要な結論に関するものである。ゴールトシュタインとゲルプが発展させている思想によれば、あらゆる高次精神機能はその心理的部分が構築されたのとちょうど同じように生理学的側面から構築された機能と、正の生理学的相関関係をもつというが、私はその思想を拒否しなければならない。しかし、私はかれらの思想を最初に述べよう。ゴールトシュタインとゲルプは、失語症患者では基本的生理機能に相応する概念的思考の機能が損傷しているのだと述べている。ゴールトシュタインとゲルプは、同じ著書のもっと前のところで、あたかも失語症患者が原始人に特徴的な思考システムに逆戻りしているかのようなことを主張しており、すでにその時点で最大の自己矛盾に陥っている。失語症患者の基本的生理機能が損なわれていて、原始人が基盤にしている思考段階に逆戻りしているとするならば、私たちのもっている基本的生理機能を原始人はもっていないのだといわねばならない。すなわち、この場合、脳の構造の構造学的変化が起きていないのに、原始的な発達段階には見られない新しい、基本的機能が生じているのである。数千年の間に人間の脳のこのような根本的改造がおこなわれたと仮定する根拠はどこにあるのか。すでにゴールトシュタインとゲルプのこの理論でも、克服しがたい困難にぶつかる。しかし、この理論には、それなりの真実がある。すなわちそれは、どのような複合的心理システムも——カフィル人の夢も、概念も、人格の自覚も——これらすべての観念は結局、一定の脳の構造の所産であるということである。脳から切り離せるようなものは何もない。そこでいっさいの問題は脳内において生理学的に概念的思考に相当するものは何かということにある。

それが脳内でどのように生じるのかを説明するためには、脳が、構造的にあらかじめまったく刻み込まれているはずのない諸機能の組合わせ、新しい総合、新しいシステムの諸条件や可能性を含むことを認めれば十分である。そして私には現代の神経学全体がこのことを前提とせざるをえなくしているように思われる。私たちは、脳機能の無限の多様性と未完成性をますます強く認めるようになっている。脳には新システム発生のきわめて大きな可能性があると認めるのははるかに正しいことである。これが基本的前提条件である。この前提条件はレヴィ-ブリュールの研究に関して提起されている問題を解決する。レヴィ-ブリュールは、フランス哲学学会における最終討議で原始人が私たちとは異なる思考をすると語った。それは、原始人の脳は私たちのものとは異なることを意味するのか。それとも脳は新機能をもつことにより生物学的に変化したことを認めねばならないのか、あるいは精神が脳を単に道具として利用すること、したがって多用されるような一つの道具を認めねばならないのか。すなわち、脳でなく精神が発達すると認めねばならないのか。

実際には、私たちが話してきたような心理システムの概念を導入することによって、そこに存在する真の結合、真の複合的関係についておおいに想像する可能性が得られるように思われる。

このことは、きわめて困難な問題の一つである高次精神機能の局在化にもある程度当てはまる。いままでにその局在化は二通りあった。第一の見地は、脳を均質の塊とみなすもので、それの個々の部分が均質でなく、精神機能の構造においてそれぞれ異なる役割を果たしていると認めることを拒否するものであった。この見地は、明らかに根拠のないものである。それゆえ、その後、諸機能は脳の個別領域から、たとえば実践野などを区別して引き出すようになった。諸領域は相互に関連し合っている。そして私たちが精神過程において観察することは、もろもろの個別野の協同活動である。この観念は疑いもなく、より正しい。私たちは一連の個別領域の複合的な協同体制をもっているのである。脳の精神過程の実体となるのは個々ばらばらの活動領域ではなく、脳の器官全体の複合システムである。しかし問題は、次の点にある。――このシステムが脳の構造自体にもともと組まれていたなら、すなわち脳の個々の部位間に存在する諸結合によって決まるなら、私たちは脳の構造内に概念を生み出す諸結合がもともと与えられていると仮定しなければならない。この場合、よりいっそう複合的で前もって組織されていない結合が可能であることを認めるなら、私たちはこの問題をただちに別の見地に移すであろう。

このことを図式で、――実際、とても大まかではあるが――説明させてほしい。以前には二人の人間の間で分担されていた行動形式が一人の人格において統合する。命令と遂行、以前にそれらは二つの脳内で起こったのであり、一方の脳が他方の脳に、たとえば言葉の助けにより、はたらきかけたのである。それらが合わさって一つの脳に統合すると、次のような光景が見られる。脳のA点はB点に直接的結合により到達することはできない。それは、もう一方と自然に結合するものではない。脳の個々の部位間の可能な結合は末梢神経系を通して外部から形成されるのである。

このような考え方に基づけば、私たちは病理学の一連の事実を理解することができる。次のような事実はなによりもこのことに関係している。――脳システムの障害をもつ患者は何かを直接おこなえる状態ではないが、もしそれについてすることを自分自身に言いきかせるなら、それを遂行することができる。私たちはこれの臨床的に明確な光景をパーキンソン病患者について観察している。パーキンソン病患者は一歩を踏み出すことができない。ところがその患者に「足を一歩出しなさい」と言ったり、床の上に紙切れを置いたりすれば、かれはその一歩を踏み出すのだ。あなた方は、パーキンソン患者たちが階段をいかにうまく上るか、そして平らな床を進むのはどんなにだめかご存知だろう。患者を実験室に連れてくるためには、床の上に数枚の紙切れを並べねばならない。かれは歩きたいのだが、自分の運動機能にはたらきかけることができない。かれのこのシステムが侵されているのである。パーキンソン患者は、床の上に紙切れが置かれるとなぜ歩くことができるのか？　これに二通りの説明がある。その一つは、サピアが与えたものである。それによれば、パーキンソン患者は手を上げたいのだが、かれにそうするように言っても、その刺激では不十分である。その要求をさらにある（視覚的）刺激と結びつけると、かれは手を上げるのである。補足刺激は基本刺激とともにはたらく。また別のかたちでも状況を想像することができる。かれに手を上げることを可能にするシステムが、いまは侵されている。しかしかれは、脳のある一点を、外的記号を通して他の点と結びつけることができるのである。

私には、パーキンソン病患者の運動に関しては第二の仮説が正しいと思われる。パーキンソン病患者は、自分の脳のある箇所と別の箇所との結合を、記号を通して末梢神経の終末から自分自身にはたらきかけることによって確立する。それがこの通りであることをパーキンソン病患者の消耗度についての実験が証明している。もし単にパーキンソン病患者を徹底的に消耗させる問題であったなら、補足刺激の効果は強まったか、あるいはどんな場合でも休息、回復度に匹敵し、外的刺激の役割を果たすことになったにちがいない。はじめてパーキンソン病患者について論じたロシアのある著者は、病人にとってもっとも重要なものは、大音量の刺激（太鼓、音楽）であると指摘していたが、その後の研究でそうではないことが証明された。私はパーキンソン病患者にまさにその通りのことがおこなわれているとは言いたくないが、それは原則的には可能だという結論を出すだけで十分である。そして私たちはこのようなシステムが実際に可能であることを崩壊の場で絶えず観察している。私が述べているどのシステムも、三つの段階を経過する。最初は精神間段階であり、私が命令し、あなたが遂行するのである。次には精神外段階であり、私は自分で自分自身に語りかけ始める。次には精神内段階で、外部から呼び起こされる脳の二つのポイントは統一的システム内ではたらく傾向を有する。そしてそれは皮質内のポイントに転化する。

これらのシステムのその後の運命について手短に述べることにしよう。個人差の心理学部門で私が指摘したかったことは、私のあなたとの違い、あなたの私との違いは私の注意力があなたより少し大きいことにあるのではないということ、人々の社会生活における本質的で実際に重要な性格学的差違は、私たちの内部の個々のポイント間に存在する諸構造、諸関係、諸結合にあるのだということである。私が言いたいのは、決定的意義をもっているのは記憶あるいは注意ではなく、人がどれだけこの記憶を利用しているか、その記憶がどのような役割を遂行するのかなのだということである。私たちは、カフィル人の場合、夢が中心的役割を果たすことができることを見てきた。私たちの夢は、精神生活における居候で、いかなる本質的役割も果たさない。思考についても同じことが言える。空回りしてしまう不毛の知性がなんと多くあることか。考えてはいるが、行動に含まれない知性がなんと多くあることか！　私たちは皆、どのように振る舞わなければならないかを知っているのに、そのようには振る舞わない状況があることを覚えている。私はそこに三つのきわめて重要な局面があることを指摘したかったのだ。第一の局面は社会的、階級–心理学的局面である。私たちは労働者とブルジョアを比較したいと思う。問題は、ゾンバルトが考えたように、ブルジョアにとって基本的なことは強欲であり、強欲な人々の生物学的淘汰が生ずること、かれらにとって大事なことは極端な吝嗇と貯蓄であることなのではない。私は、多くの労働者がブルジョアよりけちであることを認める。事の本質は、社会的役割が性格から導き出されるのではなく、社会的役割から一連の性格学的関係が創り出されるということである。人の社会的、階級的タイプは、外部から人間に持ち込まれるシステムから形成される。そのシステムは、人々の社会的諸関係のシステムであり、それが人格に移行するのである。労働過程の職業学的研究はこのことに立脚している。すなわち、どの職業も、それらの関係の一定のシステムを要求する。たとえば、電車の運転手にとって、注意力が普通の人よりも高いことよりもむしろ、注意力を正しく使えることが実際に重要なのである。たとえば、作家等には注意が向かないようなところに注意が向けられることが重要なのである。

そして最後に個人差や性格学における一次的性格学の結合――その結合によって、たとえば分裂質と循環質のあれこれの比率が生じる――と、まったく別の分け方で生じる結合、不誠実な人と誠実な人、正直な人とうそつきな人、空想家と実務家とを区別するような結合とは根本的に区別すべきである。後者は、私があなたより几帳面でないとか、あなたよりもっとうそつきだということではなく、個々の機能間に個体発生において形成された関係のシステムが生じるということである。K・レヴィンは、心理システムの形成が人格の発達と一致すると正しく述べている。私たちは、もっとも美しい精神生活を営む倫理的に完璧な人格をそなえた最高の場合には、すべてが一つに結びつけられたようなシステムの発現を問題にしているのである。スピノザの理論（私はこの理論を若干修正している）によれば、精神は、すべての現象、すべての状態が一つの目標に向かうようなことを達成できる。そこでは、一つの中心をもったそのようなシステム、人間の行動の最大限の集中が生じる。スピノザにとって、唯一の理念は神の理念あるいは自然の理念である。それは心理学的にはまったく必要でない。しかし、人間は実際に個々の機能をシステムに取り込むだけでなく、システム全体のために一つの中心を創り出すこともできるのである。スピノザは、このシステムを哲学的局面において示した。それによれば、その生活が一つの目標に従属することの手本となり、そして実際にそれが可能であることを立証した人々がいる。心理学には、この種の単一システムの発生が科学的に真実であることを証明する課題が立てられている。

私は、諸事実の階梯について私が示してきたことをもう一度指摘して終わりにしたい。その階梯は筋道立てられたものになってはいないが、それでも下から上へ進むものである。私は、理論的考察をほとんどすべて省略した。私たちの研究活動は、この観点から光を当てられ、適切な場が与えられると思う。私は、このすべてを統合する理論の力を十分にもってはいない。私はきわめて大きな階梯を提示した。しかし、このすべてをとらえる理念として、一般的思想を提起した。そして今日私は、数年間あたためてきたが、徹底的に論じる決心がつかなかった基本思想が、実際に立証されるのかどうか、明らかにしたかったのだ。私たちの差し迫った課題は、このことをきわめて実務的に、詳細に明らかにすることである。私は引用した諸事実に基づいて、自分自身の基本的信念を表現しようと思った。すなわちそれは、すべての問題が機能内だけでの変化にあるのではなく、そこから生ずる結合の変化と無限に多様な運動形態にあり、一定の発達段階で新しい総合、新しい連結機能、それらの間の新しい結合形態が生じるという信念である。私たちは、システムとその運命に関心をもたねばならない。私には、システムとその運命、――これらの二つの言葉のなかに、私たちの差し迫った活動のアルファとオメガ（根源）があるように思われる。

# 第2章　意識の問題（ヴィゴツキーの基調報告覚書）

## Ⅰ　序

心理学は自らを意識についての科学と規定したが、意識について、心理学はほとんど何もわかっていなかった。

**古い心理学における問題提起**　たとえば、リップスによれば、「無意識はまさに心理学の問題である。」意識の問題は心理学以前に、外部から提起された。

（記述心理学の場合）自然科学の対象とは異なり、心理学における現象と存在は一致する。このことから心理学は思弁的科学となる。しかし、意識体験においては意識の断片のみが与えられているので、意識全体の研究は研究者に閉ざされていた。

私たちは意識に関する一連の形式的法則を知っている――意識の連続性、意識の相対的明瞭性、意識の不可分性、意識の統一性、意識の流れ。

**古典的心理学における意識論**　意識についての二つの基本的見解。

第一の見解。意識は心理的機能に対してその範囲外にあるもの、ある種の心的空間であるとみなされている（たとえばヤスパースによれば、意識とは、ドラマが上演されている舞台である。私たちはそれに応じて、精神病理学では二通りの基本的ケース、すなわち行為が侵されているのか、その舞台が侵されているのかを区別している)。したがって、この見解によれば、意識は(あらゆる空間と同様)、あらゆる質的な特徴づけを欠いたものである。このことから、意識についての科学は観念的関係についての科学として登場する(フッサールによる幾何学、ディルタイによる「精神の幾何学」)。

第二の見解。意識は心理学的過程に固有のある種の一般的性質である。この性質はそれゆえに、括弧からはずされ、考慮に入れられない。この見解においても意識は、質的でなく、その範囲外の、変化せず、発達しないものとして登場する。

「心理学の不毛性は、意識の問題が考究されてきたのかということにかかっていた。」

**もっとも重要な問題**　「意識は機能システムとして検討されたり、現象システムとして検討されたりしてきた(シュトゥムプフ)。」

(〈心理学史における〉定位ポイントの問題)

[精神機能と意識との関係の問題において二つの基本的観点が存在した。]

1　機能システム。原型は能力心理学である。活動を統御する精神組織についての見解。

2　体験心理学は鏡を研究するのでなく、鏡像を研究するもの(とくに連合心理学において顕著である。逆説的にゲシュタルト学派)。第二の(体験心理学)

――(a)けっして首尾一貫的ではなかったし、そうなりえなかった、(b)ある機能の法則は常に他のすべての機能に転移した、等々。

[このことに関連して生じる問題]

1　体験と活動との関係(意味の問題)

2　機能間の関係。一つの機能によって残りすべてを説明することができるのか(システムの問題)

3　現象と機能との関係(志向性の問題)

心理学は個々の意識活動間の関係をどのように理解してきたか（この問題は些細なものであったが、私たちにとっては最重要問題である。）心理学は、この問題に以下の三つの仮説で応えてきた。

1　すべての意識活動は協同ではたらく。

2　もろもろの意識活動間の結合は活動自体における本質的なものを何も変化させない。なぜならそれらの活動は必然的にではなく、ある人格の客観的事実として結合しているにすぎないからである〈ただ一人の主人をもつ〉ジェームズのシュトゥムプフへの手紙）。

3　この結合は、問題としてではなく、仮定として受け入れられている（諸機能間の結合は変化しない）。

## Ⅱ　外部から提起された私たちの主要仮説

**私たちの問題**　意識の諸活動間の結合は恒常的なものではない。それは個々の活動にとって本質的なものである。この結合を研究問題としなければならない。

**短評**　私たちの立場は、ゲシュタルト心理学に対立する立場である。後者の立場は「問題から仮定をおこなった」。それは、どの活動も構造的であるという前提に立っていた（私たちにとっては逆方向が特徴である。すなわち、私たちは仮定を問題としている）。

諸活動間の結合、これはあらゆるシステム研究における中心点である。

**解説**　結合の問題は、最初から原子論的問題と対峙させねばならない。意識は最初から全一的なものである。――このことを私たちは仮定している。有機体が機能の運命を決定するように、意識はシステムの運命を決定する。いかなる機能間変化についてもその説明として、意識全体の変化を取り上げねばならない。

## Ⅲ　「内部からの」仮説、すなわち私たちの研究の視点から

（序論、記号の重要性、その社会的意味）

私たちは以前の研究においては意味が記号に特有のものであることを無視してきた。（「しかし、石を集める時間も石をばら撒く時間もある。」（Ecclesiastes, 旧約聖書「伝道の書」））

私たちは意味の不変性の原理に立脚し、意味を括弧の外にくくり出してしまった。しかし意味の問題はすでに古い研究に含まれていた。以前は「結節点」と論理的記憶との間の共通性を示すことが私たちの課題であったのに対して、今日の私たちの課題はそれらの間に存在する相違点を示すことにある。

私たちの研究から、記号は機能間の関係を変化させると結論できる。

## Ⅳ　「下からの」仮説

動物の心理学。

ケーラーの後、動物心理学に新しい時代が到来した……。

**ワグネルの概念**　(1) 純粋路線と混合路線に沿った発達、(2)……〔原文で省略されている――訳者〕、(3) 純粋路線に沿ったもの―突然変異による発達、(4) 混合路線に沿ったもの―適応による発達、(5)……〔原文で省略されている――訳者〕。

類人猿の行動は人間に似ているか。ケーラーが適用した賢さの基準は正しいか。場の構造に応じた、閉じた全一的行為はつばめも……。サルの行為の限界的性質はその行為の自由が利かないことにある。サルにとって物は恒常的意味をもっていない。サルにとって棒は道具にはならない。それは道具の意味をもっていない。サルは単に三角形を「補い完成させる」のであり、それだけのことにすぎない。ジビエの犬についても同じことがいえる。

**ここからの結論**　三つの水準。条件反射活動は本能を刺激する活動である。サルの活動もまた本能的であり、それは本能の知的変種にすぎない。すなわち、まさにその活動の新しいメカニズムにすぎない。サルの知能は、純粋路線

に沿った発達の結果である。つまり、知能はまだその意識を再構成していない。

［ゼルツによるケーラーの擁護。ケーラーは新しい出版物のなかでゼルツが「私の実験を正しく解釈した唯一の人」であると指摘している。］

コフカにおいて――サルの行動と人間の知能との「際だった類似性」がみられるが、しかし限界もある。すなわち、サルの行為は本能によって駆り立てられるのであり、その方法のみが合理的なのである。その行為は意志的ではない。なぜならば、意志は状況に束縛されない（競技者がどっちみち試合に勝てないとわかると、試合を中止する）。人間は棒が欲しいが、サルは果実が欲しい（サルが欲しいのは道具ではない。サルはそれを将来のために準備しない。サルにとって、それは本能的欲求の充足手段である）。

**道具**　道具は、状況からの抽象を求める。道具の使用は別の刺激、動機づけを求める。道具は（対象の）意味と結びついている。

（ケーラー）（ケーラーはソーンダイクとの論争に関する著作を出した。）

**結　論**

1　動物の世界では、新しい機能の出現が脳の変化と結びついている（エディンゲルの定式による）。ところが、人間の場合はそうではない（動物界では、発達が純粋路線を進むときはどんな場合も、心理学的発達と形態学的発達との間に並行性が見られる）。

2　動物の世界では、純粋路線に沿った発達が見られる。適応的発達は、すでにシステムの原理に沿った発達である（人間は、一つの徴候〈知能、意志〉によって区別されるのではなく、原則的にその人間の現実との関係によって区別される）。

3　ケーラーのサルの知能は、本能に統治されている。そのモメントの特徴をなす二点。(a) 知能は行動システムを再構成しない、(b) 道具はなく、道具は意味をもたず、対象の意味もない。刺激は本能的なものにとどまる（「道具は抽象を求める」）。


**K・ボイテンジェイク**——動物は状況から自身を分離せず、状況を自覚しない。

動物は、人間とは意識が別のかたちで組織化されている点で異なっている。

「人間を動物と区別しているものは意識である。」

Y・ジェームズ——

| 動物における | 人間における |
| --- | --- |
| 隔離集団 | 抽象 |
| 構成 | |
| 行動指針 | 概念 |
| 影響種（influent） | |

（ゲシュタルト心理学に）［構造心理学（ゲシュタルト心理学）と私たちとの差違、——構造心理学は、反射学のような自然主義心理学である。この心理学では、意味と構造がしばしば同一視される。

# V　「内部で」

## 1　狭義における記号論的分析

あらゆる言葉は意味をもっている。言葉の意味とは何か？

——意味は論理的意味と一致しない。（無意味のものも意味をもっている。）

私たちの問題設定の独自性はどこにあるか？

——ことばは思考の衣服である（ビュルツブルグ学派）、あるいは習熟である（行動主義）とみなされてきた。意味が研究されてきたところでは、それは(a)連合論的視点から、すなわち意味は物事を想起させるものとして、あるいは(b)言葉の意味を知覚するときに私たちに（現象論的に）何が生じるかという視点から研究されてきた（ワット）。

［ことばは思考のために存在しているのではない（ビュルツブルグ学派）。ことばは思考に等しい（行動主義者たち）。］

すべての著者たちに不変の立場――あらゆる言葉の意味は不変であり、意味は発達しない。

言葉の変化は次のように考えられてきた。

**言語学において**――言葉の運動として。その一般的性格は抽象的性格である。それは言語学的意味（語義）であり、心理学的意味ではない。

**心理学において**（ポーラン）――意味（語義）は凝固したままである。変化するのは（個人的）意味《スムイスル》である。言葉の（個人的）意味は、当該の言葉によって呼び起こされる全心理学的過程である。そしてそこには発達も、運動もない。なぜなら、（個人的）意味の形成原理は同じままだからである。ポーランは「（個人的）意味」の概念を拡大している。

**心理学的言語学と心理学において**　文脈による意味（語義）の変化が検討されてきた（転義的意味、反語的意味等々）。

これらすべての理論（シュテルンを加える）において、意味（語義）の発達は出発のモメントとしてもたらされるが、この過程はまさにそのモメント内で終わる。

（シュテルン――子どもは命名機能を発見する。それは記号と意味（語義）の関係についての恒常的原理として残る。シュテルンにとって発達とは語彙の拡大、文法・統語法の発達、意味（語義）の拡大あるいは固定に帰着される。しかし原理は同じままである。）

（分析の基礎には常に、意味（語義）は不変である、言葉と思考の関係は恒常的であるという確信があった。）

（意味（語義）は思考から言葉への道程である。）

〈意味（語義）は言葉の背後にある心理的操作の総計ではない。意味（語義）は、より限定されたものであり、記号操作の内的構造である。それは思想と言葉との間にあるもので、意味（語義）は言葉と同等でもないし、思想とも同等でもない。その不平等性は、発達路線の不一致で明らかになっている。〉

## 2　外言から内言へ

### A　外　言

意味（語義）を発見するとはどういうことなのか？

私たちは言語の記号論的側面と発達段階的側面とを区別しなければならない。それらを結びつけているのは不可分の関係であって，同一性の関係ではない。言葉は単にものの代理物ではない。たとえばインジェニエロスの「存在するものの意味」についての実験がある。

**証明**　最初の言葉は発達段階的には語であるが，記号論的には文である。

発達は次のように進む。発達段階的には個々の語から文に，従属文に進み，記号論的には文から名前に進む。すなわち，「言語の記号的側面の発達はその発達段階的側面の発達に並行していない（一致しない）」。［言語の発達段階的側面の発達はそれの記号論的側面の発達を追い越す。］

「論理と文法とは一致しない」。思考においても，言語においても心理学的な述語および主語と，文法上の述語および主語とは一致しない。（「精神の文法」発達段階的モメントは言葉に対する精神の捺印であると考えられた。）二種類の統語論，すなわち意味（個人）的なものと発達段階的なものとがある。

ゲルプ――思考の文法と言語の文法

（「言語の文法は思考の文法と一致しない」。）

［精神病理学的データは私たちにどのような変化をもたらすか。(a) ある人はうまく話せない……，(b) 話し手自身が何を話したいかわからない，(c) 言語の限界が妨害する（意識的な，自覚された違い），(d) 文法上の競合］

［ドストエフスキーからの引用例（「作家の日記」）］

ゆえに，言語の記号論的側面と発達段階的側面は一致しない。

## ヴィゴツキーの講演ノート（ルリヤの報告から）

［レヴィ－ブリュールの欠陥は、かれが言語を何か不変のものとみなしている点にある。このことはかれをパラドックスに導く。もろもろの意味（語義）とそれらの結合（統語論）は、私たちのものとは異なるということを認めさえすれば、それだけでそのばかばかしさは減少するだろう。失語症の研究においても、同じように音素と意味（語義）は区別されていない。］

（以前に私たちは、意識の局面ではなく、行動の局面で分析をおこなった。このことに、結果の抽象的性格がみられた。（今）私たちにとって基本的なことは、（個人的）意味の運動である。たとえば、失語症、統合失調症、先天性精神遅滞者、精神的未熟者における記号操作の外的構造は類似している。しかし、記号論的分析ではそれらの内的構造、意味（語義）は異なる（記号的失語症の問題）ということが明らかにされている。）

意味（語義）は言葉のなかに表現されている思想と同じではない。ことばにおいてその記号論的側面と発達段階的側面とは一致しない。つまり、ことばの発達は段階的には語から句へ進むが、記号論的には子どもは句から始める。（比較せよ――読み書きのできない者たちの句における言葉の融合。）

論理的なものと統語論的なものもまた一致しない。例をあげれば、「時計が落ちた」は統語論的にはこの場合、「時計」が主語で「落ちた」が述語である。しかしそれが「何が起きたのか」「何が落ちたのか」の問いかけに対する答として述べられるとき、論理的にはこの場合落ちたが主語で、時計が述語（すなわち新しいこと）である。別の例をあげよう。「私の兄弟はこの本を読みました」では、論理的アクセントはどの語にも置かれうる。

［先天性小頭症における判断をともなわないことば、など。］

人が表現したいと思う思想はことばの発達段階的側面とも、記号論的側面とも一致しない。例をあげよう。――「私は悪くない」という思想は「私はほこりを払いたかった」「私は物に触らなかった」「時計は自分で落ちた」などという意味で表現されるものであろう。「私は悪くない」自体もまた、思想を絶対的に表現してはいない。（その思想と一致しないのではないか？）この句自体が、それ自身の記号的統語法をもっている。

思想は、ことばがそこから滴となって落ちてくる雲である。

思想は、その言語的表現とは違ったしかたで構成される。

思想は、言葉に直接には表現されない。

（スタニスラフスキーによれば、テキストの背後には内面的意味《ポドテキスト》がある。）あらゆることばが裏の思想をもっている。あらゆることばが寓意（アレゴリー）をもっている。［この裏の思想は何か。ウスペンスキーの農民代表者は、こう語っている。「私たちの同志は言語をもっていない。」］

しかし、思想は何か表現するべく用意されたものではない。思想はなんらかの機能、はたらきを遂行しようとする。この思想のはたらきは、課題を感じとることから、——意味の構成を通して——思想そのものの展開への移行である。［記号論的には「時計が落ちた」は、媒介的記銘において意味的結合が記銘されるべき対象に関係するように、相当する思想に関係する。］

思想は言葉で遂行されるのであって、言葉にだけ、表現されるのではない。

思想は内的に媒介された過程である。（それは、ぼんやりした願望から、意味（語義）を通した間接的表現へ、より正確には、表現へではなく、言葉における思想の仕上げへの道である。）

内言はすでにはじめから存在している（？）。

およそ意味（語義）のない記号はない。意味形成は記号の主要な機能である。意味（語義）は、記号のあるところどこにでもある。意味（語義）は記号の内的側面である。しかし、意識には何も意味しないものもある。

ビュルツブルグ学派は、思想に対して懸命に取り組む試みをおこなった。心理学の課題はそのかたまりだけでなく、それらを媒介するものも研究することである。すなわち、それらのかたまりがどのように作用するか、思想は言葉でどのように遂行されるのかを研究することである。〈心理学の課題がこれらの雨を降らさなかった黒雲の研究にある

と考えること〈ビュルツブルグ学派はそう考えたのだが〉は正しくない。〉

## B 内言

内言における意味論的側面と発達段階的側面との不一致は、さらに激しい。

内言とはどういうものなのか？

(1)ことばマイナス記号（すなわち発声に先行するすべて）。

〈発音されない言葉と内言とを区別すべきである（ジャクソンとヒードは、ここで誤りを犯した）〉。

(2)思考における言葉の発音（ことばによる記憶――シャルコ）。ここでは内言のタイプについての理論は表象（記憶）のタイプと一致する。それはあたかも外言の準備をしているかのようである。

(3)内言の現代的（私たちの）理解。

内言は外言とはまったく異なるしかたで形成される。内言においては発達段階的モメントと記号的モメントとの間に異なる関係がある。

内言は次の二つの点で抽象的である。(a)それはあらゆる音声言語に対して抽象的である。すなわち、それの意味論化された音声的特徴のみが再生される（たとえば、革命という単語〔正確にはреволюция――訳者〕におけるрррреволюцияの三個のррр）、および(b)それは非文法的であり、そこでのあらゆる単語は述語的である。その文法は記号的外言の文法とは異なる。内言における意味は外言とは異なるかたちで互いに結びついている。内言におけるその融合は膠着〔agglutination 語や語幹に接辞や機能語をつけて文法的機能を表わす方法――訳者〕のタイプにそっておこなわれる。

〔語の膠着は、まさに内的な膠着によって可能になる。〕（慣用句は内言において最大に拡大する。）

〈個人的〉意味の影響――コンテキスト（文脈）のなかで言葉は規制を受けたり、豊かになったりする。言葉はコンテキストの（個人的）意味をそのなかに取り込む＝膠着。その次の言葉はその前の言葉を包含する。

〈内言は述語的に形成される。〉

［翻訳の困難さは、ある局面から別の局面への次のような移行の複雑な道程に左右される。思想→意味（語義）→発達段階的外言。］

書きことば。［書きことばのむずかしさは、それには声の抑揚がなく、対話者がいないことにある。書きことばは、象徴の象徴化であり、書きことばへの動機づけはよりむずかしい。

書きことばは内言と、話しことばとは違った関係にある。書きことばは、内言より後に発生する。書きことばは、もっとも文法的である。しかし書きことばは、外言より内言により近い。書きことばは、外言を通り過ぎて意味（語義）と連合する。］

要約――私たちは内言において、すべてが他と異なることばの新しい形態とかかわりをもつ。

## C　思　想

思想もまた、独立した存在である。それは意味（語義）と一致しない。

思想を表現するためには、意味（語義）の一定の構造を見つけねばならない。（テキストとポドテキスト）

**説明**　それについては、記憶喪失症を例にとって説明できるだろう。次のことを忘れることがある。

(A)　動機、意図

(B)　いったい何なのか？（思想？）

(C)　意味（それを通して何かを表現したいと思った）

(D)　言葉

［思想は言葉で遂行される。］遂行の困難さ。〈思想を直接的に表現することは不可能であること。記憶喪失の程度、

すなわち思想から言葉への媒介（移行）の程度、意味（語義）による思想の媒介の程度〉

**理解**　真の理解は対話者の動機の洞察にある。

言葉の（個人的）意味は動機によって変化する。それゆえ、最終的説明は動機づけにある。このことはとくに幼児期に明らかである。〈カッツによる子どもの発話の研究。シュトルフ（心理学者、言語学者、戦時中は郵便検閲官）の著作から、捕虜の飢餓に関する手紙の分析〉

**この部分からの結論**

言葉の意味（語義）はただ一つの永久に与えられたものではない。（ポーランに対する反論）

言葉の意味（語義）は、常に一般化である。言葉の背後には、常に一般化の過程がある。意味（語義）は、一般化のあるところで発生する。意味（語義）の発達は、一般化の発達である！

一般化の原理は変化することがある。〈発達において一般化の構造が変化する。〉（発達し、階層分化し、異なるかたちで過程が実現する。）

［意味（語義）における思想の実現過程は、「動機から発話へ」の内部で進行する複雑な現象である（？）。］

〈意味（語義）には常に一般化された現実が与えられている。〉（ヴィゴツキー）。

## Ⅵ　広範に、遠くへ

［基本的問題］（1）言葉の意味（語義）は意識のなかで芽生える。それは、意識自体にとってどのような意味をもつか。（2）意味（語義）は何からどのように変化するのか。

［第一の答］（1）言葉は意識のなかで芽生えて、すべての関係と過程を変化させる。（2）言葉の意味（語義）自体は意識の変化に応じて発達する。

**意識生活における意味（語義）の役割**

〈話すことは、理論を示すということ〉

〈対象の世界は、命名の世界が発生するところに発生する〉（ヴィゴツキー、ミル）

「対象の不変性、カテゴリー的具体性が、対象の意味（語義）である。」「レーニン、世界から自己を区別することについて。」（その意味（語義）、その具体性はすでに知覚に与えられている。）

「私たちのあらゆる知覚が意味をもっている。」どんな無意味なものにも、私たちはそれに意味（語義）をつけ加え、（意味づけられたものとして）知覚する。

対象の意義は言葉の意味（語義）ではない。「対象は意義をもっている。」――ということはそれがつながりのなかに入ったことを意味する。

意味（語義）を知るということは、個別のものを一般的なものとして知ることである。

「人間の意識過程は、それがそう名づけられたがために、すなわち一般化されたために、意味（語義）をもつのである。」（それは言葉についてそうだという意味ではない。――ヴィゴツキー）

意味（語義）は記号に固有のものである。

意味（個人的）は、語義のなかに含まれるもの（語義の結果）であるが、記号に固定されたものではない。（個人的）意味形成は、語義の結果、産物である。（個人的）意味は、語義よりも広い。

意識は(1)関連した知識、(2)意識（社会的）

[子どもたちの最初の質問は、けっして命名についての質問ではない。それは対象の意味（個人的）についての質問である。」（意味づけされたものは単に構造的なのではない（ゲシュタルト理論に対する反論）。）

意識は全体として（個人的）意味的構造をもっている。私たちは意識を（個人的）意味的構造によって判断する。なぜなら意味（個人的）、意識の構造は外界との関係なのである。

意識において（個人的）意味的結合が発生する。（羞恥、自尊心――はヒエラルキーを成す……カフィル人の夢、マーシャボルカンスカヤは他の人が考えているとき、お祈りする……。）

語義の（個人的）意味形成活動は意識そのものの一定の（個人的）意味的構造に導く。ことばは、それゆえ、単に思考に関してのみ検討されてきたことは正しくない。ことばは意識に変化を生み出す。「ことばは、意識の相関概念であって、思考の相関概念ではない。」

「思考は、ことばが意識のなかに入っていく門ではない。」（ヴィゴツキー）ことばは意識間のコミュニケーションのための記号である。ことばと意識との関係は、精神物理学的問題である。（そしてそれと同時に意識の境界を破る。）

子どもの最初のコミュニケーションは、幼児の実践のように、知的なものではない。（最初のコミュニケーションが知的なものであると証明した者はだれもいなかった。）

子どもは考えているときだけ話すということはまったくない。

「ことばは、その出現により根本的に意識を変革する。」

何が意味（語義）を動かすのか、何がその発達を決定するのか。（意識の協力）意識疎外の過程。

分裂は、意識に固有のものである。融合は、意識に固有のものである。（それらは意識に必要なものである。）

一般化はどのように発生するのか。意識の構造はどのように変化するのか。

あるいは――人間は記号に頼る。すなわち、記号は意味（語義）を生み出す。意味（語義）は意識のなかで芽生える。

それはうまくいかない。

語義は機能間の関係、すなわち意識、意識活動によって決定される。「意味（語義）の構造は、意識のシステム的構造をもっている。」意識はシステム的構造をもっている。システムは安定したものであって、意識を特徴づけている。

## 結　論

「記号的分析は意識のシステム的、（個人的）意味的構造の研究に対して唯一の適切な方法である。」構造的方法のようなものが、動物の意識についての適切な研究方法である。

心理学における私たちの言葉は、皮相的心理学からは、はずれている。皮相的心理学では、意識における現象と存在は同等ではない。しかし、私たちは深層心理学とも対立している。私たちの心理学は、頂上の心理学である（人格の「深層」でなく「頂上」が決定する）。

現代科学の動向としての内的な隠れた進歩への道程（化学は原子構造へ、消化生理学はヴィタミンへの道程、等々）。私たちの心理学は、以前には論理的記憶を、結び目をつくることとして理解しようとしたが、今日では意味的記銘として理解しようと試みている。深層心理学は、もろもろのことが過去にそうであったようにあり続けると主張している。無意識は発達しない。――このことはきわめて偉大な発見である。夢は月のように反射光によって輝く。

それは、私たちが発達をどのように理解しているかということから明らかである。生まれつきもっているものの変容としてか？　新形成物としてなのか？　その場合は、もっとも遅く形成されたものがもっとも重要なものなのだ！「最初に出来事があった（否、出来事が最初にあった）のであり、最後に言葉が現われた。そしてこのことがもっとも重要なことだ。」（ヴィゴツキー）上述のことの意味はどのようなものか。「私にはこれを意識したことで十分だ。」すなわち今は問題が提起されたことで十分である。

## 付　記

### テーゼに関する準備活動から議論へ

一九三三―一九三四年

**ヴィゴツキーの講演**（一九三三年十二月五日、九日）**覚書**

私たちの心理学の中心的事実は、媒介の事実である。

**コミュニケーションと一般化**　媒介の内的側面は、記号の二つの機能(1)コミュニケーション、(2)一般化に現われる。なぜなら、あらゆるコミュニケーションは一般化を要求するからである。

コミュニケーションは直接的にも可能である。しかし、間接的一般化は記号によるコミュニケーションであり、その場合は一般化が必要である。（「あらゆる言葉（ことば）がすでに一般化されている。」）（レーニン）

事実――子どものコミュニケーションと一般化は一致しない。ゆえにこの場合、コミュニケーションは直接的である。

中間――指示的身振り。身振り、それはあらゆることを意味することのできる記号である。

法則――一般化の形態はコミュニケーションの形態に対応する。「コミュニケーションと一般化は内的に互いに関連し合っている。」

人々は意味（語義）の発達に合わせてのみ、意味（語義）を介して互いにコミュニケーションをおこなう。

この場合の図式は以下の通り。人間でない-もの（シュテルン）、人間でない-人間（ピアジェ）。しかし：人間-もの-人間。

**一般化**　一般化とは何か？

一般化は、直観的構造から離れて、思考的構造に、意味的構造に入ることである。

意味（語義）と機能システムは、内的に相互に関連し合っている。

意味（語義）は思考に属しているのではなく、意識全体に属している。

# 第3章　心理と意識と無意識

## 1　心理学の独立した科学としての可能性

小論の表題に出した三つの用語、心理・意識・無意識は心理学の中心的、基本的問題を意味しているだけではない。それらは、ずっと大きな方法論的問題である。すなわち、心理科学自体の構築原理についての問題である。このことについて優れた表現をしたのはリップスであり、意識下の問題に関する有名な定義のなかで、潜在意識は心理学の一問題というよりはむしろ心理学そのものの問題であると述べている。

ヘフディング（『経験に基づく心理学概説』一九〇八年）も同じことを考えていた。当時、心理学における無意識的なものの概念の導入は、その意義に関して物理学におけるポテンシャル・エネルギーの概念に匹敵するとされていた。この概念の導入によってはじめて、心理学は経験の諸事実を独自の法則性に従う一定のシステムに統合し、整合させることのできる独立した科学となることが一般に可能となった。ミュンスターベルグは、この同じ問題を検討し、心理学における無意識的なものの問題と、動物における意識の存在の問題との間に共通点を求めている。かれは、観察だけに基づいて、この問題の多様な説明のうちのどれが正しいのかを解決することはできないと述べている。私たちは諸事実の研究に取りかかる前にこのことを解決しなければならない。

言いかえれば、「動物は意識をもっているか否か」という問題は、実験によって解決することはできない。これは認識論的問題なのである。この場合にもまったく同じことがいえる。——いかなる異常体験もそれ自体としては、生理学的説明ではなく心理学的説明が求められていることの証拠とはなりえない。これは哲学的問題であり、私たちが特殊な事実の説明に取りかかる前に理論的に解決せねばならない問題である。

私たちには、この小論の表題に書かれた三つの用語の説明のしかたによって、全体的システムと心理学の方向がまったく独自の発展をとげることがわかっている。例として無意識的なものの概念を基礎として打ち立てられた精神分析を想起し、それともっぱら意識現象を研究する伝統的な経験論的心理学とを比較するだけで十分である。

さらに、パヴロフの客観的心理学と自分の研究領域から心理諸現象を完全に排除しているアメリカの行動主義者たちを想い起こせば十分だろう。そしてそれらをいわゆる了解心理学、あるいは記述心理学——その唯一の課題は、心的生活の諸現象の分析、分類および記述であり、生理学と行動の問題にはいっさいかかわらない、——の信奉者たちと比較すれば十分である。心理、意識と無意識についての問題があらゆる心理システムにとって、決定的な方法論的意義をもっていることを確認するには、これらのことを想い起こすだけでよい。私たちの科学の運命そのものも、私たちの科学にとって基本的なこの問題がどのように解決されるのかに依存している。

ある者にとって、この科学はまったく存在しなくなり、真の脳生理学あるいは反射学がそれに取って代わる。また別の者にとっては、それは直観像心理学、あるいは精神の純粋現象学に転化する。最後に第三の者は、総合心理学を実現する道を求める。私たちはこの問題に歴史的あるいは批判的側面からアプローチするつもりはなく、これらすべての問題理解のきわめて重要なタイプをくまなく考察することをしないだろう。私たちは最初から客観的科学的心理学のシステムにおける三つの動機の意義を考察することに課題を限定するつもりである。

心理学の独立した科学としての可能性は最近まで心理を独立した存在の領域であると認めるかどうかにかかっていた。心理科学の内容と対象を構成しているのは心理現象あるいは心的過程であるという見解、したがって独立した科学としての心理学は精神が独立しているもの、物質と同じようにはじめから存在するものであるという観念論哲学の仮説に基づいてのみ可能であるという見解が、今日にいたるまでなお広範に普及している。

これが、心理学の観念論的システムの大部分――このシステムは、自然科学と心理学を一体化させようとする自然的傾向とか、生理学から心理学に浸透してきた「洗練された唯物論」（ディルタイの表現による）から心理学を解放することをめざしている――のあり方である。現代の了解心理学、あるいは精神の科学としての心理学のもっとも重要な代表者の一人であるシュプランガーは、近年、心理学はもっぱら心理学的方法によって研究されねばならないということを事実上意味するような要求を提起した。かれにとって、心理学的方法による心理学の考究は心理学におけるあらゆる種類の生理学的説明の拒否と、心理現象による心理現象の説明への転換を必然的に前提としていることはまったく明らかである。

ときには生理学者も同じ思想を表明している。たとえば、パヴロフは、心的唾液分泌の研究の際に、最初は、心的行為、強烈な食欲が疑いもなく唾液分泌の神経中枢の刺激となるという結論を出していた。周知のように、その後、かれはこの見解を放棄し、動物の行動と心的唾液分泌の研究に際して、とくにいかなる心的行為も引き合いに出すべきではないとする結論に達した。「貪欲な食欲」「犬が想起した」「犬が推測した」のような表現は、かれの実験室できわめてきびしく禁止された。そして動物のあれこれの行為を説明するためにこの種の心理学的表現に頼る同僚に対して特別の罰金が科せられた。

パヴロフの見解によれば、私たちは心的行為を引用するとき、まさにそのことによって、根拠のない非決定論的思考に向かって進みはじめ、自然科学の厳密な道からはずれるのである。それゆえ、行動の問題解決や行動の習得のための真の道は、かれの見解によれば真の脳生理学を通るものである。脳生理学は神経結合と、それに対応する反射とその他の行動単位との結合を、まさしくそれらにいかなる心的現象もまったくともなわなかったかのようにして研究することができるのである。

イ・ペ・パヴロフは次のことを論証したのであり、またその点がかれの偉大な功績である。すなわち、かれは、行動を動物の内的世界にまったく入り込むことなしに、生理学的に解釈することができること、その行動は一定の法則性に従っており、あらかじめ予測することも可能であって、動物の経験についての漠然としたかすかな表象をつくる試みなどいっさい行わなくても、科学的な正確さで説明しうることを論証したのである。言いかえれば、パヴロフは、行動について——少なくとも動物の行動について、また原則として人間の行動についても——心的生活を無視する客観的‐生理学的研究が可能であることを証明したのである。

それと同時にパヴロフは、シュプランガーと同じ論理に従い、客観的なものは生理学のために、行動への主観的アプローチは心理学のためにとっておくことによって、神のものは神に、皇帝のものは皇帝に返している。パヴロフにとっては、心理学的なものと心的なものとは完全に一致する。この問題は、私たちの科学の歴史全体が証明しているように、これまで心理学が立っていた哲学的基盤に基づいて解決することはまったくできないものであった。私たちの科学の長い歴史的発展全体の結果として、総括的に示すことができる状況が形成されたのである。

一方では心理研究の可能性の完全な否定、心理の無視がみられる。なぜならその研究は私たちを非因果的思考の道に進ませるからである。実際に心理生活は、その諸要素間の不断の連続的な結合の遮断、欠如、それら諸要素の消失と再現によって特徴づけられる。それゆえ、個々の要素間の因果関係を樹立することができないのである。その結果、心理学を自然科学の分野としては認めない必要が生じる。ミュンスターベルグはこう述べている。「心理学の見地からは、心理生活の十分に意識的な諸現象の間にさえ真の結合は存在せず、それらは何かの原因になることも、何かの説明に役立つこともない。それゆえ、心理学からみた内的生活に直接的因果関係は存在せず、心理現象を生理学的過程の付随物とみなすことができる以上、因果的説明は外部からのみ心理現象に適用できるのである。」（『心理学と経済生活』一九一四年）

このようなわけで、一つの道は、心理の完全な否定、したがって心理学についても完全な否定に導く。別の二つの道が残っているが、それらの道は、私たちの科学が歴史的発展によって導き入れられた袋小路に関して、前者に劣らず興味をひき、明確に証明するものである。

それらのうちの一つの道は、私たちがすでに述べた記述心理学である。それは心理を現実の完全に孤立した領域とみなす。そこではいかなる物質の法則もはたらかず、その領域は純粋な精神世界である。この純粋に精神的な分野ではいかなる因果関係も成立しえない。ここでは、意味の理解、解明、価値の確立を達成することが必要である。ここでは記述し、分解すること、分類し、構造を樹立することもできる。この心理学は、記述心理学という名称のもとで、説明心理学と対立し、まさにそのことによって、科学の分野から説明という課題を追放している。

この心理学、つまり記述心理学は、精神の科学として自然科学的心理学と対立する。したがって、ここでも心理学は互いに結びつかない二つの部分に分かれる。記述心理学ではまったく別の認識方法が支配している。ここでは、経験法則を樹立する際の帰納法やその他の手法など問題にならない。ここでは分析的あるいは現象学的方法、本質的判断の方法、あるいは意識の直接的データの分析を可能にする直観が支配している。

フッサールはこう述べている。「意識の領域では、現象と存在の差違は消滅する。」（『厳密科学としての哲学』一九一一年）ここでは、見えているものすべてが真である。それゆえ、この種の心理学はなんらかの自然科学、たとえば物理学よりも幾何学の方をはるかにより近いものとして想起させる。それは、ディルタイが空想した精神の数学に転化するにちがいない。その際、直観は自分の体験の直接的自覚を前提にするので、心理的なものが完全に意識的なものと同一視されることはいうまでもない。しかし、心理学にはもう一つの、シュプランガーが指摘しているような方法があり、これはまた、同氏が提案している原理に従うものである。すなわち、心理学的なものは心理学的にということだが、ただし、反対方向に進む。この方向にとって、心理的なものと意識的なものとは同義語ではない。心理学の中心的概念となるのは無意識的なものであり、それは心理生活の欠落している空白部分を埋め、欠けている因果的関連をつけ、原因は結果と同種のものでなければならず、どんな場合にも結果と同列におかれていなければならないことを考慮して、心理現象の記述を同一の術語で使い続けていくことを許すのである。

このようにして、特殊な科学としての心理学の可能性は維持される。しかし、この試みは、二つの本質的に異質の傾向を包含しているために、おおいに矛盾している。シュプランガーが次のように述べているのはまったく正しい。——この理論の主たる代表者、フロイトは、暗黙裡に、了解心理学とまったく同じ原理に立脚している。すなわち心理学の分野では可能な限り純粋に心理学的に知識を構築する必要がある。解剖学や生理学の分野への早まった、あるいは偶然的な逸脱は、精神物理学的結合を事実として暴きだすことはできても、私たちにとってなんらかの理解に少しも役立つことはないだろう。

フロイトの試みは心理現象の意味的結合と依存関係を無意識的なものの領域に拡張しようとすることにあり、意識的諸現象の裏にはそれらを制約する無意識的現象があり、その無意識的現象はそれらの発現の形跡を分析し解釈することによって再現しうると仮定するものである。しかし、まさにそのシュプランガーがフロイトを激しく非難し、この理論における独自の理論的誤謬を指摘している。かれは、次のように述べている。——フロイトにおいて生理学的唯物論は克服されたとしても、心理学的唯物論は存在し続けている。そこで、暗黙裡の形而上学的前提になっているのは、性的欲望の存在が自明であり、他のすべてがそれに基づいて理解されねばならないということである。

そして実際に、無意識的なものの概念を用いて心理学を構築する試みは、この場合、両義的な試みである。一方では、観念論心理学と同種のもので、心理現象の説明をその心理現象によっておこなうお決まりの方法が遂行される。他方では、あらゆる心理現象のきわめて厳格な決定論思想が導入され、それらの現象の基礎は有機体の生物学的欲求、まさに生殖の本能に帰着する。以上に関するかぎり、フロイトは唯物論の立場に立つ。

このように三通りの道がある。——心理の研究の拒絶（反射学）、心理的なものを通しての心理の「研究」（記述心理学）、無意識的なものを通しての心理の認識（フロイト）。見ての通り、これは、心理学のまったく異なる三通りのシステムであり、それらの各々は、心理の理解に関する根本的問題がどのように解決されるかということに依拠してできたものである。すでに述べたように、私たちの科学の歴史的発展は、この問題を出口のない袋小路に引っぱり込んでしまった。古い心理学の哲学的基礎と袂を分かつ以外にそこから抜け出す出口はない。

## 2　弁証法的心理学の意義

この問題に関して、弁証法的アプローチのみが、心理、意識、無意識的なものに関連した、すべての問題提起そのものが誤りを犯したことを明らかにしている。それは常に誤って提起された問題であったがために未解決の問題となっているのである。思弁的思考にとってはまったく克服しえないこと、すなわち心理的過程と生理学的過程との深い相違、その一方を他方に還元できないことは、弁証法的思考にとってはつまずきの石とはならない。この思考は、発達過程を一方では連続的なものとみなすとともに、他方では飛躍、新しい資質の発生をともなう過程とみなすことを常としてきた。

弁証法的心理学はなによりも心理過程と生理学的過程との統一に立脚している。スピノザの表現によれば、弁証法的心理学にとって心理は自然の外側にあるもの、あるいは国家の中の国家のようなものではない。それは私たちの脳髄の高度に組織化された物質の機能と直接結びついた自然そのものの一部分である。その他のあらゆる本自然と同じように、それは発達過程で創り出されたものではなく、生じたのである。その原基的形態はすでにいたるところに存在している。すなわち、生きた細胞が、外的作用の影響のもとで変化し、それらの作用に反応する特性を保有しているところに存在している。

動物のある特定の発達段階において脳過程の発達に質的変化が生じたとき、その変化は、一方では先行する発達の全行程によって準備されたものであったが、他方では発達過程における飛躍であった。なぜならそれはより単純な現象に機械的に帰着されない新しい資質の発生を特徴としていたからである。心理のこの自然史を受け入れるなら、第二の思想も受け入れられることになろう。この思想は、心理を、脳過程以外の脳過程の上方に、過程の上あるいは間のどこかに付加的に存在する特殊な過程ではなく、脳の高次機能の特殊な側面、その特殊な質的特徴として脳過程そのものの主観的表現とみなすべきだとするものである。

抽象化の心理過程は、この過程がその意義とその意味とをそのなかでのみ獲得するところの全一的な心理生理学的過程から人為的に分離されるか、あるいは引き離される。古い心理学において心的問題が解決不能になった原因は、その問題に対する観念論的アプローチによって、心理的なものが一部を構成している全一的過程から引き離されてしまったということに、大部分帰せられる。そして生理学的過程に並ぶ、この過程とは別に存在する独立した過程の役割が心理的なものに帰せられたのである。

これとは反対に、この心理生理学的過程の統一を認めることは、私たちをまったく新しい方法論的要求に必然的に導くことになる。すなわち、私たちが研究しなければならないのは、全一体から引き離された個々の心的過程と生理学的過程ではない。この場合、個々の過程は私たちにはまったく理解できないものになってしまう。私たちは主観的側面と客観的側面との両方から同時に特徴づけられる全一的過程を取り上げねばならない。

しかし、心理的なものと身体的なものとの統一を認めることは、第一に心理が有機物質の一定の発達段階に現われたとする仮定、第二に心理過程はその外では存在できず、したがってその外では研究できないような、より複雑な全体の分離できない部分を構成するという仮定に表わされており、両者の統一を認めることが私たちに心理的なものと身体的なものとを同一視させる結果に導いてはならない。

このような同一視に、基本的に二通りのタイプがある。その一つは、マッハの労作に反映した観念論哲学の方向に特徴的であり、もう一つは機械的唯物論と十八世紀のフランス唯物論者に特徴的である。後者の見解では心理過程が生理学的神経過程と同一視され、その生理学的神経過程に帰着する。その結果、心理の問題は完全に消滅し、高次の精神行動と、適応の前心理形態との差違は消えうせる。直接的経験の疑う余地のない証拠が廃棄される。そして私たちは心理経験のありとあらゆるデータと不可避的な相容れない矛盾に到達する。

もう一つのマッハ主義に特徴的な同一視では、たとえば感覚のような心理体験がそれに対応する客観的対象と同一視される。周知の通り、マッハの哲学におけるこのような同一視は、客観的なものと主観的なものとの区別ができない要素の存在を認めることになる。

弁証法的心理学は両者の同一視を拒否する。それは心理過程と生理学的過程とを混同せず、心理の、ほかに還元できない質的独自性を認める。それはただ、心理学的過程が統一的過程であるということを主張するのである。このようにして、私たちは人間の高次の行動形態を示す独自の精神生理学的統一過程を認めることになる。私たちはその行動形態を心理的なものと区別し、生理学的過程と称せられるものとの類推で、心理学的過程と呼ぶことを提案する。

次の問題が容易に生じるであろう。――すでに述べたように、もともと精神生理学的な過程をなぜこの二重の名称で呼ばないのか。私たちにはこう思われる。――主たる理由は、これらの過程を心理学的過程と呼ぶことによって、純粋に方法論的定義に基づき、私たちは心理学が研究する過程を考慮に入れているのだということ、そしてこのことにより科学としての心理学の統一的・全一的対象の可能性と必要性とを強調しているのだということである。それと同時に、それと一致しないもの、心理生理学的研究、すなわち心理学的生理学あるいは生理学的心理学も存在しうるのである。生理学的心理学は、あれこれの種類の現象間に存在する結合と依存関係の究明をその専門的課題としている。

しかしこの場合、わが国（ロシア）の心理学においてしばしば重要な誤りがなされている。心理過程と生理学的過程とは統一だが、同一ではないという、この弁証法的公式は、しばしば誤って理解され、そしてそれが心理過程の生理学的過程との対置をもたらしている。その結果、弁証法的心理学は条件反射の純粋に生理学的研究と内観的分析とから構成されねばならず、両者は互いに機械的に統合されるのだとする思想が出現する。これほど反弁証法的なものを想像することはできない。

弁証法的心理学の独自性は、まさにそれがまったく新しいやり方でその研究対象を規定しようと試みていることにある。それは行動の全一的過程であり、その過程はそれ独自の心理的側面とそれ独自の生理学的側面とを有していることによって特徴づけられる。しかしこの心理学がその過程をまさに統一的・全一的過程として研究するのは、そうすることによって、つくり出された袋小路からの出口を見つけようとするからである。私たちはここで、レーニンが著書の『唯物論と経験批判論』のなかでこの定式の誤った理解に反対しておこなった警告について想い起こすことができよう。レーニンは、心理的なものと身体的なものとの対峙が認識論的な問題提起の狭い範囲内では絶対必要であるが、その範囲を超えてのこのような対峙は重大な誤りとなるであろうと語っている。

心理学の方法論的困難さはその見地が現実科学的、存在論的見地であるところにあり、その見地に立てば、この対置のしかたは誤りであろう。私たちは認識論的分析においては感覚と対象を厳密に対峙させねばならないのに対して、心理学的分析においては心理過程と生理学的過程を対峙させてはならないのである。

今度はこの見地から、これらの主張を受け入れたとき、いったい袋小路からのどんな出口が認められるのかを考察しよう。周知のように、今日まで二つの基本的問題が古い心理学ではまだ解決されていない。その問題とは心理の生物学的意義の問題と、脳の活動に心理学的現象がともないはじめる諸条件の解明である。客観主義者のベヒテレフと主観主義者のビューラーのような正反対の立場にある者が、以下のことを等しく認めている。――私たちは心理の生物学的機能について何も知ってはいないが、自然が余計な適応物を創り出すかのように仮定することはできない。そしてひとたび心理が進化の過程で生じると、それは私たちにはまだまったく理解しがたいが、なんらかの機能を果たすのである。

私たちは、これらの問題を解決できないのはその誤った問題提起のしかたにあると考えている。全一的過程からまず一定の性質を抜き出し、次にその性質がそれ自体として存在しており、その性質を有する全一的過程からまったく独立して存在しているかのようなものとして、その性質の機能について問うことは馬鹿げている。たとえば、太陽からその熱を分離し、その熱に独立した意味を付与して、この熱がどのような意味をもち、どのような作用をおこないうるだろうかと問うのは馬鹿げている。

しかし、心理学は今日までまさにそのように行動してきた。それは現象の心理的側面を明らかにし、次に現象の心理的側面はまったく必要でなく、それ自体では脳の活動にいかなる変化も生み出すことができないということを証明しようと試みてきた。すでにこの問題提起そのもののなかに、心理現象は脳の現象に作用するという誤った仮定がある。当該の性質は、対象がもっている性質であるのに、対象に作用することができるかと問うのは馬鹿げている。

心的過程と脳の過程との間に相互関係が存在しうるという仮定自体がすでにあらかじめ心理を特殊な力学的な力として考えることを仮定している。その力学的な力は、ある者の考えによれば、脳の過程に作用しうるし、別の者の考えによれば、脳の過程と並行するだけのものである。並行説にせよ相互作用説にせよこの誤った前提がある。心理に対する一元論的見方だけが心理の生物学的意義についてまったく別の問題提起を可能にするのである。

もう一度繰り返そう。心理をそれが不可欠の部分となっている諸過程から切り離して、心理がなんのために必要か、それが生活の過程においてどのような役割を果たすのかを問うことはできない。実際に、心理過程は複合的な全体の内部に、行動の統一的過程の内部に存在する。心理の生物学的機能を解明したいときには、この過程全体について、「この行動形態は適応に関してどのような機能を果たすのか」といった問題を提起すべきである。言いかえれば、心理過程の生物学的意義でなく、心理学的過程の生物学的意義について問うべきである。そのとき、未解決の心理の問題――それは一方では付帯現象でも、余計な付属物でもありえず、他方では脳の原子をいささかも動かすことができないという問題――は解決できるのである。

コフカが述べているように、心理過程は、それ自体の先、その過程自体が部分であるところの複雑な精神物理学的全体を指し示している。この一元論的・全一的視点は、全一的現象を全体として検討すること、その諸部分をこの全体の有機的部分として検討することにある。したがって、部分と全体との間の重要な意義を有する関連の解明、心理過程をより複雑な全一的過程の有機的関連としてとらえる能力――そこに弁証法的心理学の基本的課題がある。

この意味では、プレハーノフ（『哲学著作集』一九五六年、第一巻）がすでに、心理過程が身体的過程に影響を与えることができるのかという基本的論争に解決を与えている。たとえば驚愕、強い悲しみ、つらい体験などのような、心理過程の影響について述べられているどのような場合でも、事実は大部分正しく伝えられているが、それらの解釈は誤ってなされている。もちろん、これらすべての場合に、体験自体ではなく、心理活動自体（パヴロフが語ったような、強烈な食欲）が神経に作用するのでなく、この体験に相応し、この体験と一つの全体を構成する生理学的過程が、私たちの語っているような結果を導くのである。

セヴェルツォフは、この意味において動物の高度の適応形態としての心理について語っている。それは本質的には、心理過程ではなく、私たちが以上に説明した意味における心理学的過程を考慮したものである。

したがって古い見地が誤っているのは、心理の脳に対する力学的作用についての考え方である。古い心理学者は、それを脳の過程とならんで存在する第二の力と考えている。それとともに、私たちは私たちの問題全体の中核に到達する。

すでに前に指摘したように、フッサールは精神において現象と存在の相違は消滅しているとする立場を出発点としている。このことを認めるや否や、私たちは必然論理的に現象学に到達する。なぜならそのとき、精神においてそう見えるものとそうであることとの間に相違がないことがわかるからである。そう見えることは現象であり、真の本質でもある。私たちはただ、この本質を確認し、判断し、区別し、体系化するだけなのだが、この場合、経験的意味における科学は何もすることがない。

マルクスは、この問題に関して、こう語っていた。「……もし物の現象形態と本質とが直接的に一致していたなら、あらゆる科学が余分なものとなるだろう。」（マルクス『資本論』第三部）実際に物事が直接に、そう見えるものの通りであったなら、いかなる科学的研究も必要ではなくなるだろう。これらの物事は記録し、集計しなければならないが、研究する必要はないだろう。私たちが心理学において現象と存在の相違を否定するとき、同様の状況が心理学で起きることになる。存在が現象と直接的に一致するところでは、科学の持ち場はなく、現象論の占める場があるだけとなる。

心理の古い理解においては、この袋小路からの出口を見いだすことはまったくできなかった。心理においても現象と存在とを区別すべきなのかという問題を提起すること自体、馬鹿げている。しかし基本的な見方を変えて、心理過程の代わりに心理学的過程をおくとき、心理学におけるフォイエルバッハの見解の適用が可能となる。かれはこう述べている。――思考そのものにおいては現象と存在との間の相違は消滅していない。思考においても思考と、思考の思考とを区別しなければならない。

心理学の対象が行動の全一的な精神生理学的過程であることを考慮に入れれば、その対象が、心理的な部分だけで、しかも独特の自己知覚を通して屈折された部分だけでは、十分適切に表現されえないことはまったく明らかとなる。内観は、私たちに事実上常に自覚のデータを与えるが、そのデータは意識のデータを歪曲しうるし、歪曲してしまうのは避けられないことである。またこの後者のデータは、それらが部分を構成している全一的過程の特質や傾向を完全に直接的に現わすことはけっしてない。自覚と意識のデータ間の関係、意識のデータと過程との関係は、現象と存在との間の関係と完全に同一である。

新しい心理学は、心理の世界においても現象と存在とが一致しないことを、まったく例外なく確認している。私たちはある理由で何かをするが、実際には理由は別にあるように思われる。私たちは自由意志を与えられているが、このことでひどい思い違いをしていることを、直接的体験の明瞭さから考えることができる。私たちはここで心理学の別の中心的問題に移ることにしよう。

## 3　無意識的なものの心理学について

古い心理学は、心理と意識を同一視してきた。心理的なものはすべてそのことによってすでに意識的なものとされた。たとえば、ブレンターノ、ベインその他の心理学者たちは、無意識的心理現象の存在を問うこと自体がすでに定義上、矛盾していると主張した。心理的なものの第一の直接的特質となるのは、それが私たちに意識され、体験されるものであること、それが私たちに直接的・内的経験において与えられたものであることであった。それゆえ、古い研究者たちには「無意識の心理」という表現自体が「丸い正方形」とか「乾いた水」という表現と同じように無意味なことに思われてきた。

反対に、別の研究者たちはずっと前から三つの基本的モメントに関心を向けてきた。それらのモメントはかれらに、無意識的なものの概念を心理学に導入するように仕向けてきた。

第一のモメントは現象の意識のしかたそのものにさまざまな程度があるということである。私たちはあるものをかなり意識的に鮮明に体験するが、あまり意識せずに体験する場合もある。ある物事は意識のほとんどまさに境界線上にあり、意識の領域に入ったり、出たりしている。ぼんやり意識されるものもあれば、多少とも密接に体験の現実的システムと結びついた体験、たとえば夢がある。このようにして、かれらは、現象が意識的でなくなるからといって、心理的でなくなるわけではないと主張した。このことから、かれらは無意識的心理現象も認められるという結論を引き出した。

第二のモメントは心理生活そのものの内部において、個々の要素間の一定の競争、それら要素の意識領域に入るための闘い、ある要素群の別の要素群による置き換え、復活への志向、ときには強迫観念的再生等々が現われるということである。心理生活全体を表象の複雑な力学に帰着させたヘルバルトも、抑圧された表象あるいは無意識的表象というものを区別した。これらの表象は明白な意識領域から抑圧された結果生じたもので、表象への欲求をもちながら意識閾の下に存在し続けてきたのである。ここにはすでに、一方では無意識的なものは抑圧から生じるとするフロイト理論の萌芽的形態が見られ、他方では無意識的なものは物理学におけるポテンシャル・エネルギーに相当するとみなすヘフディングの理論の萌芽的形態がみられる。

第三のモメントは次の点にある。心理生活はすでに述べてきたように、一連のあまりにも断片的な現象である。それらの現象は、私たちがそれらをそれ以上意識しないときも存在し続けるという仮定を当然求める。私は何かある物を見た。それから私はしばらくしてそれを思い出し、こう尋ねる。私がこの対象について思い出すまでの間にその対象についての表象に何が起こったのか？　脳にはその印象によって残された一定の動的痕跡が保存されているということを心理学者たちはけっして疑わなかった。しかし、その潜在的現象はこの痕跡と一致するだろうか？　多くの者は一致すると考えた。

このことと関連して、私たちにはこれまで脳の過程に意識がともないはじめる場合の条件がすべてわかっていないというきわめて複雑で大きな問題が生じる。心理の生物学的意義に関する場合と同じように、ここでも問題の困難さはその誤った問題設定にある。神経過程にはどのような条件のもとで心理過程がともないはじめるのかを問うことはできない。なぜなら神経過程には心理過程がまったく付随しないからであり、心理過程はより複雑な全一的過程の部分を成し、神経過程もまたその過程の有機的部分を成すからである。

たとえば、べヒテレフ（『脳の働き』一九二六年）は、神経の流れが脳内に広がり、障害物にぶつかって、困難に直面すると、そのときはじめて意識が活動を開始すると仮定した。実際には、別の問い方をしなければならない。すなわち――心理側面の存在を特徴とする複雑な過程はどのような条件のもとで生じるのか？　このように当該神経過程の内部に、心理過程が生じるための条件を捜し求めるのではなく、神経系および行動全体において心理学的全一的過程が生じるための一定の条件を捜し求めるべきなのである。

パヴロフはこれに近い考えをもつにいたっており、意識を神経の最適な興奮に応じて、大脳半球の表面上を動く明るい点にたとえている（『主要消化腺の働きに関する講義』一九五一年）。

古い心理学においては無意識的なものの問題は、次のように提起された。すなわち、無意識的なものを心理的なものと認めるか、あるいは生理学的なものと認めるかということが基本的問題とされた。ミュンスターベルグ、リボーその他の著者たちは、心理現象を生理学以外によって説明する可能性を見いださず、無意識的なものを生理学的なものと認めるということを公然と主張した。

たとえばミュンスターベルグ（一九一四年）は、それに基づいて潜在意識的現象を心理的なものに含めねばならないとするような徴候は一つもないと主張している。かれの考えによれば、潜在意識の過程が明白な合目的性を示している場合でさえ、私たちはこの過程に心理的本性を認める根拠をもっていないのである。かれが言うには、脳の生理学的活動は十分に合理的な結果を与えることができるだけでなく、その活動がこのことを成し遂げるのである。心理活動にはこのことをおこなう力がまったくない。それゆえ、ミュンスターベルグは、無意識的なものとは生理学的過程であり、この説明は潜在意識の心理生活という概念から陥りやすい神秘主義的理論に場を与えないものであるという結論に達している。かれの言葉によれば、科学的生理学的説明の少なからざる長所の一つは、このような似非哲学を締め出すことにある。しかし、ミュンスターベルグは、無意識的なものの研究においてはきわめて複雑な神経生理学的過程に対する単なるレッテルとして役立てばよいという条件づきで、心理学の用語を用いることもできると考えている。ミュンスターベルグは、とくに、意識の分裂が観察される女性の病歴を書かねばならなくなったときには、潜在意識過程のすべてを生理学的なものとみなすだろうが、それらを心理学用語で描写した方が都合よく、明確になると語っている。

ミュンスターベルグは、ある点では疑いもなく正しい。潜在意識のこのような生理学的説明は、神秘主義的理論に対して門戸を閉ざすものである。そして逆に、ハルトマンのように無意識的なものが心理的なものであると認めることが、しばしば、意識をそなえた人格の存在とともに、第二の「自我」の存在を認める神秘主義理論をもたらす。その「自我」は同じモデルに基づいて構築されたものだが、実際には心についての古い思想の復活であり、新たな、いっそう混乱した表現形式をとったものにすぎない。

私たちの概観を完全なものにして、問題の新しい解決の評価が十分に明確になるためには、古い心理学において無意識的なものの問題を説明する第三の道も存在することに言及しなければならない。それは、まさにフロイトが選択した道である。私たちはすでにこの道の二元性を指摘してきた。フロイトは無意識的なものが心理的なものか、そうでないかという本質的に根本的な、未解決の問題を解決していない。かれは神経症の患者の行動と体験を研究し、ある種の欠落部分、省かれた関連、忘却にぶつかり、それらを分析によって蘇らせたと述べている。

フロイトはある強迫的行為をしていながら、その行為の意味はわからないままでいる女性患者について語っている。分析は、その無意識的行為を生じさせた前提条件を明らかにした。フロイトの言葉によれば、彼女はちょうどベルンハイムに催眠術をかけられた人——その人は目覚めてから五分後に病室でこうもり傘を開けるように暗示をかけられ、自分の行為の動機を説明できないままに、覚醒状態でその暗示を遂行した——のように振る舞った。フロイトは、このような事態における無意識的精神過程の存在について語っている。フロイトは、だれかがこれらの事実をより具体的・科学的に記述する場合にのみ、その過程の存在に関する自分の仮説を放棄すると言う。そのときまでは、かれはこの立場に固執し、無意識的なものがこの場合、科学的意味においてなんら現実的でないと反論されると、理解しようとせずに、ただ驚いて肩をすくめるのである。

この何か非現実的なことが、それと同時に強迫的行為のような実際に顕著な影響をどのようにして与えるのかということは不明である。このことは究明しなければならない。なぜなら、フロイト理論は無意識的なものの概念から成るきわめて複雑な理論に属すからである。見てきたように、フロイトにとって、無意識的なものは一方ではレッテルや表現方法であるだけでなく、実際に強迫的行為を引き起こすような現実的なものである。かれはこのことでミュンスターベルグの主張に真っ向から反論しているかのようである。しかし他方では、この無意識の本性がいったいどのようなものなのか解明していない。

フロイトはここに、直観的に提示することは困難だが、しばしば物理学理論にもあるような一定の概念を創り出しているように思われる。かれが言うには、無意識の観念は、無重力の、摩擦を生じないエーテルがありえないのと同じように、事実上ありえない。この観念は、数学の概念「$\sqrt{-1}$」以上でも以下でもなく、それと同じほど考えられないことである。フロイトの考えによれば、このような概念を使用することは可能であるが、ただし私たちは、事実ではなく抽象的概念について語っているのだということをはっきりと理解していなければならない。

しかし、まさにこの点にシュプランガーが指摘したような精神分析の弱点がある。一方では、無意識的なものはフロイトにとって一定の事実を記述する様式、すなわち条件つきの概念体系である。他方で、かれは無意識的なものが強迫的行為のような明らかな影響を及ぼす事実であると主張している。フロイト自身は他の著書のなかで、かれがすすんでこれらすべての心理学用語を生理学用語に置き換えようとしたこと、しかし現代の生理学はこのような概念をかれが自由に使えるものにしていないと語っている。

フロイトを名指ししなくても、これと同じ見解をデールが一貫して表明しているように私たちには思われる。かれは、心理結合や行為あるいは現象は、まさにその心理的な結合や原因から説明されねばならないと述べており、そのために、ときには多少なりとも広い仮説の方向に進まなければならないとしても、そうすべきだとしている。この理由により、生理学的解釈や類推は、心理学に固有の説明課題や仮説にとって単に補助的、一時的な発見法的意義をもつことができるにすぎない。心理学の学説や仮説は同じ現実の独立したシステムにおける類似した現象の記述を頭の中で考え続けているにすぎない。したがって、独立した科学としての心理学の課題や認識論上の要求は、生理学が権力の座を奪取しようとする企てと闘うこと、私たちの意識的精神生活の情景における実際のあるいは見かけの欠落や中断に困惑しないこと、そして意識の完全な、直接的で不断の対象ではないような心理的なものの環あるいは変種において、すなわち潜在意識、低い意識、あるいは無意識的なものと呼ばれるものの諸要素においてそれらの埋め合わせを求めることである。

弁証法的心理学においては、無意識的なものの問題はまったく異なるかたちで提起される。心理的なものが生理学的過程から切り離され、隔離されてとらえられているところでは、ありとあらゆる現象について、それは心理的なものか、それとも生理学的なものか、という問いが当たり前であった。第一のケースでは、無意識的なものの問題はパヴロフの道に沿って解決され、第二のケースでは、了解心理学の道に沿って解決されてきた。無意識的なものの問題におけるハルトマンとミュンスターベルグは、心理学一般の問題におけるフッサールとパヴロフに対応する。

私たちにとっては次のように問題を提起することが重要である。――無意識的なものは心理学的なものなのか。それは類似現象のなかにあって、私たちが上で述べたような全一的心理学的過程とならんで、行動過程における一定のモメントとみなすことができるのか？　この問題にも、私たちは心理を考察するなかですでに前もって解答を用意してきた。私たちは心理を複合的な複雑な過程とみなすことにした。この過程はその意識部分によっては全然カバーされない。それゆえ、心理学において心理学的意識と心理学的無意識について語ることはまったく正当であると思われる。すなわち無意識的なものは潜在的意識的なものなのである。

私たちはフロイトの見地とこの見地との違いを指摘したかっただけである。かれにとって無意識の概念は、私たちがすでに述べてきたように、一方では事実の記述様式であり、他方では直接的行為に私たちを導く現実的なものである。まさにここに、問題のすべてがある。後者の問題については次のように提起することができよう。――仮に無意識的なものが心理的なものであって、それが意識的体験ではないということを除けば、心理のあらゆる特質をそなえているとしよう。しかしはたして意識的心理現象も、直接的に行為を生み出すことができるだろうか。というのは、私たちが上で述べてきたように、行為を心理現象とするあらゆる場合に、行為はその心理面だけでなく、精神生理学的な全一的過程全体が生み出すということが問題なのだ。このように、無意識的なものが意識的な過程と行動に影響を及ぼすという、まさに無意識的なものの性格そのものが、無意識的なものを心理生理学的現象と認めることを要求しているのである。

もう一つの問題は、私たちが事実を記述するためには、それらの事実の本性に相当する概念を採用しなければならないということにある。そしてこの問題に対する弁証法的観点の優れた点は、無意識的なものが心理的でも、生理学的でもなく、心理生理学的であり、より正確には、心理学的であるという主張にある。この定義は対象そのものの真の本性と真の諸特質に即したものである。なぜなら私たちは行動のすべての現象を全一的過程の局面で検討しているからである。

さらに、私たちが指摘したかったのは、古い心理学が心理や意識に関連した基本問題を解決する能力がないために行き詰まったその袋小路から抜け出ようとする試みは一度ならずおこなわれたということである。たとえば、シュテルンは精神物理的に中性の機能と過程の概念、すなわち物理的でも心理的でもないが、この分岐点の側にある過程を導入することによって、この袋小路を克服しようと試みている。

しかし、実際には心理的なものと物理的なもののみが存在し、中性的なものは仮定上の構造でしかありえない。このような仮定上の構造は真の対象から私たちを常に遠ざけるであろうということはまったく明白である。というのはその対象は実際に存在するからである。そして心理学の対象は精神物理学的に中性的ではなく、私たちが条件つきで心理学的現象と名づける精神生理学的統一的・全一的現象であると主張する弁証法的心理学のみがその出口を示すことができるのである。

シュテルンの試みと似たどの試みも、心理的なものと心理学的なものの間に等号を引くことができるかのような、古い心理学の創造した見解を打ち破りたいと望んでいる点で意義深い。それらの試みは心理学の対象となるのが心理現象ではなく、何かもっと複雑で全体的なものであり、心理的なものはそのなかに有機的成分としてのみ含まれること、そしてまさにそれを心理学的と称することができるのだということを明らかにしている。この概念の内容を解明するときにはじめて弁証法的心理学は、その他のあらゆる試みときっぱりと訣別する。

締めくくりとして、私たちは主観的心理学も客観的心理学も、両方のすべての肯定的成果は、弁証法的心理学によってなされた新たな問題提起のなかに真の実現を見いだすということを指摘しておきたい。

まず一つのモメントを指摘しよう。すでに主観的心理学は心理現象の一連の特質を明らかにしている。それらの現象はこの新しい問題提起によってのみ、その真の説明、真の評価を得ることができるだろう。たとえば、古い心理学は、心理現象に固有の特質として、それらの直接性、それらを認識する独自の様式（内省）、あるいは人格、「自我」等々との多少とも緊密な関係に注目した。ブレンターノは、心理現象の基本的特徴として、客体に対するその意図的関係を提起した。つまりそれが心理現象にとってのみ独自の性格であり、客体との独自の関係にあること、すなわち、それはこの客体を独自の様式で提示する、あるいは独自の様式でその客体に向かうのだということを主張した。

純粋に否定的な特徴としての直接性の特徴を脇に置くとき、私たちは、新たな問題提起において、心理現象における対象の独自な表象のような特質はすべて、心理現象と人格との特有の関係、すなわちその現象は主体によってのみ観察あるいは体験が可能であること——このすべてが、それらの心理的側面をともなうそれら特有の心理学的過程の少なからず重要な機能的特徴づけであることに気づく。これらのモメントすべてが、古い心理学にとっては単にドグマにすぎなかったが、新しい心理学においてよみがえり、研究の対象となる。

同じことを以上に劣らぬ明白さで証明する別のモメントを、対極にある心理学から取り上げよう。ワトソン（『行動の科学としての心理学』一九二六年）に代表される客観的心理学は、無意識的なものの問題にアプローチしようと試みた。この著者は、言語的行動と非言語的行動を区別し、行動の過程の一部分は最初から言葉をともなうこと、それは言語的過程によって呼び起こされ、あるいは置き換えられることを指摘している。その部分は、ベヒテレフが述べたように、私たちに報告できるものである。別の部分は非言語的であり、言葉と結びついておらず、それゆえ報告できない。フロイトもかつて言葉との結合の特徴を提起し、無意識的なものとはまさに言葉との結びつきを絶たれた表象なのだと指摘した。

あれこれの過程の言語化と自覚の密接な関係を、何人かのフロイト批評家も指摘した。かれらは無意識的なものを非社会的過程と同一視し、非社会的なものを非言語的なものと同一視する傾向があった。ワトソンもまた、言語化に自覚の主要な特徴を見いだしている。かれは、公然と次のことを主張している。フロイトが無意識的なものと称するものはすべてが実は非言語的なのだと。ワトソンは、この主張により、二つのきわめて興味深い結論を出している。第一の結論によれば、乳児期の出来事は、私たちの行動がまだ言葉化されないときに起こったことなので、それを想起することはできないのである。それゆえ、私たちの生涯の最初の部分は私たちにとって永久に無意識的なものにとどまる。第二の結論は、精神分析の弱点を指摘している。その弱点はまさに、医者が会話を用いて、すなわち言葉による反応を用いて無意識的過程、すなわち非言語的過程にはたらきかけようとすることにある。

私たちはいま、ワトソンのこれらの主張が絶対に正しいとか、あるいはそれらが無意識的なものの問題の分析の拠りどころとならねばならないと言うつもりはない。私たちはただ、この無意識的なものと無言語的なものとの結合に含まれる正しい核は（それは他の著者も指摘している）、弁証法的心理学を基盤にしたときにのみ、真の実現と発展を収めることができるのだと述べておきたい。

# 第4章　ゲシュタルト心理学における発達の問題——批判的検討

## 1　コフカ著『精神発達の原理』の批判的検討

私たちはこの小論で、ゲシュタルト心理学における発達の問題を検討したいと思う。検討課題となるのは、この理論における真実と虚偽とを見分けることである。私たちは、この目的に向かって何度も体験してきた方法で進もうと思う。私たちの研究では、この理論の真の命題に立脚し、この理論に含まれ、それを混濁させている誤った命題を暴き出すつもりである。なぜなら、スピノザの優れた考えによれば、真実は、真実そのものとともに虚偽も明らかにするものだからである。

私たちは、K・コフカの著作のなかで表明されている立場からみた発達の問題を私たちの研究対象とするつもりである。この小論は、かれの著作のロシア語版（『精神発達の原理』一九三四年）に対する批判的序文となるはずである。

コフカの著作のように、この分野における科学的知識の発達を全年代にわたって描き出し、膨大な事実、一般化、法則を内容とする書物を批判的に研究することは、その書物を構成している諸観念の内的結びつき、その根本思想の本質そのものを見抜くことを意味する。このような著作を批判的に検討することは、理論とその理論に反映された現実とを関連づけることを意味する。この研究は、現実を介しての批判にほかならない。

この種の批判は、検討対象の理論に反映されている現実の諸現象の本性についての観念をたとえ大まかにせよもっている場合に可能である。このような研究の最高水準のものは、批判的実験である。それは、事実の領域に批判を向け、二つの理論体系を分離する結節点、争点を、それら事実の判定にかける実験である。残念ながら、私たちの課題の中にはこれらの批判的実験の記述は入っていない。私たちは、それらの実験を私たちの問題の理論的分析と関連させて、ついでに触れることができるだけであろう。私たちが論拠としなければならず、理論に反映された現実を提供し、その重要な事実資料にならねばならないのは、その書物そのものに含まれている事実資料である。

実際には、コフカの著作を批判的に検討することは、同じテーマで本をもう一冊書くようなものであろう。したがって本書のような試論は、そのような書かれなかった本の概要にほかならない。

コフカの著作は、一つの理論的原理の視点から書かれた児童心理学に関する数少ない書物の一つである。この本の基礎には構造、あるいは形態（ゲシュタルト）の原理が据えられているが、その原理はもともと一般心理学において形成されたものである。同書は、児童心理学のあらゆる基本的事実を、この原理の視点から考察する試みにほかならない。

二つの行き詰まった科学思想――それらの思想のもとで、現代の多くの科学理論がその発展を終えようとしている――とのイデオロギー闘争が同書の主要な理論的課題である。次のことは間違いないと、コフカは語っている。――機械論的説明と心理生気論的説明とのどちらかを選ばねばならないとき、私たちは、私たちの科学的原理を放棄するよう迫る生気論という「前門の虎」と、非生気論を唱える機械論という「後門の狼」にさいなまれるのである。

機械論と生気論の克服は、基本的課題となり、ゲシュタルト心理学はこの課題を基本的特徴として構築され、発展してきたが、それを成し遂げることはできなかった。それはとくに本書についてもいえる。この意味で本書は、ヨーロッパ心理学の頂点であり、私たちはこの書物を起点とすることによって（すなわち、それに立脚しながら、同時にそれを否定することによって）、児童心理学の私たちなりの構想の発展の出発点を探り出すことができよう。それゆえ、私たちの批判的研究は、基本的にこの本の著者が歩んできたのと同じ道を歩まねばならない。コフカが児童心理学に導入した新しい説明原理がどれほど子どもの発達と心理の機械論と生気論を真に克服することを可能ならしめるかということの点検が、私たちの課題である。

私たちは、もちろん、この書物を一章一章検討するつもりはないが、批判的検討を加える二つの基本となる原理を取り出そう。コフカ自身は、自分の研究課題の解決に導くのは唯一の道しかないように思われたと語っている。かれは精神発達の諸原理を批判的に論じること、個々の事実をこの観点から検討することを試みたかったのである。本質的には、私たちも同じことをおこなわねばならない。私たちはこの研究の基礎におかれている一般的原理が諸事実に合致するかどうかという観点から検討しなければならない。というのはそれら事実の説明に一般的原理が適用されているからである。

私たちの焦眉の検討対象となるべき二つの基本原理とは、ゲシュタルトの原理と発達の原理である。私たちは、これらの概念を三つの基本的観点に照らして検討しようと思う。まずはじめに私たちは、ゲシュタルト概念の分析、すなわち、この書物全体の基本原理の分析に着手する。そしてその原理のもとにある諸事実に基づいて、すなわち、原理と、その原理がはじめて定式化され、証明されるもとになった事実資料との対応の観点から取り組むことにする。次に、私たちは児童心理学の分野から出された諸事実に対するこの原理の適用について——この原理と諸事実の一致の観点から、検討するつもりである。このようにして私たちは、この原理を——その原理と現実との関係という——二つの異なる側面から解明することによって、子どもの精神発達の理論を、この説明原理から発展してきた全体について批判的に吟味するうえで必要なあらゆるものを集めようと思う。

## 2　ゲシュタルトの原理と試行錯誤理論

このようなわけで、私たちはゲシュタルト心理学の基本原理を、その原理のもとにある諸事実に照らして考察することから始めよう。コフカ自身は、児童心理学は固有の説明原理を創造せず、一般心理学や比較心理学のなかで生じた、類似した原理を利用せざるをえないのだと語っている。「私たちが児童心理学のおかげをこうむっているような、発達心理学の原理は存在しない。それらの原理は児童心理学に使用される前に、一般心理学か、動物心理学のなかで生まれたものである」とかれは述べている。

私たちは、著者に従って、児童心理学の領域よりも、より広範で一般的な意義をもっている心理学的原理から始めざるをえない。コフカの著作全体の基礎を成しているのは、子どもの精神発達の諸事実に、一般心理学や比較心理学において形成されたこの一般原理を適用することにほかならない。

それゆえ、すでに述べたように、私たちが諸事実を原理に照らして検討し、原理を諸事実によって点検することにより、諸事実と諸原理の比較考察を私たちの批判的研究の基本的手法とすることを望むなら、この理論が最初に創られた領域での諸事実から出発しなければならない。ここで私たちは、諸事実を説明するために提起された普遍的原理に対するそれら事実の内部的抵抗、一定のシステムの整然とした一貫性ある実現によって隠され抑圧された抵抗を暴きだすことを期待している。だから、まさに一般的意味において、なんらかの理論の批判的研究は、ほとんど常に、異なる根本的見解の間の、ある種のイデオロギー闘争を意味することになる。

この意味で、本書は、この書物そのものが児童心理学の多くの体系的な叙述とは異なり、理論的研究をその構成の基礎におくことにより、批判的研究の課題を容易にしている。科学的叙述の特徴は、——とコフカは語っている、——単なる知識の伝達ではない。それはこれらの知識の科学への直接的従属を示すものでなければならず、科学の力学、研究の活動を示すものでなければならない。こうして、結局は、誤った無駄なものであるとわかる諸原理もまた、解明されねばならない。読者には、これらの原理がなぜ根拠薄弱なものであるのか、それらのどこに弱点があるのか、説明をどのような方向に修正する必要があるかが明らかにならねばならない。異なる意見からなる議論を何度も重ねることにより、読者は科学としての心理学の成長過程を理解できるようになるだろう。すべての科学は、その基本的立場を擁護するための活発な闘争のなかで成長してゆく。そしてこの書物もこの闘争に加わることを目的としている。読者は、同書を読めばこの書全体がそれと対立する理論との戦いに貫かれていること、したがって、この書の理解と習得に対して批判的見解を付記することは、この書の性格と矛盾しないだけでなく、その内的性質と完全に合致することを容易に確認できるだろう。しかし、なんらかの具体的科学の分野における理論闘争は、その闘争が事実に基づいてなされる場合にのみ、有効なものとなる。私たちの研究でも、なによりも本書の著者自身が利用している事実に依拠して試みるつもりである。

私たちは次のようなテーゼに立脚する。すなわち、児童心理学の構築にゲシュタルト原理を適用することに関する理論的問題を解明するということは、現代の理論的心理学のきわめて複雑で中心的な結び目の一つを解きほぐすこととともに、この原理に含まれているすべての真実で有益なものを維持することをも意味するというテーゼである。

この基本的原理の意味は、その原理発生の歴史を考慮に入れたとき、もっともよく理解できよう。ゲシュタルトの原理は、最初は古い心理学で支配的であった原子論的、機械論的傾向に対する反発として生み出された。これらの観念によれば、心理過程は、精神生活の互いに独立した個々の要素の連合的結合によって統合されたものの総和と考えられてきた。この種の理論が遭遇した主たる困難は、多種多様な、独立した諸要素の偶然の連合的結合の結果、私たちの意識にとってきわめて特徴的な、有意味なまとまりをもった体験、行動の道理にかなった、目的指向的過程が精神生活にどのように生じるのかということの的確な説明ができないことであった。

新しい理論は、その理論の批評家の一人が述べているように、ゲーテの言葉を借りれば、問題を仮定に変えたことから始まった。その理論は心理過程が本来、閉じた、組織だった、統合的形成物であり、その形成物は、内的意味をもち、それに含まれる諸部分の意味と比重を決定するという思想をその基本的仮説とした。このような統合的過程は、新しい心理学において構造、あるいは形態（Gestalten）という名称を得た。そしてこの過程は、当初から、寄せ集めてまとめられた心的原子の偶然的混合物と対置されてきた。

私たちは一般心理学におけるゲシュタルト概念の発達を検討するつもりはない。私たちはいま、発達問題の観点からみたこの原理の解釈に興味をひかれている。最初、この原理は、前にも述べた通り、児童心理学の分野ではなく、動物心理学の分野における発達問題に適用されていた。

私たちが発達の問題を研究しようとしたときに直面した最初の問題は、新しい行動形態の形成についての問題である。私たちには、コフカが十分な根拠をもって、この問題を中心に持ち出しているように思われる。なぜなら、実際に、発達はなによりもまず新しいものの発生を意味するからである。どの理論もこの新しい形態の発生の問題をどう解決するかということに基づいてそれぞれの観点から、発達の問題そのものをも解決するのである。

私たちは、動物の学習理論に関連して、はじめてこの新しい行動形態の形成に関する問題に直面した。ここで私たちは、動物の個々の生活の過程で、きわめて単純で原始的な形で新しい形態が出現する事実に出会う。そこではこれらの形態は、常に実験にとってもっとも実施しやすい形で現われる。そのために、この問題に関連した根本的問題は、ずっと以前から動物の学習理論において解決されてきた。コフカも、発達問題の検討を、動物の学習における新しい行動形態の形成理論から着手している。

しかしここにきて、心理学研究の基本的原理の変革にともない、この問題はゲシュタルト心理学によって、これまでとは異なるしかたで提起されている。通常、学習の問題は、教え込み、トレーニング、記銘の問題として、要するに記憶の問題として純粋に徹底した経験論の観点から提起されてきた。コフカにみられる問題設定の新しさは、学習の問題そのものに重心を移していることにある。かれは、問題全体のこの重心を、記憶からいわゆる最初の新行為出現の問題に移している。

かれは、学習の問題は、後の行為が前の行為にどのように依存しているか?という問題に定式化することはできないと語っている。それは正確に言えば記憶の問題ではないのか？　学習の問題は、なによりも「これらの新しい活動形態はどのようにして形成されるのか?」という問いを含んでいるのである。

このように、最初の新行為発生の問題は、それら行為の記銘、定着、再生の問題とは無関係に、研究の開始時に提起された。コフカは、この問題を検討し、自分の理論を、私たちが心理学においてこの問題を検討するときに直面する他の二つの理論と対立させて発展させている。二つの理論のうちの一つは試行錯誤の理論であり、ソーンダイクの著作のなかで明確に表現されているものである。二つ目は、ビューラーが発展させた三段階説である。コフカは、これらの理論との論争において、主としてケーラーが類人猿に対する動物心理学的実験の過程で入手した事実資料を拠りどころとしている。しかし、別の資料もコフカの関心をひいている。とくにかれはソーンダイクの事実資料を批判的研究の対象にしている。

ゲシュタルト心理学における発達の問題の正しい理解は、思想的立場全体を明らかにすることなしには不可能である。この問題は、その思想的立場においてのみ十分な意味を獲得するからである。それゆえ、私たちは新しい心理学が対立する二つの理論の簡単な説明に向かうことにしよう。

試行錯誤の理論によれば、あらゆる新しい行為が偶然的な諸行為の原理によって生じる。それらの行為のなかから、満足な解決に合致するような運動の一定の結合が選び出され、その結合がその後定着する。しかしこの原理は、結び目をほどくのではなく、切断してしまうと、コフカは述べている。かれによれば、およそ生得的でない行動は存在しない。したがって、新しい行為という意味での最初の行為は存在しない。

そして実際に、この理論の観点からは、生得的活動形態のみが存在する。個人の行為の発達において発生する新しいものは、試行錯誤の原理によって選び出される生得的諸反応の偶然に生じた結合にほかならない。

コフカは、争点となっているこの原理の発生に導いた具体的諸事実の研究を着実に重ねている。そしてかれは、試行錯誤理論の根拠の薄弱さを十分な説得力をもって結論づけている。かれは、ソーンダイク自身のおこなった実験において動物がある一般的状況を体験するだけでなく、学習によってまず最初にこの状況の分割が形成されることを明らかにしている。その状況の中に中心点が発生し、それに対して、状況のその他の要素が従属的意味を獲得するのである。

動物にとって、状況全体がまったく見通しのない、無意味なものに思われるのではない。コフカによると、状況は基本的には動物にとって次のようなことを示している。外側にある食物に向かって自分はいまいるところから抜け出さねばならない。動物は自分の行為を外側にある食物となんとか結びつけている。このようにして、完全に無意味な学習の理論は根拠のないものである。

コフカがおこなっているように、ソーンダイクが述べている実験全体の行程を一つ一つ注意深く検討するなら、（檻から抜け出す）活動過程において、動物にとって状況の個々の要素が一定の意味をもつようになるとともに、私たちは私たちの分析において、まったく新しいものを得るということに同意せざるをえない。概して、ソーンダイクの実験における学習は、コフカが述べているように、感覚領域での新形成物をもたらすものである。動物は一定の課題を解決する。したがって、動物の活動は、偶然的な試行錯誤の連鎖ではない。

コフカは、アダムスの実験を引用している。アダムスは、学習を、無益な動作を徐々に除外してゆくことのように考えてはならないとする結論にいたっている。コフカはまた、トールマンを引用している。トールマンは、動物の学習に関する自分の豊富な実験を次の言葉で要約している。「学習過程のすべては、問題解決の過程である。」（コフカ、一九三四年）

こうして、コフカはソーンダイクの実験においても事実とそれらの解釈のために導入される理論的説明とにいちじるしい不一致が見られるという結論に達している。事実が語るところによれば、動物は一定の課題を解決するとき、有意味的に振る舞う。すなわち知覚される状況を分解し、檻の外にある目標物と自分の動作とを結びつけるのである。理論は、かれらの行為を無意味で盲目的な諸反応の総和であると説明している。それら諸反応は外面的に成功か、失敗かによって、純粋に機械的に定着するか、あるいは放棄される。このようにしてそれらは、一連の反応を集計した結合の生起に導くが、それらの一連の反応は、内的には相互に結びつかないだけでなく、それらが発生した状況と共通するものをなんらもっていないのである。

コフカがソーンダイクの実験における動物の行為をどれほど高く評価しているかは、以下に見るように、かれの理論全体にとって根本的意義をもっている諸事実から見て取ることができよう。コフカはまた、ルーガーによる人間との比較実験に照らして、ソーンダイクの実験を検討しようとしている。

ルーガーもまた、人間をその人間にとって理解できない状況に置いた。かれの研究成果は、コフカが述べているように、一つの一般的命題の樹立に尽きる。このような場合に人々が解決にいたる手段となる経験は、ソーンダイクの実験における動物の行動に似ている場合が非常に多い。ゆえにコフカは、試行錯誤理論に反論する第一の根拠として、その理論と、その理論が最初に生み出された基礎にある事実との不一致をあげている。

しかし、コフカにとってこの理論に反論する主たる根拠となるのは、ケーラーの有名な類人猿についての研究である。ケーラーは、周知の通り、目標達成のための道具の使用、あるいは目標に向けられた回り道の運動という形態での意識的な知的行為が見られることを、確信をもって立証したのである。私たちは、コフカの著作にみごとに記述されている実験について述べるつもりはない。ただ、コフカにとって、それらの実験は試行錯誤の理論を拒否するための中心的、基本的な論拠となっているとだけ、述べておこう。

私たちは、動物は立てられた新しい課題を真に解決するという命題で、新しい原理を定式化することができる。私たちは、この解決の本質は、一つ一つの動作それ自体はすでに可能な動作が新たな結合をすることにではなく、場の全体が新たに構造化されることにあるとみなしている。ケーラーの実験によれば、この後者の原理の本質は、動物には知覚された場の構造に応じた閉じた目的志向的な行為が生じるということである。

このような行為は、盲目的試行錯誤から生じる、諸反応の偶然的な結合とは正反対である。こうしてコフカは、学習についてソーンダイクの理論から引き出されるものとはまったく異なる見解に達する。かれは、学習がけっして完全に特殊なものではありえないと述べている。主体は、なんらかの課題を習得するとき、その同じ課題を再び解決するにはどうするのかを習得するだけでなく、以前には為しえなかった別の課題も解決することができるようになるのである。なぜなら、新しい過程はある場合には他の類似の過程によって容易にできるのであり、また別の場合には、新しい過程を可能にする新しい条件が創られるからである。*

＊本質的には、コフカは、完全にソーンダイクの理論的立場にとどまっている。かれの後に従い動物の学習のデータと法則に基づいて子どもの発達理論を構築しようとしているのである。かれは、この立場の内部で、これらの法則の性質についての観念を完璧にうまく変革しようとしている。しかし、動物心理学から児童心理学に向かう方法論的道程では、自分の方法に固執している。かれは「学習」という言葉を、動物と子どもの両方に、その意味の統一性を保持しながら適用することが、およそどの程度可能なのかという問題にすら取り組んではいない。

このように、学習は真に発達であり、個々ばらばらの行動形態の単なる機械的獲得ではない。著者にとっては、このような理論のみが、状況に含まれている膨大な量の関係のなかから、行動を決定するもっとも重要なものがなぜ見つけ出されるのかを説明することができる、根拠のあるものに思われる。

私たちはこう言おう——目標に対して有意味な場のゲシュタルトが生じるのだと。解決とは、ほかならぬ、ゲシュタルト形成なのである。私たちにとって、ここでの問題は生じない。なぜなら、その他の諸関係は有意味なゲシュタルトを創り出さないからである。意味を排除し、偶然性を連合のメカニズムの盲目的作用であると考えるなら、なぜ有意味な関係が見つけ出され、無意味な関係は見つけ出されないのかと、コフカは問う。

コフカは、こうして最初の行為発生の本質は新しいゲシュタルト（構造）の形成にあるという結論に達している。かれの理論構築において注目すべきことは、ゲシュタルトの原理を類人猿の知的行為だけでなく、ソーンダイクの実験における下等動物の行為にも適用している事実である。したがって、コフカは、構造を、一次的・原初的で、本質的には原始的な行動の組織化の原理であるとみなしている。この原理が高度の、あるいは知的な活動形態のみに固有のものだと考えるのは誤りであろう。それは、もっとも基礎的な初期の発達形態にも存在している。著者は、このような考察が、ゲシュタルトの機能の原初的性質に関する私たちの理解に確信をもたせたのだと述べている。ゲシュタルトの機能が真にそのように原始的であるとしたら、そのような機能は私たちが本能的行動と呼んでいる原始的行動にも現われねばならないだろう。私たちは、コフカが試行錯誤理論の論破によって次のような結論に達していることに気づく。――ゲシュタルトの原理は類人猿の高度の知的行為にも、ソーンダイクの実験における下等哺乳類の訓練にも同じ程度に適用でき、そしてついには、クモやミツバチの本能的反応にも適用できる。

このようにして、コフカはゲシュタルトの原理に次のような一般的テーゼを見いだしている。すなわちそれは、かれに、訓練と知的活動の過程で生じる動物のもっとも原始的（本能的）な反応も、新しい反応も一つの共通した視点からとらえさせるのである。すでに見てきたように、この原理の基礎となっているのは、相変わらず、有意味の閉じた目的志向的な過程と個々の要素的反応の偶然的結合との対立である。

## 3　三段階理論とゲシュタルトの原理

しかし、この原理の全意義は、私たちがもう一つの対立的性格の理論とそれとの相違を明らかにすることができる場合にのみ、明確なものとなる。それは、行動の発達は三つの基礎的段階を通るという三段階理論である。

コフカがこの理論について論じているところによれば、発見する能力のような最高の段階の知能の後に、訓練の段階、純粋の連合的記憶の段階が続き、その後に最下位段階の本能がくる。本能と訓練はそれなりの長所と欠陥をもっている。本能の長所は、はじめてでも即座にはたらく確かさと完璧さである。訓練の長所は、別々の生活環境に対する適応能力である。これとは対照的に、否定的側面もある。それは、本能の硬さと訓練の惰性、すなわち訓練による学習はきわめて長い時間を必要とするという事実である。二つの下位段階の長所が知能に統合される。

ソーンダイクの理論が、動物の新しい行為発生の無意味的、偶然的性質を証明することに向けられていたとすれば、ビューラーの理論は、知的活動にあまりに大きな要求を提起し、それを下位段階からあまりにも引き離し、有意味な、構造的に閉じた性質を知的活動のみに帰している。ビューラーは、知能は、チンパンジーに欠けている自信の感情をともなう判断を仮定するという命題に立脚している。

こうして、試行錯誤理論が動物における新しい行動の発生を要素的で多様な反応が偶然的に統合する機械的原理の観点から、説明しようとしているのに対して、三段階理論は発達を一つの原理ではとらえられない、相互に内的に関連しない一連の段階とみなそうとしている。「これら行動の三形態はどのようなものなのか」とコフカは問うている。それらすべてがまったく別々のものだと考えることもできよう。その場合、発達はそれらの形態のうちの一つに別の形態が何か不可解なしかたで結びつくということにほかならない（一九三四年）。

この理論についてのコフカの批判は、第一に洞察は必ず判断を前提としているというビューラーの主張に対して向けられている。行為のこのような制限が、大人の洞察的と呼ばれるものに適用される場合ですら、洞察的行動のもっとも簡単な形態にもこの特徴が必ずあるとはいえないと、かれは述べている。第二に、コフカは動物の活動の発達における異なる段階間に明確な境界線を引くことを否定しようとしている。かれにとって、本能はいつの間にか訓練に移行するのである。連合的学習の理論と本能の理論との間にはきわめて密接な関係が存在する。私たちがすでに見てきたように、かれは訓練と本能との間の明確な境界線についても同じように消し去ろうとしている。

かれは三つのまったく異質の形態を認めるのではなく、それらの間に一定の依存関係を見いだそうと試みている。――注意深い読者は、私たちにとって主要な役割を果たしているのは、本能、訓練、および知能の説明に同等に当てはまる一定の原理、すなわちゲシュタルトの原理であると気づくだろうと、かれは言う。私たちは、現象そのもの、その内的閉鎖性と方向性を、あらゆる説明の主要な原理として受け入れようと思う。ゲシュタルトの原理は、知的活動においてもっとも明瞭に現われる。私たちは、したがって、行動の高次の形態を説明することのできる原理を低次の形態の説明にも利用する。それに対して、これまでは逆に、原始的行動を説明できると考えられた原理が高次の行動に持ち込まれたのである。コフカの考えによれば、知能、訓練、および本能は、別々に形成され、別々に決定され、別々の経過をたどるゲシュタルトの機能に基礎をおくのであって、ビューラーが考えているように、必要な際に始動する多様な器官に基礎をおいているのではない（コフカ、一九三四年）。

このようにして、私たちは、ゲシュタルトの原理が、動物界における心理現象のもっとも低次のものからもっとも高次のものまでのあらゆる多様性に同じように適用できるというきわめて重要な結論に到達する。コフカは、ある意味で先行の研究者たちによって切り開かれた道とは逆の道を進んでいる。ソーンダイクが、動物の外見的に知的な活動形態を低次の生得的な反応に還元することによって説明しようとするのに対して、コフカは、上から下へ、高等動物の知的行為において見いだされたゲシュタルトの原理を訓練における動物の外的に無意味な行為の説明や動物の本能に対しても適用することによって、反対の道を進もうとしている。

こうしてもっとも低次のものからもっとも高次のものまで、心理活動のあらゆる形態を包含する、量的に広範にわたる大規模な一般化ができ上がる。しかし、この一般化は学習の領域のみに限定されない。それは、あらゆる種類の心理活動の基礎にある生理学的現象にも転移される。コフカは、生理学的現象の構造に関するウェルトハイマーの仮説と、ゲシュタルト的現象形態にも出現する生理学的過程のダイナミックな理論を提唱したラシュレィの著作とを引用している。

コフカは、ゲシュタルトの原理を心理活動の基礎にある生理学的過程にも転用しようとするこの試みのなかに、精神生気論からのがれる道を見いだしている。かれは、神経系の生理学的構造のなかに心理学的構造の説明を求めようとしている。

かれは、この点に基づいて、本能、訓練、知能が三つのまったく異なる原理ではなく、現われ方は異なるが、それらすべてに同一の原理を私たちは見いだすと語っている。このことによって、一つの段階から別の段階への移行は流動的で、あいまいになり、言葉の厳密な意味での知的行動がどこで始まるのかを定めることはできなくなる。知能は本能の終わるところで始まるとはいえない、なぜなら、本能的行為の硬さを過大視するのは一面的であるからとかれは言う。さらに、「私たちの知能の基準は人間の行動に適用できるのとまったく同じように、昆虫の本能的行動にも適用できるだろう」と述べている。

この観点の締めくくりとして、ゲシュタルトの原理は新しい心理学において心理活動の基礎にある生理学的現象に対してだけでなく、あらゆる生物学的な過程と現象全体に、さらには肉体の構造にまで転用されると言わねばならない。コフカは、ケーラーの有名な理論的研究を引用している。そのなかで、ケーラーは、肉体的現象の世界には肉体的システムがあり、そのシステムは、ゲシュタルトの際だった特徴を有し、個々の部分はそれが属している全体によって決定される閉じた全一的過程であるということを明らかにする目標を自らに課した。

私たちには、コフカ理論の要約を終えるために、対立する他の二つの理論に対してこの理論が占める位置に関する彼自身の考えを引き出すことが残っている。かれはこう述べている。——私たちが精神発達の機械論的理論をビューラーの三段階理論と比較するとしたら、前者を一元論と呼び、後者を多元論と呼ぶことができるだろう。では、私たちの理論をどのように名づけるか。それは、存在する構造が無数にあること、構造変化の形態が多数あることを認めるがゆえに、多元論である。しかし、それは反射と本能、訓練の能力と知的能力のような恒常的能力の数を限定されたものと考えるという意味においては、多元論ではない。それが一元論であるのは、あらゆる過程を神経の結合あるいは連合のメカニズムに帰着させるという意味においてではなく、発達の最終的説明をもっとも一般的なゲシュタルト的法則に求めていることによると、コフカは結論している。

私たちはいまや、これまで述べてきた理論の批判的検討にすすむことができよう。その理論の批判は実はすでにコフカ自身によって伝えられている諸事実と一般化のなかに既成のものとして含まれているということを最初から指摘しておこう。私たちはそこから始めようと思う。

## 4　コフカ理論とケーラーの実験

この課題に関する私たちの批判的研究の中心的問題は、この理論が依拠している諸事実の真の意味、真の心理学的本性の根本的な評価と解明に関する問題でなければならない。

私たちには、これらの事実がコフカ理論のまったく否定的な側面を完全に裏づけていると思われる。それらの事実は、機械論的な試行錯誤理論も、半生気論的三段階理論も十分な説得力をもって論破している。それらは、まさしく両者のどちらも根拠薄弱であることをあばき出している。しかし、それと同時に、それらを注意深く研究し、それらが真の意義を獲得するために照合すべき、より広範囲の現象と比較するとき、著者によってなされたそれらの説明の基礎には、真実の核とともに偽りの核も含まれていることが明らかになってくる。

実際に私たちが以上に検討してきた、コフカの学説全体の内的核心となるのは、ケーラーが自分の研究の結果として到達した根本的結論である。ケーラーはこの結論を一般的命題のかたちで定式化している。すなわち、私たちは人間の場合と同じ種類の洞察的行動をチンパンジーにも見いだす。チンパンジーの洞察的行為は、必ずしも人間の行為と外的類似性をもたない。しかし、洞察的行為のタイプそのものは、研究のために選択された条件のもとでチンパンジーに確実に形成されるのである。

この類人猿は、他のあらゆる動物界から分離し、狭い意味での形態学的・生理学的特徴において人間に近いだけでなく、人間に特徴的行動形態も見せている。私たちは、進化のはしごのより低いところにいるかれの隣人たちについてこれまでに知っていることはきわめて少ないが、ケーラーの考えによれば、私たちが知っているわずかのことやこの書物のデータは、私たちの洞察に関する研究分野において類人猿は、多くの下等な種のサルよりも人間に近いという可能性を排除していない（『類人猿の知能の研究』一九三〇年）。

コフカ理論の価値は、この命題とともに上昇したり、低下したりする。

それゆえ、私たちが答えねばならない第一の問題は、ケーラー以後におこなわれた研究に照らして、この主張がどの程度根本的に独自なものであるか、サルの行動は根本的意味においてどの程度人間に似ているか、チンパンジーの洞察に関して、下等な種のサルよりも人間にどの程度近いところにいるか、という問題である。

すでに述べたように、コフカはその理論構成全体においてこのような主張に基づいている。以下に見るように、これらの研究において見いだされ、チンパンジーの知的行為にもっとも明瞭に現われた原理を、コフカは、一方では動物の訓練と本能を説明するために、下方へ拡大しようとし、他方では（人間の）子どもの精神発達を説明するために、上方へ拡大しようとしている。この原理のこのような拡大は合法則的であろうか？　それはもっぱら、この原理が得られた基になる事実が、この原理を拡大しようとしている諸事実に心理学的本性に関してどの程度近い、あるいは同種のものであるのかということにかかっている。

現代心理学には新しい時代が私たちの眼前で生じているということができる。それは心理学の著名な代表者たちにもまだほとんど自覚されていないが、「ケーラー以後」の時代と表示されることになるかもしれない。この時代のケーラーの仕事に対する関係は、ケーラーの研究の、ソーンダイクの研究活動に対する関係と同じである。すなわち、この時代は、ケーラー理論の弁証法的否定であり、「止揚するかたちで」かれの命題を維持するものである。

この時代は、私たちの眼前で二つの歴史的傾向から発生したものである。それらの傾向はケーラーの研究活動から直接導き出されたものであり、とくにその萌芽はケーラー自身によって描き出されていた。しかし、かれにとって、それらは問題の本質を変革するものではなく、問題全体の中心的な核というよりもむしろ副次的で二次的なモメントであった。以下に述べるこれら二つの傾向はどちらも、かれにとって、チンパンジーの知能はそのタイプと種類に関して人間と同一であり、人間に特有の行為を見せるというかれの基本的テーゼを揺るがすものとはなりえなかった。

これらの傾向のうちの一つは、ケーラーの肯定的研究成果を下方へ拡大しようとする試みであり、第二のものはその成果を上方へ拡大しようとする試みであった。

ケーラーのテーゼ——動物はソーンダイクの推測とは反対に、機械的・盲目的ではなく、有意味的–ゲシュタルト的に、人間のように振る舞うというテーゼ——は、ソーンダイクによって掘られた人間と動物の間の深淵をいくらか埋めることを、直接的課題としていた。

このテーゼの拡大は、基本的には二つの道を通じて成し遂げられた。一方では、研究者たちはケーラーの命題を下方へ下ろそうとし、その命題を下等動物に拡大し、下等動物に原則として同じゲシュタルトの有意味的行為を見いだした。このような一連の作業には、ケーラーが知的行為に対して提案し、サルの知的行為のなかにもっとも純粋なかたちで見いだした基準は、実際には知能に特有のものではないことを示した。

すでに述べたように、コフカはこの基準を本能的行為にも同じように適用することが可能であると考えている。そして本能、訓練、知能は、三つのまったく異なる原理ではなく、そのすべてに同一の原理があり、ただ現われ方が異なるだけなのだと考えている。このことは、実際には、ケーラーが見いだした原理にとって致命的である。ケーラーは、場の構造に応じたすべての解決の発生を、洞察の基準とみなすことができると述べている。コフカがしたように、この基準を訓練に適用したり、他の研究者たちがそうしたように、この基準を動物の本能的行為に適用することによって、ケーラーの後継者たちはかれにマイナスの力添えをしてしまった。かれらはケーラーの観念を外見上から直接に発展させることによって、動物の本能的行為と訓練された行為が、知的行為と同一基準に従うことを示した。したがって、選択された基準自体は、知能に固有のものではない。動物の行動すべてが、等しく有意味的で構造的であるということになった。

この運動は極端なかたちでは、思考する動物に関する学説の復活と、犬には人間のことばを習得する能力がそなわっていることを証明する試みとに導いた。

このようにして、動物の行為の普遍的有意味性とゲシュタルト性の観念は、下方へ限りなく拡大してゆき、これらの特徴が、洞察的行為をそれ自体としていくらかでも明瞭に分離することをやめる結果をもたらした。すべての猫は、この普遍的ゲシュタルト性のたそがれのなかで、灰色になった。ミツバチの本能的行為が、チンパンジーの知的行為と同じ程度のものになった。あれこれの裏には同一の普遍的原理があり、ただ現われ方が異なるだけであった。精神発達の三つの段階の間にある関連に正しく注意を向けたとき、この理論にそれらの相違をあばきだす力はないことがわかった。極端な言い方をすれば、この傾向が、思考し理解する動物についての学説に私たちを呼び戻す以上、それはまさにコフカが避けようとした方向、隠れた精神生気論に導いたとみることはそう困難ではない。

第二の傾向は、他の研究者たちが進んだ別の道により、すなわちサルを人間にまで高めて、その高等動物をますます人間化することによって実現した。たとえば、それをおこなったヤーキスは、およそ次のように考えた。——サルが道具を使用できるとすれば、サルに人間のことばを教え込む試みはなぜ失敗するのか？

このようにして、ケーラーによるチンパンジーの行為の人間らしさに関するテーゼは、この観念のその後の発展において、一方では動物の人間らしさともっとも原始的な本能的行為が知能と同一の原理に従うことを証明する動きを、他方では、高等類人猿を人間と区別する境界を完全に取り去る動きを生み出した。

ケーラーの研究から直接発展したこれらの傾向の意義は、動物の行為の有意味性とゲシュタルト性に関するケーラーの基本原理を完成の域に、論理的限界にまで到達させたことにある。この原理は些細なこと、細部にいたるまで考究されるようになった。そして動物心理学の分野からあらゆる無意味的、盲目的なものは排除され、行動の個々の振る舞いの状況的-ゲシュタルト的有意味性が明らかにされた。

これらの二つの傾向が、ケーラーの観念を最初から単に擁護し、強化し、深化させようとして、それらが反対の結果をもたらすことに気づくことが重要であるのに、少しも気づかれなかった結果が、実際にはすでに述べたように、それらを生み出した理論の否定となった。その理論の発展は、一見、まっすぐ論理的な道を進んでいるように見えたのだが、歴史的にジグザグの道に導いたのである。それは私たちが、擬人論からソーンダイクへ、ソーンダイクからケーラーへ移行する際に観察した（他のところでも観察した）ジグザグに類似していた。

次の点に注目すべき事実がある。——ケーラーによって見いだされた現実の現象について、その後に徹底的におこなわれた研究は、人間による道具の使用と、サルの操作との見かけ上の類似性の背後には根本的な相違があること、人間の相当する行為と外的に類似したサルの知能は、そのタイプと種類に関して人間の知能とは一致しないということを証明したのである。

コフカは、すでに述べたように、まさにこの命題に基づいてかれの理論全体を構築しているのだが、かれはその著書において、自分では疑うことなくこのテーゼを支持する基本的論証をおこなっている。しかし、容易に証明できることだが、かれの推論の過程はその学説全体を支えている枝を切り取ることである。かれの論証のもっとも重要な点、問題全体の核心、かれの推論の全連鎖の主要な結論は、本能的行為もその構造において合目的的で、有意味的で閉じたものであるということにある。したがって、ケーラーによって提唱された知能の基準は本能的行為にも完全に適合する。場の構造に応じた、課題の全体としての解決の発生は、とくに人間的な洞察的行為に合致するというよりもむしろ、動物の原始的、本能的行為そのものと合致する基準であることがわかってきている。

それゆえ、ケーラーによって提唱された知能の基準は、明らかに間違っていることがわかってきている。ゲシュタルト的行為は、ゲシュタルト的行為であるがゆえに、知的行為ではない。それは、コフカが証明したように本能的行為でもありうる。したがって、その特徴は、知能そのものの特質を明らかにするのに役立つものではない。この基準は、どんな本能的行為にも、たとえば、ツバメの巣づくりにも完全に適合する。コフカが正しく示しているように、ここでもまた、本能的課題の解決は場の構造に応じて全体として生じる。

もしそうであるなら、その結果として、ケーラーの実験における類人猿の行為も、実際には、本能的行為の水準を上回るものではなく、心理的本性において、人間の洞察的行為よりも動物の本能的行為にはるかに近い。繰り返すことになるが、その行為は一見すると本来の意味の道具の使用をおおいに想い起こさせるにもかかわらず、である。

コフカ自身、別の著作のなかで、この問題を提起している。そして本書でも述べられていることに従って、私たちとまったく同じ精神で、すなわちケーラーの主たる結論に反対して、それを解決している。しかし、かれは、それと同時にかれが自分自身の理論の根底を揺るがしていることを疑ってはいない。かれは、チンパンジーの知的行為を分析し、次のように問いかける。「これらの知的行為はどのようにして発生するのか？」

ケーラーの実験は、常に次のようなものであった。――動物の目の前の手の届かないところに果実が置かれており、動物はその果実を得ようと努力する。あるいは、私たちの用語で言えば、チンパンジーはここにいて、あそこに果実が見える、すなわち均衡が破れる状況、不安定なシステムが発生し、その状況が動物にその均衡を回復しようとする気持ちを駆り立てる。しかし、果実が動物を行為に駆り立てる状況は、それ自体としてはまだけっして知的行為ではない。

私たちは、それが本能の特徴であり、それは生体にとって、その生体の均衡を破る一定の条件の複合を創り出すことであるということを以上に見てきた。したがって、私たちは、これらの行為の発生を本能的なものであると指摘しなければばならない。果実が最短コースで獲得されたとしても、私たちはそれに続く全過程を本能的と呼ばねばならないだろう。したがって、本能的行為と知的行為との相違は、必ずしも均衡が破られるときの行為の発生にあるのではなく、均衡が回復されるときの様式にある。

このことは、私たちを通常は本能的行為に対立するもう一つの極、すなわち意志的行為に導く。非本能的（そして擬似本能的、自動的）行為はどれも、意志的行為であるのか。チンパンジーの行為は、意志的行為と呼ぶ意味をもっているのか。私は、この問題をなによりも日常用語を心理学理論に適用する際、使用することにどれだけ慎重であるべきかを証明するために提起している。

動物は何を望んでいるのか？　もちろん、果実を獲得したいのだ。しかし、その願望は、意志的解決を基礎にして発生するのではなく、本能を基礎にして発生するのである。もちろん動物は、棒を獲得したいのではない。動物は果実を目標として手に入れたいのに、その手段として棒をなんとか手に入れたいと望んでいるのだ、と私たちが言ったとすれば、それは主知主義的な解釈となるだろう。しかし棒だけが動物の欲求の満足をもたらすのである。というのは、動物は棒をどのように利用するのかを理解するまでは、棒が欲しいとはまったく思いつかないからである。このように、本能的でも、意志的行為でもなく、典型的な知的行為であるような行為が存在するのである。——

## 5　チンパンジーの知能と人間の知能との相違

実際に、サルの純粋に本能的な行為と、道具使用の知的・意志的過程とを分離する深い根源的な隔たりを見るには、コフカがこの数行で語っていることでまったく十分である。以上に見てきたように、コフカは、一つの原理で本能的過程と知的過程とを把握しようとしている。その結果、両者間の根源的な相違は消えうせてしまっている。チンパンジーの本能的行為は、コフカ自身が証明しているように、外見的には道具の使用にきわめて似ている。しかし実際には、その本能的行為はそれとはなんら共通性がなく、人間の行為と同じタイプと種類の洞察的行為であるかのように見えるだけである。

動物の活動と人間の活動との間のこの相違を、ケーラー自身ほどみごとに表現した者はいない。かれは、最近の著書の一つで、サルによる道具の使用は、なぜ文化の最小限の始まりとも結びついていないのかという問題を検討している。かれは、もっとも原始的な人間でも急いで掘るつもりがないときでもまた、道具使用の客観的条件がいくらか欠けているときですら、掘るために棒を用意する状況に、この問題に対するある程度の解答を見いだしている。ケーラーの考えによれば、この状況は、文化の起源と疑う余地のない関連をもっている。

動物と人間の心理過程が異なっている分だけ、根本的に相互に異なっているこれらの過程をその最大公約数に還元したいとき、明らかにゲシュタルトの原理それ自体は不十分である。もっとも原始的な人間の道具使用の行為が、行為に対する本能的な動因の存在とは無関係であること、およびそれが現実の視覚的状況とも無関係であることが、チンパンジーの操作のもっとも重要な特徴とは正反対の特質である。

人間にとって道具は、それがその時点で利用を求める状況にあるか否かとは関係なしに、道具である。動物の場合、物は状況外ではその機能的意味を失う。ある目標をもった視野の中に存在しない棒は、動物に道具として知覚されることはない。別のサルが上に座っている箱は（コフカ自身がこのことを詳細に検討しているように）、もはや目的達成の道具となることはなく、動物は、その新しい状況で横になるための箱として知覚しはじめる。

このように、動物にとって道具は視覚的状況から分離されていない。それは、より一般的なゲシュタルトの従属的部分を構成する。そして、それがどのような状況に組み込まれるかによってその意味を変える。その結果、棒と外的な視覚的類似性をもっている物、たとえばストローは、サルにとって容易に幻想的道具となりうる。サルの本能的行為と、人間によるもっとも原始的な道具の使用とがどれほど対極的に異なるものかを見るには、本書でコフカによってくわしく分析されている事実を想起すれば十分である。

要するに、その後に続くすべての研究は、ケーラー自身がチンパンジーと人間の行動の同一性の意味について限定して提起した諸モメントの意義をあまりに拡大したので、かれの基本的主張の意味も変えてしまった。ケーラーはすでに、サルは機械的結合を理解していないこと、すなわちサルたちは、視野にあるもの以外の何ものによっても状況における自分の行動を決定することはできないこと、考えただけ、思いうかべただけではかれらの行動の決定的モメントとはなりえないこと、かれらの生活には、もっとも近い将来でさえ、ないということを指摘している。

その後の研究は、私たちがここで扱っているのは程度の差ではなく、ケーラーによって指摘された量的な差を両過程の本性の根源的な質的相違に転化させるような、原理的・根本的特徴を扱っているのだということを明らかにした。チンパンジーの知的操作と、下等動物の、より単純な過程との比較研究が、ケーラーの原理を下方へ拡大していこうとする傾向によって生じ、その原理が下位行為に存在することの立証を導いた。そしてそうすることによって、その原理が知能の真の基準となりうるという信念を打ち砕いた。コフカ自身は、この原理がソーンダイクの実験における動物の行動の訓練に応用できることを明らかにした。

私たちが上で見てきたように、コフカは、本能と知能とを鋭く分ける三段階理論に反対する主要な論拠を、ゲシュタルト原理が本能的行為と知的行為の両方に同じ程度に適用できるということに見いだしている。このことは、著者に知的構造と本能的構造との明瞭な分離、根本的区別を拒否させる結果をもたらした。したがって、ケーラーの原理はゲシュタルト的行為全般のなかに溶け込んでしまっている。

ゲシュタルトの原理という共通の屋根の下での本能的反応と知的反応との合流は、上に引用したコフカの言葉に明瞭に表われている。そのなかでかれは、チンパンジーの行為をけっして意志的行為のタイプに入れることはできないこと、そしてその行為は発生の性質により、本能的行為をけっして超えるものではないことをはっきりと立証している。行動している動物と状況との根本的関係は、私たちがツバメの巣づくりの際に観察するものと同じであることがわかる。だが、道具は状況とは根本的に異なる関係を要求する。

上に引用したケーラーの事例からわかるように、道具は未来の状況との関係を要求する。それは状況から、すなわち現実に知覚されるゲシュタルトからの、道具の意味の一定の独立を要求する。それは、一般化を要求する。このような道具になるのは、視覚的に似ていない一連の状況に応用できるものだけである。最後にそれは、人間に自分の操作をあらかじめ決めた計画に従わせることを要求する。

私たちの課題には、道具使用の心理学に関するいくらかでも詳細な概観は含まれていない。しかし、この操作の心理的ゲシュタルトがチンパンジーの操作と、根本的・本質的に、どれほど異なっているかを見るためには、上にあげたことで十分である。

すでに上に指摘したように、もう一つの傾向、すなわちサルを人間にまで引き上げようとする傾向もまた、否定的結果をもたらした。なぜなら一連の実験において、チンパンジーに見られる人間的な洞察は、この動物に人間に似たことばを植えつけるためだけでなく、およそ、いくらかでも人間らしい活動をその動物に呼び起こすためにもまったく不十分であることが証明されたからである。

このようにして、その肯定的結果においても否定的結果においても、この傾向は、サルの知能と人間の知能との同一性に関するケーラーの主張の弁証法的否定に導いた。

この傾向は、ケーラーの原理を論理的限界にまでいたらせるものであり、次のことを明らかにした。――その研究者がサルの知的能力とみなしたこと、すなわちサルの十分なゲシュタルト意識、操作における状況的意味の存在は、その弱さであるとわかった。ケーラーが他の著作において使用した表現によれば、動物は、その視野の奴隷である。レヴィンの正しい意見によれば、自由な意図こそ、真の道具使用に必要不可欠な要素であり、人間を動物から区別するものである。

ケーラーが何度も観察したように、かれのサルたちは所与の感覚組織を意志の努力によって変革することはできなかった。かれらは、人間よりもはるかに自分の感覚野の奴隷である。実際に、コフカの著書のなかで示されているように、動物はその行動において、視野のゲシュタルトに隷属している。かれらには、状況そのもののあれこれのゲシュタルト的モメントによってそそのかされるような意図のみが生じる。

レヴィンが語っているように、人間は任意の行為、たとえ無意味な行為に関しても、意図を創り出す並はずれた自由をもっているという事実はそれ自体注目すべきことである。その自由は、文化的人間に特徴的なことである。その程度は、子どもたちや霊長類にはいちじるしく低い。そしてその自由は、おそらく、人間を、人間にもっとも近い動物から、より高度な知能で区別するよりも、はるかに大きな程度で、区別するものである。

実際に、次にあげるすべての著者たちが、同じ事実を考察の対象にしている。――ケーラーは、動物が視野の奴隷であると言っている。コフカは、チンパンジーの操作が意志的でなく本能的な性質のものであることを指摘している。レヴィンは、人間と動物との相違のもっとも顕著な特徴として、意図の自由を選び出している。このようにその事実は、これらの著者たちによってみごとに指摘されているが、原理的側面についての評価は不十分である。なぜなら、それは人間と動物の操作にこのような根本的相違が見られるとき、両者を単一の原理の観点から把握することはできないという明白な結論と思われるものに、かれらを導いていないからである。

たとえば、メイヤソンとギヨムによるその後の研究は、チンパンジーの人間らしい操作についてもし語ることができるとすれば、それは、健康で正常な人間についてではなく、失語症を患い、病んだ脳をもっている、すなわちことば、およびことばと結合した人間の知能のあらゆる特性を失った人間についてのみ言えるのだということを明らかにした。ゲルプは、これらの病人たちの行動を特徴づけて、かれらがことばとともに、状況に対する人間に特有の自由な関係、自由な意図を形成する可能性をきわめてしばしば失っているということ、そしてかれらは、ケーラーの研究中のチンパンジーがそうであるように自分の感覚野の奴隷であることに注意を向けている。

ゲルプの優れた表現によれば、人間だけが、無意味なこと、すなわち知覚される状況から直接には導き出されないこと、そしてその現実の状況の視点からは無意味なことをおこなうことができる。たとえば道具使用の客観的条件も、飢えのような主観的条件も欠如しているときに、掘るための棒を準備することができる。しかし、研究は、動物に関しては、その反対であることを明らかにした。チンパンジーは、所与の状況全体から道具を選び出さない。道具はチンパンジーにとっていかなる具象性ももたない。したがって、チンパンジーの行動の有意味性は、もっとも原始的な人間が道具を現実に使用するさいの有意味性とは、その有意味性という言葉以外にいかなる共通性もない。

このことだけが、私たちに、ケーラー自身も注意を向けていた注目すべき事実、すなわち、チンパンジーが所有することになった人間に似た知能は、サルの意識システムになんの変化も起こさなかったということ、そして動物心理学の言語でいえば、純粋路線による進化の産物であり、混合路線によるものではないことをわからせてくれるのである（『生物心理学と隣接科学』ワグナー、一九二三年）。このことは、その知能は疑う余地のない新形成物であるが、動物に固有の意識のシステム全体や現実との関係を再構築するものではなかったということ、言いかえれば、ケーラーの実験において私たちが見るのは、本能的意識システムにおける知的操作であるということを意味する。

私たちが問題全体の核心となる主要な基本的結論として言えることは次のようなことであろう。――チンパンジーの知的操作は、高次のものと低次のものとの区別を可能にする補足的基準を導入せずに、完全にゲシュタルトの原理そのものの範囲内にとどまるなら、その本質的な特徴において、本能的反応と原理上、区別できないものである。コフカはチンパンジーのこのような知的操作を自分の児童心理学全体の唯一の説明原理を根拠づける事実的基礎としている。

私たちは、この意味において、ゲシュタルト主義者たちに向かってかれら自身の武器を使うことができよう。かれらが提唱した全体に対する部分の従属性の原理に基づくと、意識の他の構造に属す知能の本性は、人間の意識がそうであるが、まったく新しい全体のなかで出会う知能の本性とは根本的に異なるものにならざるをえないということであろう。

全体に従属しない、ある狭い活動分野のこのような孤立したアプローチの試みは、本質的には、コフカ自身が依拠しているゲシュタルトの原理と根本的に対立している。実際には、本能的行為はその状況においては合目的で構造的に有意味なものであるが、その外では無意味である。サルもまた、もっぱら、場とその構造の範囲内では見通しをもって振る舞う。――このことは完全に証明済みとみなすべきである。――サルは、その範囲外では盲目的に振る舞う。それゆえ、ゲシュタルトの原理の事実的根拠は完全に本能の統治下にある。

コフカが、ビューラーの三段階理論を批判する主要な論拠としてこのことを提唱したのは、十分な根拠があってのことである。しかし、私たちがこの原理に反論することによって、ビューラーの三段階理論に戻ったと考えることは正しくないだろう。コフカが、この学説が大きな謬見の結果であることを明らかにしたのは、まったく正しい。実際には、三段階すべてが一つの段階、すなわち本能の段階内部で与えられているのである。ビューラーによる第二段階の典型的見本である条件反射は、同じ本能であるが、特定の条件に順応する、個別的なものである。この場合、活動の性格そのものは、無条件反射の場合と同じだけ、本能によって条件づけられている。私たちが見てきたのと同じことがサルの行動にも完全に当てはまる。サルの行動は、条件反射のように、実行メカニズムと発現の諸条件のゲシュタルトの意味では新しいことを示しているが、全体としてまだ完全に本能的意識の局面にいる。

動物と人間の全発達を三段階理論によってとらえようとするビューラーの試みそのものは、ゲシュタルト主義者たちが本能と知能との間の原則的境界を取り去ろうとする試みと同じ程度に論拠に乏しい。*

＊コフカとビューラーの理論は、本質的に、著者が述べているほど正反対のものではない。それらは、むしろ、動物と人間の精神発達全体を一つの原理でとらえようとする単一図式の二通りの変種である。二人の著者はこの点で一致している。私たちはこれこそが、コフカの理論とソーンダイクの理論とを統合するものであるということを、すでに指摘してきた。

このようにして、私たちは動物の発達の最高の産物、すなわちチンパンジーの知能が、人間の知能と、種類とタイプに関して同一ではないと考える。これは、少なからず重要な結論である。しかし、子どもの精神発達の説明にコフカのゲシュタルト原理を適用することの合法性を、私たちが根本的に検討せざるをえなくするにはこれで十分である。動物の発達の最高の産物が、人間に似ていないのなら、その発生に導いた発達も、人間の知能向上の基礎にあるものとは根本的に異なると結論しなければならない。

動物と人間の心理学全体をゲシュタルトの概念だけで把握しようとして、人間の意識を歴史の産物ではなく、単に自然の産物と考え、あらゆる自然主義心理学は、諸事実を前にしては常に無力であるということを認めるには、このことだけで十分であろう。この心理学は、弁証法的ではなく、必然的に形而上学的になるだろう。

周知のように、ケーラーの著作は、ソーンダイクの機械論的見解に挑戦的に反論することをめざした。かれの著作のこの部分は、十分に根本的な意義をもっている。かれは、チンパンジーはロボットではないこと、かれらは有意味的に振る舞うこと、動物の洞察的操作は偶然ではなく、試行錯誤によるのでもなく、個々の要素の機械的な寄せ集めとして生じるのでもないことを証明した。それは、どんな発達問題の解決においても放棄できない理論的心理学の確固たる、揺るぎない成果である。

それゆえ、かれの主張をこの面から、すなわち下から動物たちの盲目的で無意味な行為と比較して検討するなら、それらは十分な力を保持している。しかし、それらを他の側面から、すなわち上から見てみるとき、それらを人間による真の道具使用と比較するとき、以下のような問題、――「チンパンジーは知能に関して人間に近いところにいるのか、それとも下等のサルに近いのか」を提起するとき、その問いに対して、私たちは、ケーラーの場合に見いだされたこととは正反対の答を出さねばならない。

ケーラーの実験におけるサルの行為とソーンダイクの実験における動物の行動との相違、すなわち動物の有意味的行為と盲目的行為との相違は、原理上チンパンジーの諸操作と真の道具使用との相違ほどには重要でないことがわかる。チンパンジーの操作は、動物の本能的活動と条件反射的活動との違いよりも、真の意味での人間による道具使用とは、より根本的に異なっている。だからこそ、コフカが三段階理論と異なり、動物心理のこれら三段階すべてを貫く内的類似性を指摘しているのは正しい。

このようにして、私たちには、チンパンジーの知能は人間の思考の統治下にある最低のものよりも、むしろ動物界における行動の最高の産物のように思われる。それは、人間の意識の歴史のきわめて漠然とした起源というよりも、むしろ動物の進化の最終の、完成された環である。

すでに述べたように、私たちは、大脳皮質、とりわけその特別に人間的な領域に一連の疾患をもっている人に、ある程度、サルの行動と類似したものを観察する。私たちは、チンパンジーと人間の行動の類似性は、この場合にのみ法則的で、認めうるものであり、この場合のみ（そして個別の特性としてのみ）両者の知的過程の真の、うわべだけではない類似性、真の同一性を見いだすのである。

私たちが、この種の患者について、その患者が水を飲みたいときには水差しからコップに水を注ぐことはできるが、別の状況では、同じ操作を随意的に成し遂げることはできないことを認めるとき、私たちは実際に、その行動がサルに見られる次のような場合と本当に類似していることを認める。すなわち、サルは、他の動物の座っている箱を、別の状況では表面的に人間のように使用しているものと同じ物、同じ道具であると認めようとしないのである。

私たちは、すでに述べたように、チンパンジーのいわゆる道具使用の操作は、人間によるもっとも原始的な道具使用よりも、ツバメの巣づくりにはるかに近く、内的に類似していると考える。

私たちが、コフカの基本的原理の批判をこれほど詳細に検討してきたのは、かれの理論体系全体の根本的原理に対する批判だけが、かれの児童心理学の理論全体の根本的批判となりうるからである。

## 6　精神過程の有意味性

私たちは、この数頁で、心理学の人間特有の問題と子どもの精神発達の問題がそこから始まるきわめて重要できわめて本質的な境界、すなわちあれこれの特殊的機能の類似性についてではなく、人間の意識の全構造とそれの現実との関係において人間を動物全体から区別するものに言及してきた。

このようにして、私たちは、私たちの批判的研究の基本的テーゼを明らかにしてきた。コフカの研究全体の主たる欠陥は、かれが子どもの精神発達の基本的現象を動物の心理学を支配している原理に帰着させようとしていることにある。かれは、動物の心理的発達と子どもの発達とを同列におこうとしている。かれは、動物と人間を一つの原理で把握したいと思っている。

この場合、当然のことだが、かれは事実の激しい抵抗にぶつかる。基本的事例を二つだけ検討することにしよう。これらの事例には、動物実験で得られた一連の事実と一つ屋根の下にそれらを入れようとする試みに対する諸事実の抵抗が現われている。

実際的知能から始めよう。私たちの観点から見れば、ケーラーによって見いだされた動物の知的操作が、諸研究が証明しているように、独力では発達できないという状況は注目に値する。ケーラーは、コフカが語っているように、この場合の発達の可能性の限度をきわめて低く評価している。

コフカは、別のところで実際的知能を必要とする諸操作について、子どもと動物の行動を比較したときに、さらにもっと明確に述べている。かれが検討しているオールポートのデータでは、子どもは誕生後最初の数年間に、それらの能力を急速に発達させるのに対して、サルはこの時期に何度も訓練されてきたにもかかわらず、その方向でほとんど進歩しないことが明らかにされている。

私たちは、模倣の問題を考察する場合にも、同様の状態に出会う。ここでもコフカは、動物の模倣と（人間の）子どもの模倣との類似性を拠りどころとしている。両者ともゲシュタルトの法則に従う。かれは、低次の模倣形態と高次の模倣形態との相違を本質的なことではないと考え、かれにとって模倣の問題は、一般的ゲシュタルトの問題、たとえば「運動のゲシュタルトは知覚のゲシュタルトからどのようにして発生するか」といったような問題に転化したと語っている。

しかし、発達における模倣の役割を考察するとき、私たちは再び上に述べたことと同じ相違に出会う。ケーラーは、残念なことに、チンパンジーですら模倣はきわめてまれにしか観察されず、それが観察されるときは常に、所与の状況とその解決の両方が、自然発生的行為が遂行されるときとほとんど同じ範囲内にある場合に限られると書いている。

このように動物は、もっとも知的なものでさえ、模倣することができるのは、多かれ少なかれ、その動物自身の可能性に近いものに限られている。これとは異なり、子どもにとって模倣は、基本的に、子ども自身の可能性の限界を完全に超えるような活動を獲得するための道であり、ことば、およびすべての高次精神機能のような機能を獲得するための手段である。この意味において、模倣は発達の強力な要因であると、コフカは語っている。

上記の二つの事例に限定しても、基本的問題を明確に定式化することができるが、私たちがコフカの研究にその解答を求めても無駄であろう。子どもの実際的知能と模倣が、原則としてチンパンジーにおけるこれら二つの機能の活動を決定しているものと同じ法則によって理解されうるということがもし正しければ、子どもの発達においては、これら二つの機能がサルの行動の場合とは根本的に異なる役割を果たしているという事実をどのように説明するのだろうか？　発達の観点からすれば、相違点は類似点よりもずっと本質的である。したがって、ゲシュタルトの原理は、私たちの見るところでは、問題全体の、すなわち発達の中心的な核になるものを説明するには不十分である。

私たちはこれ以上、事例を検討しないつもりである。これらの事例は書物の数頁にわたって十分に取り上げられており、以上にすでに私たちにより一般的公式で表現されたことを立証している。読者は、チンパンジーの行為が本能的動機や情動とどれほど緊密に結びついているか、それらの行為がどれほど直接的行為と一体であるか、動物が知覚そのものにおいて、道具との対象的関係をどれほど欠いており、見かけの状況に隷属しているかについて、この大ざっぱな前書きで成しうることよりはるかに鮮明に示すような場を少なからず容易に見いだすことだろう。

読者は、上に述べたことに照らしてコフカの基本的思想の軌跡をたどるとき、驚きの念を禁じえないだろう。コフカは、一貫して、一つの観念の輪郭を、すなわち同一性の観念、動物と人間の行動は原理的に同一であるという観念の輪郭を描き出している。子どもの精神発達の全領域にゲシュタルトの原理を適用することの非合法性に関する、私たちの思想に有利にはたらく事実的証拠をさらに多数見つけるには、チンパンジーの操作と視覚的状況との結びつきを示している諸特徴を見るだけで十分だろう。

私たちの思想を最終的なかたちで表現するためには、なお、次のことを定式化しておかねばならない。私たちが上で指摘してきたように、ゲシュタルト心理学全体のパトスとなるのは、精神過程の有意味性の観念であり、その観念は、古い理論において精神過程のものとみなされた機械的、盲目的無意味性と対立するものである。しかし、以上に述べたことから、この有意味性を、新しい心理学が動物においても人間においても根本的に同一のものとみなしているということにおそらく疑問の余地はなくなるだろう。私たちは、これまでに語ってきたすべてのことにより、そのことにゲシュタルトの原理の根本的欠陥があることを認めざるをえない。

私たちはさらに、コフカが動物の行為に関して語っている有意味性も、子どもの精神発達に関して述べられている有意味性もともに、ゲシュタルト的現象ではあるが、心理学的本性に関しては有意味性についての二つの異なるカテゴリーであるということを明らかにしておかねばならない。

精神発達の研究が現実に対する有意味的関係の発生、有意味的体験の発生を解明しなければならないという基本的観念に反対する人はいないだろう。しかし、問題の要は動物と人間の意識に固有な有意味性は、同質のものであるのか、異質なものであるのかという点にある。

コフカは、ゲシュタルト原理の事実的根拠とみなしている諸操作の本質的特徴が、状況の有意味的知覚の発生であると語っている。かれは、状況の意味が有意味的に知覚されるとき、その行為は洞察的性格をもつと語っている。それと同じように、転移、すなわち一定の条件のもとで習得された方法を新しい条件、変化した条件にうまく適用することも、常に理解を前提とする自覚された転移である。いったん習得された意味は、所与のものと共通の特質をもつ他のすべての対象に拡大していく。したがって、転移はゲシュタルトの原理の自覚された応用であるとかれは言う。

有意味性についてのこの観念は、コフカのすべての記述と分析を広く支配しており、かれの学説構成において疑う余地なく首位を占めている。しかし、私たちが動物の行動と人間の子どもの行動において見いだす状況の有意味性そのものは、これら両方のケースで、根本的に異なっている。

私たちはこのことを一例だけで例証することをお許し願いたい。コフカは、子どもたちによる問題解決の失敗について実験をおこなっている。それらの実験は、著者がそれに与えている意義以上に一般的意義をもつ事例となりうるだろう。たとえば、実験の一つで、子どもは棒の活用を求める課題を解決できないことがわかった。このことは容易に説明できる。子どもは棒を持っていたが、その棒を、きびしく禁止されるまで、馬に見立てて利用していた。この場面にある棒は、子どもが以前に遊んでいたものと似ていたので、そのために禁止されたものの特徴をもっていたが、またそれゆえに棒は、問題の解決に使用されえなかったのである。

これに類似した現象はハルトにより、箱についての実験で観察されている。箱は、部屋の何脚もの椅子の前に置かれていた。ほとんどすべての子どもたちは例外なく、課題を成し遂げることができなかった。かれらには椅子の上に立つことがきびしく禁止されていたことがその原因であった。この箱の実験がその後、遊び場で繰り返されたときには、肯定的結果が得られた。

この事例は、私たちが考えていることを明瞭に示している。明らかに、棒は禁じられた物という意味をもっており、椅子の上に立つという行為もまた、禁じられたものであった。それは、チンパンジーにとって、他の動物がその上に座っているために、もはや果実を手に入れるための脚立に見立てることができなかった箱とは根本的に異なっている。子どもを対象としたそれらの実験において、物は、視野の範囲を越えた意味をもつにいたったことは明らかである。

椅子を脚立として使用することや、棒を道具として使用することの困難さは、目的達成に対する有効性の観点からすれば、子どもがその状況でこれらの物の知覚を喪失したことにあるのではない。原因は、子どもにとって物が実際にある意味をもつようになったことにある。すなわち、子どもは椅子や棒で遊んではならないという意味をもつようになったのである。言いかえれば、子どもの課題解決に社会的ルールが介入しているのである。私たちには、これらの事例において、類似の状況での子どもの行動が、一般的規則の例外とはならないというモメントに直面しているように思われる。

私たちは私たちの実験において、子どもが課題解決に取りかかりながら、驚くことに、明らかに子どもの視野にある物を利用しない事態に一度ならず遭遇した。それは、あたかも子どもがその状況において一定の規則に従って振る舞わねばならないことを暗黙裡に認めているかのようであった。子どもは、棒や椅子の利用許可が下りるやいなや、ただちに課題を解決するのである。これらの実験は、子どもにとって外見上の状況が、どの程度、より複雑で有意味な（このように表現することができるとすれば）場——その内部でのみ、物は互いに一定の関係をもつことができるのだが——の部分になるのかを証明している。

これらのケースにおいて、私たちは子どもを対象とする残りのすべての実験においても明瞭に現われていることについての顕著な例を見いだす。それらの主たる成果は、子どもによる課題解決においては、有意味な場の法則*、すなわち、子どもが状況および自分とその状況との関係を意味づけるしかたが重要であるということである。

＊本質的には、私たちは、チンパンジーが自分の行動における状況と自分との関係について、現に存在する要素によらず、直観的諸要素に

よらず、「考えることによってのみ」、「表象によってのみ、すなわち人間的思考においてもっとも重要とされるものによって、どの程度確定できるかということに関して、ケーラー自身が提起した問題を考慮に入れている。このことを私たちは、ケーラーの視野との類推に基づいて、条件つきで有意味野と呼んでいる。

ここで、私たちが次に続く章の一つで検討する対象となること、すなわちことばと思考の問題が生じる。コフカが語っているように、おそらく問題の大部分がこの問題に関係しているであろう。なぜなら、どのようにして人間が思考によって直接的知覚から解放され、それによって世界の理解にいたるのかの問いに答えることはきわめてむずかしいからである。まさにこの思考による直接的知覚からの――実践に基づく――解放は、子どもを対象とする実験研究によって私たちが到達するもっとも重要な結果である。私たちの実験が証明したように、この問題にもっとも本質的な役割を果たしているのは言葉である。これについて、コフカ自身が、子どもの一定の発達期に、言葉は欲求や情動との結びつきをやめて、物との結びつきが形成されるようになると語っている。

実験が示しているように、言葉は、子どもを、ケーラーが動物において観察したような隷属から解放する。言葉は、子どもの行為を解放する。言葉はまた、状況の外見的諸要素を意味で満たし、一般化することによって、道具の対象的性質の発生をもたらす。道具は、この対象がどのようなゲシュタルトの中に入るかに関係なく、それ自体として存在する。

子どもが課題を解決しているときには、ふつう、独り言を話すという事実は、新しいものではない。そのことを私たちの前にも多くの研究者が観察してきた。これまでに公表された同様の研究記録のうち、この事実を強調しなかったものは、ほとんど一つもない。しかし、大多数の研究者たちは、この事実を避けて通っており、その根本的意義を理解していない。そして、かれらは、言葉および言葉と結びついた意味とが子どもを状況との根本的に新しい関係におくこと、子どもの知覚の単純活動を根本的に変化させ、レヴィンが人間と動物とを区別するもっとも本質的な特徴として語っている自由な意図の可能性を創り出していることを見ていない。*

＊この点に関してはリップマンとボーゲンの著作 *Naïve Physik*, 1926 が代表的である。これは子どもの実際的知能の研究書である。

私たちはここで、すでに別のところで取り上げてきたこれらの実験を詳細に検討するつもりはない。子どもの実際的行為にともなうことばを、子どもの能動性の単なる付随物とみなそうとする試みは、コフカ自身によって提唱されているゲシュタルトの原理と矛盾するということだけを述べておこう。一定の状況のもとでことばと、それにともなう意味野が子どもの活動に包含されるという事実が、子ども自身の操作の構造を変化させないでいると考えることは、反ゲシュタルト主義の観点に立つこと、著者自身が立脚していることと鋭く矛盾することを意味する。

それゆえ、彼自身の観念に基づけば、かれは子どもの実際的操作が外的には類似している動物の操作と根本的に異なっていることを認めるべきであろう。

## 7　金の卵を産むゲシュタルトの原理

私たちは、いまや、コフカの著書のもとにある第一の原理の検討を締めくくり、得られた結果について結論を出すことができよう。上に述べたことの後なら、コフカの理論は人間の子どもの活動の高次の形態を動物に観察される低次の形態に還元させようとする、あまりにも大胆で誇大な試みであるということについておそらく疑問の余地がなくなるだろう。

このように人間の行為と知覚のあらゆる高次の形態の有意味性を動物の低次の本能的行為の有意味性に還元することは、実際には著者が生気論を克服するために支払わねばならないきわめて高価な代価であることは容易に見て取れる。かれは、機械論に譲歩することによって、生気論を克服している。なぜなら、本質的には、人間の行動を機械のはたらきに還元することだけでなく、人間の行動を動物の活動に還元することも、機械論的だからである。機械論に関する私たちとコフカの理解のもっとも根本的な食い違いは、この点にある。

この問題を取り上げたコフカの報告（『現代心理学における機械論と生気論の克服』一九三二年）から容易にわかるように、

コフカは機械論の主たる危険性を、生きて意識をもつものが、死んで意識をもたない無機物に還元されることだけに見いだしている。かれは機械論（mechanicism）をこの言葉の文字通りの意味でメカニズム（mechanism）に還元されるものと理解している。それゆえ、死んでいる自然をメカニズムの原理の観点からではなく、ケーラーが自分の研究でそうしているように、物理的システムの観点から理解するだけなら、すなわちまったく無機的な自然に、その成分の役割と意義を決定するゲシュタルト的-全体的過程の存在を認めるなら、このような還元のしかたは原則的に可能だろうと、コフカは考えている。

しかし、人間の行動を、動物の行動に観察される合法則性に帰着させようとするこのような生気論の克服のしかたは、実際には中途で立ち止まることを意味する。それはもちろん、高次の過程と結びついた活動を純粋に自動的なものと解釈しようとするソーンダイクの試みよりは優れている。しかしそれでもやはり、それは本来の意味で、純粋な機械論である。

このようにして、単一のゲシュタルト原理で動物と人間の行動を把握しようとする試みが、コフカを機械論への譲歩と引き換えに生気論の克服に導くとすれば、その試みはまた、逆の結果、生気論への譲歩によって、機械論の克服に導く。すなわちそれは、再び彼を、機械論と生気論との間の中間にとどまらせるのである。このような立場、現代科学思想の行き止まりの間の中途にいるこの立場は、現代のゲシュタルト心理学にとって、とりわけコフカの著作にきわめて特徴的なものである。

これらの心理学者たちは、中間的立場をしっかりと固めて、機械論からも生気論からも同じように距離をおこうと考えている。かれらは実際には完全に、これら二つの点によって決定されるその同じ道を進み、無意識に、自分自身の理論構築に、遠ざかろうと望んでいるこれらの両極端から何ものかを取り入れてしまうのである。実際に有意味性の観念をともなうゲシュタルト原理を本能的活動に適用しようとするコフカの試みは、必然的に本能の知性化に導く。すなわち、かれの観点からは、もっとも重要なことが発達のなかで生じるのではなく、誕生時から与えられているのである。

ゲシュタルトは、発達の最初から存在する、本源的現象である。さらにその先ずっと、論理的結論の道、ゲシュタルトをさらに増殖させる道を進む。コフカが、本能の分析において、別の問題、すなわち本能がまったく分別のない、盲目的で、無意味的であることにふれていないのは理由のあることである。そしてかれは、有意味性を発達過程そのものの前に存在している本源的現象であるとみなすことによって、心理学者‐研究者たちがいままでに直面したすべての課題のうちもっとも困難な課題、すなわち有意味性の起源と発生を説明する課題をきわめて容易にしている。

実際に、すべてが有意味である場合に、すべてが無意味であるのとまったく同じように、有意味と無意味との境目がなくなる。ソーンダイクの場合と同じように、すべてが一つのカテゴリー、すなわち「ある程度」ということに帰着される。この立場は、ある程度無意味であり、そちらはある程度有意味なのである。子どもの発達と動物の発達とは区別されない。コフカは、彼自身の表現によれば、両者、すなわち比較心理学の中心的問題と児童心理学の中心的問題とを一つに融合させようとしている。

かれは、子どもの精神発達についてかれが提起した説明に広範な論拠を与えるためには、比較心理学という他の領域をも論述に含めねばならないと語っている。両者の目的は、相互に密接に結びついている。かれはそれらを一つに融合させて、類似のすべての問題の断片的論述ではなく、同種の「ゲシュタルト」を創ろうとしてきた。しかしここに、この研究のアキレス腱もある。子どもの発達と動物の発達とを一つに融合させて、統一的な不可分の構造——どちらの発達もその非独立的な部分となる——を創り出そうとする試みは、（コフカ自身の言葉でいえば）もっとも原始的な「ゲシュタルト」を創り出すことを意味している。そのゲシュタルトは、ここで検討中の書物のなかでかれがみごとに明らかにしたように、科学的認識の発達の最初の段階に固有のものである。

コフカが幼児の意識の初期ゲシュタルトの特徴について述べていることは、理論的には、彼独自の、動物と（人間の）子どもの発達の統一的ゲシュタルトにも十分に当てはまるだろう。かれは、きわめて単純な状況を扱っているのであり、私たちが最初に知覚するゲシュタルトもとりわけ単純に構成されたものなのだということを強調している。すなわち、同質のものを背景とした、ある資質なのである。コフカの理論において提起されたゲシュタルトに関する私たちの印象も文字通り、同じ言葉で短く表現することができるであろう。――同質のものを背景とした、ある資質であると。この資質は、ゲシュタルト的特質であり、まだ分化、分解されない有意味的特質である。

このようにして、私たちの前には、子どもの精神発達についての徹底した自然主義理論がある。それは動物の発達と人間の発達とを意識的に融合させ、人間の意識の発達の歴史的本性を無視した理論である。この理論においては、人間固有の問題は事実的資料としてのみ現われるのであって、理論そのものの原理に基づくものではない。これらの子どもの精神発達に関する人間固有の問題は、事実の言葉で語られているところでは、自然主義的な解釈の試みに激しい抵抗を示しており、この統一的で不可分のゲシュタルトの外皮を引き裂こうとしていることは驚くにあたらない。

それゆえ、コフカが、ケーラーの注目すべき表現――洞察的行為と知的能力それ自体は、主知主義的説明に抵抗していること、主知主義は、知能の問題領域の場合と同じようにほとんど根拠がないということを述べたもの――を想起するとき、実は自分自身に不利な論拠をあげているのである。なぜなら、まさしく彼自身が発達の基本的原理を主知主義的に、すなわちチンパンジーの知的操作の本性に基づいて説明しようとしているからである。しかし、発達を知的操作の類似物として理解する試み以外の何が主知主義だというのか？

たしかに、コフカは、私たちが見てきたように、知的過程を本能的活動に溶かし込むことによって、この主張から毒針を抜こうとしている。しかしかれは、そのことによって、まさに最悪の結果に到達する。すなわち、事実上もっとも原始的な行動形態についても、この同じ観点から説明しているのである。

コフカ理論は全体として、かれ自身がその基礎に選んだ決定的原理を破っている。周知の通り、この原理は部分に対する全体の優位を認めるものである。この原理に忠実であるなら、人間の意識の全体構造、全システムが動物の意識の構造と異なるとき、両者の構造の何か一つの部分的要素（知的操作）の同等視は不可能となることを認めねばならない。なぜなら、この要素の意味は、それが成分となる全体に照らして、はじめて明らかになるのだからである。
それゆえ、ゲシュタルトの原理そのものが、コフカの全体的理論構成の基本的誤りを指し示している。かれの理論の真実が、かれの謬見を照らし出しているのである。

私たちがコフカ理論をこれまでに検討してきたことに基づいて到達する結論は、予想に反して私たちに逆説的結果をもたらす。私たちは、コフカ自身が自分の研究方向を、通常の方向、すなわち下から上へとは異なる、上から下への方向であると特徴づけていたことを思い出す。コフカは、その本質を、ふつうは低次の活動形態に見いだされた原理が高次の形態の説明に適用されてきたのに対して、高次の活動形態に見いだされた原理を低次の形態の説明に適用しようとしていることにあるのだと見ている。

しかし、それにもかかわらず、コフカの方向も、下から上への方向であることがわかる。かれは、動物の行動に見いだされた原理によって、子どもの精神発達を下から解明しようとしている。

児童心理学の豊かな内容全体の説明にゲシュタルト原理を適用したコフカの立場は、ジェームズがはじめて情動の限られた本性についての有名な原理の定式化にいたったとき、それを巧みに描写したのと類似の状況をおおいに思い出させる。ジェームズには、その原理が十分に重要で、あらゆる問題を十分に解決するものであり、すべての錠に合う鍵に思えたので、かれにとって、諸現象——この原理はそれらの現象を説明するために創り出されたものである——についての事実的分析は重要性を失ってしまった。

ジェームズは、自分の原理に関して、金の卵を産むガチョウをすでに手に入れているとき、生まれた個々の卵を記述するのは重要なことではないのだと述べている。かれの原理は、かれ自身の目には、金の卵を産むガチョウのように思えたのである。それゆえ、個々の情動の分析がかれにとって重要でなくなったのは驚くにあたらない。ところが、その後、かれの原案の誤謬を明らかにしたのは、まさにかれの理論の提案に導いた諸事実の体系であった。

それは、ある意味でゲシュタルトの原理にも適用できる。ゲシュタルトの原理も金の卵を産むガチョウとみなされ、その結果、個々の卵の記述と分析は、二次的なことと考えられている。児童心理学のきわめて多様な諸事実の説明は、この際、同じガチョウが産んだ二個の卵のように、どれもこれも驚くほど似ているということは驚くにあたらない。

コフカは、子どもの精神発達の出発点がすでにゲシュタルト的であるということを明らかにしている。すでに幼児は有意味的知覚をそなえている。ごく幼い子どもによって表象されるようなかたちの世界はすでにある程度ゲシュタルト化されている。したがって、ゲシュタルトは、子どもの発達の最初から存在しているのである。

当然、次の問題が生じる。――世界のゲシュタルト化は、初期とその後とではどのように異なるのか。子どもの発達過程で発生するこれらのより複雑なゲシュタルトの事実の記述は、本書で詳細になされている。しかし、私たちは、子どもの発達過程で発生するゲシュタルトと、生まれつき与えられているゲシュタルトとの、単に事実上の相違ではなく、根本的な相違がどこにあるのかという問題に対する答をいくら望んでもこの書には見いだせない。逆に、著者にとってはこのような根本的な相違は存在せず、事実上の相違にすぎないという印象を受ける。最初から金の卵を産むガチョウは、子どもの全発達期間にわたって不変なのである。ここに、論争全体の中心がある。この観点に立てば、子どもの発達過程において、根本的に新しいものは何も発生しないということ、すでにチンパンジーの心理学、あるいは幼児の意識のなかに存在していなかったものは何もないということに同意しなければならない。

ところが、私たちがいつも話している事実からの抵抗は、私たちが動物心理学の事実の分野から児童心理学の実際的内容の分野に移行する場合に、とくに顕著になる。

## 8　子どもの記憶における随意性の発生

私たちは本章で、ゲシュタルトの原理の批判的検討をそれが児童心理学の事実に一致するか否かという観点からおこない、この原理の応用に関して、何が単純な類推に基づいているのか、何が証明されているのかを明らかにしたい。そしてもっとも重要なことだが、これらの類推およびこれらの証拠の説明価値は何なのかを明らかにしたい。コフカが「子どもとその世界」と称している問題は、本章の基本的テーマとなる。いまや、観念形成学習、思考とことば、遊びの問題が、私たちの検討対象とならねばならない。

私たちは部分的モメント――そのモメントは、私たちの見るところでは一般的意義をもち、それゆえその後に続く分析全体への導入となりうるものである――から始めることにしよう。このモメントは、そればかりか、私たちが前の章で結論を出したテーマと直接結びついている。コフカは、子どもの記憶の発達の問題を論議したついでに、子どもは、最初、自分の想起に受動的であるが、それから徐々にそれを我がものにしはじめ、特定の出来事を随意的に想い起こしはじめるということを述べている。別のところでは、かれはゲシュタルトと知能との関係について述べ、ますます完全で包括的になっていくゲシュタルトの形成が知能の機能なのだということ、したがって、洞察的構造が発生するところにゲシュタルトが生じるのではなく、それは基本的には他の中心に見いだされることを指摘している。

これらの二つの事例には、理論的重要性がきわめて高い問題が含まれている。私たちがこのことを主張する際、私たちは子どもの記憶の発達史にとってきわめて重要なことは、まさに受動的想起から随意的な想起とそれの随意的な活用への移行であるということを考慮している。明らかに、この移行を決定するものは、部分的・偶然的・副次的モメントではない。子どもの記憶の発達における人間に固有なものすべてが、受動的記憶から能動的記憶へのこの移行の問題に焦点化されて、具現する。なぜならこの移行は、意識における過去の再生と結びついたこの機能、この活動の組織化の原理そのものの変化を示しているからである。

次のことを聞いてみたい。――普遍的な有意味のゲシュタルト原理は、子どもの心理生活におけるこの随意性の発生を説明するうえで、どの程度十分であり、有効であるのか？

ゲシュタルトは洞察的構造が発生するところでゲシュタルトが生じるのではないということを認めるとき、私たちには当然、次の問題が起きてくる。――これら洞察的構造と、非洞察的構造とは何が違うのか？　私たちはこう尋ねる。――はたして、洞察的構造の発生は、非洞察的構造の発生や完成と比較して根本的に新しいものを何もともなわないのだろうか？　言いかえれば、私たちは、子どもの心理生活における随意性の問題だけでなく洞察の問題の説明に、ゲシュタルトの原理はどれだけ根拠十分で、有効であるのか、と尋ねているのである。*

＊実際には、ゲシュタルト心理学における高次精神機能の問題全体が対象になっているのである。随意性と洞察力は、精神活動のこれらの高次の形態を特徴づけている個別の特性にすぎない。

私たちがここで取り上げているのは偶然的事例ではなく、原理的に重要なものであるということは、ランダムに選んだ第三の実例からもわかる。この実例は、私たちが子どもの精神発達のどのような分野に取り組もうとも、いたるところで同じ問題に直面するということを示している。コフカは、子どもの数概念の発達を論じるにあたって、「数は、私たちの思考のもっとも完全な見本である」ということを考慮に入れている（『内省と心理学の方法』一九二四年）。

ここで、私たちの思考のもっとも完全な見本を分析するにあたり、研究者の関心の中心に置かれるべきものは、思考なるものを特徴づけている特性であると思われる。コフカは、こう述べている。――対象間の自然の関係にかかわらず、随意的に任意の材料に思考操作をほどこすことができるということが、私たちの思考の特徴である。他の発達諸段階では事情が異なる。事物そのものが、かれらに可能な思考過程を決定するのである。これからの全章はそれら「他の発達段階」にあてられている。

こうして、この章も、数を私たちの思考のもっとも完全な見本であるとするのではなく、発達の初期段階における数を、人間の思考の本質的特徴が欠如しているという観点からその否定的側面を示すことに費やすことになる。

## 9　ことばの意味が果たす役割

私たちは、以上にあげた三通りの事例に基づいて、私たちが関心をもつ問題全体を支配している一つの共通の特性を提示することができると考える。ゲシュタルトの原理は、発達の最初の出発のモメントを説明せねばならないところではどこでも、根拠があることがわかっている。それは何によって数が思考の完全な見本となったのかを明らかにしている。しかし、数がこの原始的なゲシュタルトから、すべての抽象的概念の原型となる抽象概念にどのように転化していったかということについては、ゲシュタルトの原理は説明の範囲外においている。ここでは原理的説明は、一定の順次性の事実的記述、事実の確認に席を譲るのである。

同じようにして、ゲシュタルトの原理は、記憶の発達の源泉についてもみごとに説明している。しかし、記憶のこの原始的ゲシュタルトが、どのようにして能動的な想起のしかたに移行するのかということについては、ゲシュタルトの原理は説明しておらず、再び単に受動的記銘から能動的記銘に移り変わることを確認するにとどまっている。

同じことは、非洞察的構造と洞察的構造との関係についても生じる。一方から他方への転換は、この原理の観点からは未解決の謎として残されている。

このことによって、説明原理とその原理を適用する事実資料とのまったく独特の関係が生み出される。この下から上への解明は、著者を、子どもの発達の早期、初期、有史前の段階を的確に説得的に解明する結果に必然的に導く。だが、発達の経過そのもの、すなわちこれら初期段階の否定、それらの初期段階から発達した思考の段階への転化の過程は説明されないでいる。

これは偶然のことではない。これらの事実すべてが一体となって一つのポイントに突き当たる。私たちはそれを解明しなければ、さらに前へ進むことはできないだろう。このポイントは意味の問題領域にある。

すでに見てきたように、ゲシュタルト心理学はその歴史の道程を有意味性の問題から始めている。しかしこの心理学は、この問題の背後に、心理生活の本能的形態と知的形態、低次の形態と高次の形態、動物的形態と人間的形態、歴史的形態と先史的形態に同じように存在する、原始的・原初的有意味性のみを見いだしている。（人間の）子どもにおけることばと思考の発達過程は、サルの半本能的行動に見いだされた原理を用いて説明されている。

コフカは、ことばの発生の問題に関して、シュテルンの有名な命題を再現している。――知的なことばの発達の初期に、子どもがおこなう最大の発見がある。その発見とはどんな物も名前をもっているということである。かれは、この「子どもの生涯における最大の発見」とサルによる道具の使用との間にビューラーがおこなった類推を取り入れている。かれは、チンパンジーにとって棒は果実を手に入れようとする状況の中に入ってくるように、ことばもまた事物のゲシュタルトの中に入ってくるということを、ビューラーに続いて語っている。

コフカは、子どものおこなう最初の一般化についてもまったく同じように説明している。それによれば、一般化は、子どもがいったん習得したことばを新しいもの、新しい対象に適用するということに表われる。「このような転移をどのように理解すべきか?」とかれは問う。ビューラーが、命名の時期に観察される転移を、チンパンジーにおける転移——たとえばチンパンジーが帽子の縁を棒として使用するような場合——と比較しているのはまったく正しい。問題の説明が求めるべき方向はこのことによって決定される。

ことばの習得とサルによる棒の使用との間でのこのような類推が合法的であるとすれば、コフカのその後の理論構成全体にいかなる反論もできないだろう。しかし、この類推は、もっとよく検討してみると、根本的に誤っており、それとともにこの類推に関連したすべての問題も誤って提起されていることがわかる。この類推の誤りは、この場合にことばにとってもっとも本質的なこと——ことばの心理学的本性を規定する心理学的特徴が無視されているという点にある。言葉は、それなしでは言葉でなくなるもの、すなわち言葉の意味が無視されている。

コフカが幼児期におけることばの発生の説明にゲシュタルトの原理を適用し、子どもにおける最初のことばの操作の意味的性格を指摘しているのは正しい。しかし、かれはサルが直観的事態において棒を獲得する意味と、言葉の意味との間に等号を引いている。このことは私たちには、原則的に非合法的であると思われる。

私たちは、概念による抽象的思考は言葉の意味の助けによってはじめて可能となるという点において、言葉の意味の恩恵を受けているのである。サルには不可能な特別の人間的な活動が可能となるのだが、その活動の本質は、人間が直観的に知覚したもの、視野のゲシュタルトによって規定されるのではなく、思考のみによって規定されるものなのである。

ここでコフカは、発達は感覚から思考への移行のもとでなされるという弁証法的飛躍を見落としている。思考のあらゆる問題が、ゲシュタルト心理学においてはきわめて研究不十分で、ほとんどいたるところで、視覚的ゲシュタルトとの形式的類推に基づいて構築されているのは理由あってのことである。最近、ブルンスウィークがとくに強力に擁護している意見、――ゲシュタルト心理学にとってもっとも困難な問題は意味の問題であるという意見に同意せずにはおれない。この心理学は、言葉特有の意味の問題を、あらゆる行動の非特殊的有意味性の一般的問題に溶かし込んでしまっている。そのために、サルの束縛された行動と思考する人間の自由な行動との、実際にあまりにも明瞭に現われている相違が原理上、無視されているのである。

もう一度繰り返そう。――コフカは、事実を避けて通ったわけではない。現象はきわめて多様であり、ゲシュタルト的説明の枠内におさまらないことをかれは見抜いているが、その事実的事態に原理的意義を与えようとはけっしてせず、そのために事実そのものは、原理による説明から抜け落ち、発達の分析は事態の単なる事実的記述に帰せられているということに、その主張の逆説的性格がある。

ミショットの実験は、ゲシュタルト的知覚それ自体は、なんらかの直観的全体の有意味的知覚と比較してずっと貧弱なものであることを証明した。サンダーの実験は、なんらかの視覚的形象の部分がどのようにして徐々に強まっていき、突然最小限の意味的水準に到達し、一定の意味をもつ全体の部分として知覚されはじめるかを証明した。ビューラーの実験は、子どもの知覚におけるゲシュタルトと意味が、二つのまったく異なる根源から発生することを示した。

実際に、コフカはこれらの実験を十分な説得力に欠けるものと考えている。しかし、事実はビューラーが語っているように、絵の意味的側面を理解する能力のある子どもはすべてが例外なく、ことばの命名機能を習得した子どもであった。そしてすでにことばの理解ができている子どものうち、一人だけがまだ絵を指し示さなかった。このことから、意味とゲシュタルトは、二つのまったく異なる根源から発達すると言わなくてはならないと著者は述べている。

ヘッツェルとヴィヘマイヤーの最近の実験もまた、子どもはことばの記号的機能を習得したときはじめて、絵の意味的知覚をもつようになることを示した。

意味はゲシュタルト的過程を高度に規定し、その過程と密接に絡み合っているので、最終的に統一的有意味的知覚の有機的部分に転化するというブルンスウィークの考えに同意しないわけにはいかない。かれはここに、ゲシュタルト理論の説明可能性が、明らかにその限界となる境界線を見いだすということを十分な根拠をもって語っている。

ケーラー自身もまた、最近の著書の一つで目的と意味とを厳密に区別しているということは注目に値する。かれは、意味を経験的に生じるものと考え、ゲシュタルト理論の機能的原理がこの意味の発生過程で生じるのか、その原理はそこではどのようなはたらきをするのかという問題を、当分の間未解決にとどめている。このきわめて慎重な問題提起は、本質的に、概念・抽象的思考・抽象化、すなわち子どもの精神発達全体の中心にある過程の発達史に関する基本的問題を未解決のままにしている。しかしそれと同時に、このような問題提起は、私たちには、抽象的思考の過程に、私たちが直観的思考の領域で知っているものと同じゲシュタルト以外のものを原理上、何も見ることがない類推の単純な遊びよりはずっと慎重に思われる。後者の問題解決において、サルと人間における原則的に同一のゲシュタルトの過程が、実際には、ケーラー自身が指摘している現実との関係においては、根本的に異なる形態に導くという主張は、まったく不十分な説明にしかなっていない。現実との関係の形態は、文化的な、すなわち人間特有の精神発達の可能性そのものがそれらの形態と直接に結びついているので、少なからず重要である。

意味はその後のすべての問題に対する鍵となるので、もう少し意味の問題について述べよう。

すでに見てきたように、コフカは、意味の問題をあらゆる精神過程の一般的ゲシュタルトと有意味性とに溶かし込んでいる。事実上、意味はゲシュタルトの特殊な要素である。だが、原理上それは、ゲシュタルト的に形成された過程全体から抜き出すことはできない。

ケーラーは、自分の最新の体系的著作のなかで、直接、この問題に直面している。かれは、私たちが直接的経験において、いつも有意味的知覚とかかわっているという正しい命題から出発している。かれが正しく述べているように、私たちは私たちの前にある本を見ていると主張したら、だれも本を見ることはできないと反論できるであろう。それゆえ、かれは感覚と知覚を厳密に区別するように提案している。かれの言葉によれば、私たちはこの言葉が、その対象（本）が属している対象の一定のクラス（類）についての知識を含むかぎり、本を見ることはできない。ケーラーは、それらの意味と目に見えている材料とを区別することを、心理学者の課題とみなしている。一般的に言えば、感覚過程それ自体は、私たちにおよそいかなる対象も提示できない。対象は、感覚的経験が意味と直接的に合流するまでは生じえないのである。

私たちにとってこの問題の総仕上げは、観念論的路線を進む仕上げになるように思われる。ケーラーはただ一つの点で無条件に正しい。そしてこのことは最初から指摘されねばならない。かれは、意味を知覚されたゲシュタルトの感覚的組織との関係で一次的なものと考えようとする理論に反論している点では正しい。かれは、意味は、そのような一次的モメントではなく、個人の発達過程においてはるかに遅く発生すること、ゲシュタルト的知覚は一次的、独立的で、意味よりも原始的な形成物であることを、十分な説得力をもって立証している。ケーラーはこの点では無条件に正しい。

しかし、かれのもっとも重要な誤りが何であるのかを明らかにすることは困難ではない。私たちがたとえ知覚された対象の意味をもっていなかったとしても、私たちはそれら対象を、一定の組織的で、孤立した統一体として知覚し続けるだろうと、かれは主張している。私は、緑色の物を見ると、即座にその色を言うことができる。私は、後になって、この色が鉄道の信号や希望のシンボルとして使用されていることを知るだろう。しかし私は、緑色自体がその意味によって説明されうるものとは思わない。その色は、最初、独立して存在しており、後でのみ、その色に帰属する一定の二次的諸特性を獲得する。あらゆる組織的感覚的統一体は、意味より先に一次的に存在している。ゲシュタルト心理学が擁護しているのは、まさにこの概念である。

しかし知覚が、もちろん意味とは絶対的に無関係であるわけではないことを理解するためには、灰色の色合いの知覚に関する動物の訓練に関し、コフカによって引用されたケーラーの実験を思い出すだけで十分だろう。子どもが、どの色がその色の隣にあるかとは関係なく、色の絶対的性質を知覚しはじめるのは、たぶん、意味の発生によってだけであろう。このように、意味と感覚的ゲシュタルトとの合流は、知覚される対象の感覚的組織そのものをも変化させずにはおかないと、ケーラーは述べている。

ケーラーにとって明らかなことは、物の実際的取り扱いに関する私たちの知識は、それらの物が孤立した全体として存在するとは規定していないということである。しかし、物が、一定の対象的意味をもたずに、このように孤立して存在することはできないことを知るには、サルが別の状況では箱を認知しないという彼自身の実験を思い出すだけで十分であろう。まさに意味的ゲシュタルトの発生によって、動物と人間の現実との関係を本質的に区別する対象の恒常性が生じるのである。

ケーラー自身、この観点に立つとき、感覚的ゲシュタルトが意味とは無関係に孤立して存在することを指摘して、ゲシュタルト原理と鋭く対立せざるをえなくなっている。かれは、物理学において分子を機能的単位として取り出すことができるのと同じように、感覚野において一定の統一体がダイナミックに分離されるということを述べている。周知の通り、ゲシュタルト心理学は、心理学における原子論を打ち砕こうとする試みから始まった。明らかに、ゲシュタルト心理学は、原子を分子に置き換えるために、それをおこなったのである。なぜなら、ケーラーの観点に立つとしたら、知覚される現実は、その意味的意義に依存しない一連の個々に孤立した分子から成り立っているということを認めねばならないからである。

ケーラーは、別の場で、形態がはじめから存在しているなら、それらはたやすく意味を獲得するだろうと率直に語っている。すべての形式的特性をそなえた全体があらかじめ与えられているとしたら、意味はその全体のなかに収まっているようにみえる。したがって、意味には新しいものは何もない。意味は、本来的に与えられた形では存在しないようなものは何も生み出さない。この後でケーラーが、意味の起源を、基本的に再生過程、すなわち本質的に連合的な過程とみなしているのは、驚くにあたらない。

ゲシュタルト心理学が無意味綴りについての実験の批判から始まって、無意味知覚の理論に到達したという事実は注目に値する。連合理論との闘争から始まって、この原理の大勝利で終わっている。というのは、心理生活における人間特有のあらゆることを、連合の原理を用いて説明しようとしているからである。実はケーラー自身が、人間の知覚と動物の知覚とを区別しているのは、意味の存在であることを認めている。したがって、意味がその起源を連合過程に負うとしたら、連合過程が人間特有のあらゆる活動形態の基礎におかれることになろう。意味は単に思い出され、再生され、連合によって再生産されるだけのものなのである。

ここでケーラー自身は、ゲシュタルト原理を変革し、かれが最初に闘っていた意味の理論に完全に立ち返る。ケーラーは、原理の問題を検討するとそのようになると主張している。しかし、現実における私たちの知覚と意味は、不可分に融合している。このように、原理と現実は合致しない。ゲシュタルト心理学は、分析的抽象的性格をもつようになる。それは私たちが直接的経験のなかで実際に直面する、直接的で生き生きした、素朴な、有意味的体験から私たちを大きく引き離すものである。

一方、ケーラー自身は、大人の健常者の場合、意味とのこのような融合から解放されることはありえないことがわかっている。かれは、クリスの観念論の公式（明瞭に観念論的な公式）に、真実が含まれていることも知っている。この公式は、意味は感覚を事物に転化させるものであり、したがって、対象の意識の発生は直接、意味と結びついていると、述べている。かれは、意味が直観的状況と結びついている以上、視野に局在化しているように見えるということも知っている。それとともに、かれはコフカと同じ次のような立場に立とうとしている。すなわちかれは、意味との比較において、ゲシュタルトが本源的・原初的・原始的であることを証明することによって、ゲシュタルトの優位性、それの支配的意義を主張できると考えている。

ところが、事実はちょうどその逆である。まさに、ゲシュタルトはなんらかの原始的で原初的なものであるがゆえに、それは人間に固有の活動形態を説明するための決定的モメントとはなりえないのである。ケーラーがどんな視知覚でも一定のゲシュタルトに組織されると述べているのは、まったく正しい。かれは星座のゲシュタルトを例にあげている。しかしこの例は、私たちには、かれとは反対のことを言っているように思われる。カシオペア座は、もちろんこのようなゲシュタルトの例になりうる。しかし、直接知覚されるものと意味とを結びつける天文学者にとっての空と、天文学を知らない人間にとっての空とは、もちろんまったく異質のゲシュタルトである。

私たちは、ここで中心的意義をもつ問題にふれた以上、コフカの観点と子どもの知覚とを対置するために、子どもの知覚の発達史に関する一般的見解を述べないわけにはいかない。私たちには、この見解は、単純な比較を用いるともっともうまく表現できると思われる。駒が並べられているチェス盤を、いろいろな人、すなわちチェスを指すことのできない人、チェスを始めたばかりの人、チェスの中級の指し手、優れた指し手が、どのように知覚するかを比較してみよう。これら四人の人間が、チェス盤に対してまったく異なる見方をしていることは、確信をもって言える。チェスができない人は、駒のゲシュタルトをそれらの駒の外的特徴の観点から知覚するだろう。駒の意味、それら駒の相互の配置、および相互の関係がかれの視野から完全に抜け落ちている。その同じ盤が、駒の意味と駒の指し方を知っている人にはまったく別のゲシュタルトで現われる。かれにとって、盤の一部は地《じ》となり、他の部分が図として抜き出される。チェスの中級の指し手はそれとは異なる見方をし、優れた指し手はまた別の見方で見るだろう。

この種のことは、子どもの知覚の発達過程においても生じる。意味は、世界の有意味的構図の発生をもたらす。ビネーが調査したチェスの選手たちの一人——その選手はビネーにルーク〔城の形をしたチェスの駒——訳者〕を直進力、ビショップを斜めに進む力であると知覚していると伝えた——とまったく同じように、子どもも、思考の要素を自分の直接的知覚に取り入れることによって、物事を、まさにその意味的性質において知覚しはじめるのである。

私たちが知覚に関して、このこととコフカの書物で読んだこととを比較してみると、コフカが、子どもの知覚の発達史に関して、反対の純粋に自然主義的な見解をどんなに力を入れて擁護しようとしているかを見ないわけにはいかない。そのため、かれにとって、知覚の発達の全史は、整然と一列に並べられ、色の知覚に始まって、私たちがそれによって現実を知覚し、意味づけするためのカテゴリーで終了するものとなる。

私たちは、コフカがここで採っている路線についての理解や、この路線がなぜ誤っているかということについての理解を得るために、これら二つの極端な場合を検討してみよう。

コフカは、色彩の知覚のゲシュタルトにおいて、色彩概念の発生が果たす決定的役割に関するピーターズの実験に異論を唱えている。しかしかれは、最近の出版物でこの問題に戻り、それを再検討しなければならないとしている。ピーターズは、自分の実験に基づいて問題をたしかに正しく提起している。かれは、年長児童における色彩知覚の発達が、単なる生得的感覚機能の漸進的発展ではなく、それら機能の形態学的実体でもないことを明らかにしている。かれの言葉によれば、それらの機能は、感覚領域において形成される知覚、再生、思考のいわゆる高次の知的過程に基づいている。知覚は、感覚のみによって規定される。色の名前についての知識は、感覚的成分より強くなりうる。色の名前が同一のものは、子どもに対して、その色を同一のカテゴリーに入れるように仕向ける。

コフカはすでに述べたように、色彩知覚に関する言語的-知覚機能の発達についてのこのような理論に、最初に鋭い異論を唱えた。かれは、ピーターズが色彩の知覚と比較に及ぼす命名の影響を真に明らかにしたが、私たちは、知覚や比較を、低次の不変の感覚過程に加わる高次のあれこれの過程とみなすべきではなく、その諸成分や感覚の質をそれ自体で規定するゲシュタルト的過程ととらえねばならないと述べている。

しかし、色の名前の記憶喪失に関するゲルプとゴールトシュタインの著作が出版された後では、コフカはピーターズの実験についてのこのような解釈を、不十分なものだとみなしている。ゲルプとゴールトシュタインによれば、ことばは知覚に特別の影響を与える。かれらは知覚をカテゴリー的行為と呼んでいる。カテゴリー的行為においては、たとえば何かの色は直観的に与えられた結合から自由になると、単に特定の色彩カテゴリーの代表として、たとえば赤、黄、青などの代表として知覚される。ここで問題にしているのは、色彩とその名称の単なる結合ではない。

コフカは、自分の著書の数カ所でのみ——たったいまそのことにふれたように——知覚に対することばの特別の影響を認める譲歩をしている。実際のところかれは、いたるところで非ゲシュタルト性に立脚し、ことばは知覚そのものの過程になんの変化も起こさずに、他のゲシュタルトとならんで、ゲシュタルトの特殊なタイプとして生じるということを認めている。このように、かれは、ビューラーに続いて、知覚のゲシュタルトの恒常性が、私たちの概念に匹敵するものを形成することを認める気になっている。したがって、かれは、私たちが動物にはないことを見てきた対象の恒常性と、動物のもっている形態知覚の恒常性とが、原理的に同等のものであるという観点に立っている。

コフカは、知覚と思考において生じるカテゴリー（対象性、質、行為）を検討し、それらも簡単なゲシュタルトとして発生し、原理的には、原始的ゲシュタルトとなんら異なっていないという結論に達している。しかし、私たちの実験は、子どもによる絵の知覚に関するこれらの段階は、子どもが絵の内容をことばによって伝えるか、あるいは絵に描かれていることをドラマ的に説明するかによって本質的に変わることを明らかにした。

子どもは、前者の場合、具体性の段階の明白な徴候を示す。すなわち、絵に描かれている個々のことを列挙するのに対して、後者のケースでは、全体としての内容を伝えている。すなわち、絵に描かれている出来事を説明するのである。私たちには、このことに知覚に対することば特有の影響の直接的証拠を見いださざるをえないと思われる。そのことは、おそらくコフカ自身が言及している児童の絵の歴史にも反映しているだろう。

実際に、ビューラーが、子どもはゲシュタルトと有意味な絵を異なるしかたで知覚することを示したのに対して、フォルケルトは、子ども自身が無意味な形については有意味な対象とは根本的に異なる描き方をすることを示すのに成功した。子どもは、有意味な物については、言葉を絵に翻訳することによって図式的に描く。描かれる物と描いた絵そのものとの間に、対象の特定の意味に関する言葉が差し挟まれる。子どもは、直接に触れ、知覚した無意味な形状を伝えるときには、まったく別の経路をたどり、この形状について直接感じたことを伝えるのである。

これらの一切合切が、偶然ではないと私たちには思われる。ゲルプの言葉によれば、動物にとっては周囲の環境（Umwelt）のみが存在するのに対して、人間にとっては、世界（Welt）についての表象が生じるのである。世界についてのこの表象の発生史は、人間による実践とその実践において生じる対象の直接的知覚から解放された意味と概念とを始まりとする。

それゆえに意味の問題の正しい解決は、次に述べるすべてをも規定する。現代の動物心理学が明らかにしているように、動物にとって世界は実際には存在しない。周囲の環境刺激は、動物を世界から隔てる強固な壁を形成し、動物から残りの異国の世界すべてを隠す、まるで独特な家の石壁のような中に動物を閉じ込めるのである。子どもの場合は原理的に異なっている。

コフカは、子どもにとって最初の命名は、原則としてすでに名づけられる物の性質であると述べている。しかし、物のこの新しい性質の発生は、この新しい性質が生じる前から存在した物のゲシュタルトそのものをも変化させずにおくことはおそらくできないだろう。最初の命名からすでにまったく新しい過程、すなわち一般化の過程を内包している。周知のように、もっとも単純な一般化にも、ジグザグの形の、現実から離れる抽象過程、「一片の空想」（レーニン）が含まれているのである。

ジェームズは、動物の人間との心理学的相違の一つは想像性の欠如であると、正しく述べている。動物は、具体的事実より上にはほとんど達しない紋切り型の思考に永遠に隷属していると、ジェームズは言う。きわめて平凡な人間が犬の心に移り住むことができたとしたら、人間はそこに支配している想像性の完全な欠如に戦慄するだろう。思考は、頭の中にその考えと似てはいないが、隣接する派生的な考えを呼び起こす。日没は英雄の死のことではなかったら、夕食の時間だということを想起させるだろう。人間は形而上学的思弁のできる唯一の動物であるという理由はこのことにある。宇宙がなぜ、現在のようなものなのか不思議に思うには、それが現在の姿とは異なることもありうるということを理解していなければならない。実際にあることを可能性に、そのありふれた現実的結果を現実の事実から想像に転化することは考えもつかない動物は、けっして自分の頭の中に概念を形成することはできない。動物は世界を単に所与のものとみなし、奇異の念をもって世界を見ることはけっしてないと、ジェームズは述べている。

ジェームズが実施の提案をしている犬の心に移り住む思考実験は、実際には、コフカがサルの行動に見いだした原理を子どもの発達全体に適用することによって、理論的に成し遂げている。それゆえ、コフカの言葉によれば、私たちを現実の直接的支配から解放することに基づく、観念形成学習の本質そのものは、この現実を支配する力を私たちに掌握させるものであり、コフカ自身の基本原理に矛盾するということは驚くにあたらない。

## 10　ゲシュタルト原理の適用のあり方

この場合、ゲシュタルト的観点の一面性の克服は、個々の要素の無構造的・原子論的・無秩序の集積に逆戻りすることを意味しない。ゲシュタルトの原理は、理論的思想の偉大な確固たる成果としてとどまる。そして私たちは、子どもの発達の説明にこの原理を適用することを批判するとき、コフカによって否定されている対立的原理が正しいと言おうとは思わない。私たちは、前ゲシュタルト的原理に逆戻りしてはならず、ゲシュタルトの原理に立脚しつつ、そこから前進しなければならない。

ゲシュタルトの原理は、子どもの発達の事実に適用することが間違っているというよりも、不十分で条件づきの、限られたものである。なぜなら、それは子どもの発達について、人間に特有ではない、人間と動物に共通するものだけをあばき出すからである。それゆえ、児童心理学にこの原理を適用することの主要な方法論的誤りは、その不正確さにあるのではなく、それがあまりにも普遍的なものであり、それがために、人間の発達のほかには見られない固有の特性を、そのようなものとして明らかにするには不十分だからである。

私たちが繰り返し示そうとしてきたように、著者の論拠が破綻しているところではどこでも、彼自身の原理の首尾一貫した遂行との自家撞着に陥っている。ゲシュタルトの原理の本質そのものは、子どもの発達過程において生じる新しいゲシュタルトが表面に浮遊しているものではなく、発達が始まる前に存在している原始的、原初的なものと融合しない孤立したものでもないと仮定せざるをえない。

要するに、この原理を適用するときに現われるもっとも本質的な食い違いは、新しい原理をゲシュタルトの外にではなく、ゲシュタルトそのものの中に求めることだけにある。なぜなら鶏の知覚と、人間の思考の完全なモデルとなる数学の演算が同じゲシュタルトであるとするなら、その区別をさせようとしない原理そのものが、発達の行程や過程において生じる新しいものを明らかにするには、不十分で、ダイナミックさに欠けることが明らかだからである。

ゲシュタルトの原理は、私たちがすでに述べてきたように、子どもの発達の全期間にわたって止揚するかたちで維持される。私たちの批判的検討の課題は、この原理を拒否したり、この原理を対立する原理に置き換えたりすることではなく、その普遍的な、無差別な適用を拒否することにある。この原理は、本能にも数学的思考にも同じ程度に適用されるがゆえに、非特殊的、反歴史的である。子どもの精神発達をゲシュタルトの原理より上に引き上げるものを探す必要がある。精神発達に関する、人間に特有の高次の歴史的基礎の心理学に進まねばならない。

そうすることで、ゲシュタルトの原理の真実が再びその誤解を私たちが克服するのに役立たねばならない。

## 11　成熟と発達と教授–学習

私たちには、いまや前におこなった批評をいくらか一般化し、一つにまとめることだけが残っている。私たちには、コフカの著作で出会っている発達の問題の一般的定義を検討することが残っている。すでに述べたことからわかるように、この問題の解決におけるコフカの主要な方法論的欠陥は、私たちが批判的検討をしはじめた基本的問題に対して、コフカのゲシュタルトの原理が不満足な答しか与えていないことにある。

私たちは、かれが、精神発達の過程において新形成物がどのようにして可能となるのかという問題から始めたことを思い出す。これは、たしかに発達を説明しようとするあらゆる理論にとっての試金石である。そしてコフカが立っている観点からは、まさにその新形成物ができないとわかったということが、私たちの研究のもっとも本質的な成果である。私たちが示そうとしてきたことは、――もはやそれをいくらかでも詳細に繰り返す必要はないが、――ゲシュタルトの原理の適用は、児童心理学と動物心理学とを共通の分母で通分することを意味し、したがって歴史的なものと生物学的なものとの間の境界線を除去することは、事実上新形成物を認めないことを意味するということであった。

ゲシュタルトが幼児の意識に最初から与えられているなら、その後の発達の過程で生じるあらゆるものが、単にはじめからのゲシュタルト的テーマの新しい事実的変種にほかならないのなら、それは、発達の過程において根本的に新しいものは何も生じず、最初から所与の原理が、単純な増殖により、ゲシュタルトの心理学的本性に基づいて、事実的には異なっているが原理上は同一のものを生み出すことを意味している。

コフカは、発達に関する問題をどのように提起しているのか？

読者は容易にお気づきのように、コフカは、二つの基本的な発達形態を区別している。かれは、この過程を分解し、成熟としての発達と、教授–学習としての発達とに区別している。たしかに、かれはこれら二通りの形成物の間に存在する相互影響や相互依存性を再三検討している。しかし、成熟と教授–学習とのこの相互依存性は、コフカによる事態の事実的立証の局面でいたるところに現われるが、私たちは子どもの発達の過程で統一的発達過程のこれら二つの側面をどのように理解しなければならないかという問題の原理的解決をどこにも見いださない。

実際には、その統一的発達過程はこの場合、二つの過程に分けられ、私たちは、コフカにおいて、原理上、子どもの発達に関する二元論的アプローチに出会う。成熟と教授–学習との相互影響において、支配的で優位な、指導的で決定的なものは何も見られない。両方の過程は、子どもの意識の発生の歴史に、対等に、対等の原理でかかわっている。たしかにここでもコフカは、事実的には学習によって生じる形成物の方に常により大きな意義があると、繰り返し指摘している。しかし、またもやこの事実的事態は、事実の原理的解明に転化することはないのである。

成熟の原理それ自体は、子どもの発達の自然主義的理論の基礎であることについては、おそらく特別な証明を必要としないだろう。それゆえ，問題の第二の側面，すなわち教授‐学習の問題を検討しよう。コフカは教師たちに著書をささげているが，その一方で，教授‐学習を，子どもの発達の初期段階だけを，すなわち就学前に出会う形態だけを検討しているという事実は，注目すべきことである。かれは，発達を，もっとも原始的な発現形態において取り上げるときに，純粋なかたちで発達の意義を決定できると，しばしば語っている。しかし原始的なものによって高度なものを説明しようとするその試みは，下から上への道筋を意味し，それは私たちがコフカ理論全体の中心的欠陥の一つとしてすでに述べたことである。

コフカの著書には，かれ自身の言葉によれば，「主として就学前児童について取り上げる。一見したところ，それは教師にはあまり関心がないと思われるかもしれない。しかしそれは，教師が学校で扱う発達の問題は，生活の最初から人間の精神に発生するということを示したかったのであり，そこで発達の始まりを詳細に研究することを自分の目的としたのである。きわめて幼い子どもの教授‐学習がどういうものであるかということについて，もっとも重要な事実を用いて科学的説明をすることに成功したなら，教師は学習過程の理解と組織化にそれを適用することができるだろう。しかし，教授‐学習の原始的形態に取り組み，その原初的形態を研究すれば，教授‐学習の本質を規定することが多くの点で容易になるだろう」（一九二四年）。

コフカが発達の始まりをもっとも原始的形態において研究することを自分の課題としている事実は，偶然ではない。私たちは，かれの説明原理の方法論的性質そのものに従って，かれの基本的観念に照らして適切に描き出すことができるのは，発達の始まりのみ，その出発のモメントのみであることを見てきた。それゆえ，ゲシュタルト心理学がこれまでに思考の理論を検討してこなかった（その基本的構えを根本的に変えなければ，おそらく検討することはできないだろう）のは理由あってのことである。コフカの著作全体における最高の章は，幼児の意識に関する章であるということも偶然ではない。ここでのみ，ゲシュタルトの原理は最高の勝利を獲得し，ここで最高の理論的成功を収めるのである。

私たちには、発達の初期段階の意義を否定する考えは毛頭ない。私たちは、逆にコフカの著作の最重要の意義を、学校での教授–学習と就学前におこなわれる教授–学習との間にかれが鋭い境界線を引いているということに見たいと思っている。さらに私たちは、教授–学習と発達との関係に関するコフカの概念が、発達についての学説そのものを新しく——革命的に——提起していることを見ないわけにはいかない。

実際に以前に、私たちは、動物心理学の分野におけるゲシュタルト心理学の観念と、ソーンダイクの観念との闘いについて述べた。コフカの著作の意義とその欠陥とを正しく理解するには、ゲシュタルト心理学がもたらした新しいものすべてを見ることができるように、この闘いを教育心理学の局面に移さなければならない。

周知の通り、ソーンダイクは、かれの動物実験の基礎にある観念を論理的に発展させて、十分に明確な学習理論に到達した。コフカの書物はこの理論を断固たる態度で打ち倒し、そのことによって、誤った、偏った観念から私たちを解放した。ここで決定的な問題であったのは、「形式陶冶」に関する古くからの問題である。生徒たちが日々おこなっている特殊的反応がかれらの知的能力全体をどれだけ発達させるかという問題は、教科の一般的教育的意義についての問題、手短に言えば、形式陶冶についての問題であると、ソーンダイクは述べている。たとえば、ソーンダイクは、正確な計算に習熟することが、計算書の入念な作成、計量や測り分け、小話をする能力、友人の性格についての判断にどの程度影響を与えるだろうかと、問うている。幾何の定理を推測によって解決したり、暗記によって覚え込もうとする代わりに、その定理の理にかなった証明に習熟することが、論理的・意識的に政治的論証に臨んだり、宗教的信仰を選択する能力に、あるいはまた結婚すべきかどうかという問題の的確な解決にどの程度影響するだろうか？

ソーンダイクが示している問題の否定的な解決のしかたが、このようなジョーク風の問題提起にきわめて明瞭に表わされている。ごく普通の解答は、一つ一つの特殊な発達形態の部分的獲得が、直接的に、均等に一般的能力を改善することを認めるのに対して、ソーンダイクは正反対の答を出している。かれは、知的能力はそれが特定の教材についての特別の教授–学習を受ける、その程度に応じてのみ発達するということを指摘している。ソーンダイクは、もっとも基礎的、原始的な機能に対して実施された一連の実験に基づいて、能力の専門化は表面的な観察によって思われるものよりずっと大きいことを示している。かれは、特別の教授–学習は、教授–学習過程に、同一の要素、同一の材料、操作そのものの同一の性格が含まれているかぎりにおいてのみ、特定の効力をもち、一般的発達に影響を与えると考えている。

しかし、かれは、教授–学習の対象それ自体が、何か不思議なしかたで意識を意識全体として発達させると信じることを拒否している。個々の活動はすべてその断片を全体の蓄えに加えるのだと語っている。知能や性格は、習慣の法則の影響のもとで特定の部分的観念・行為を形成することによって強化されるのであり、何か簡単に、微妙に変形することによるのではない。今日も明日もいつでも些細なもめ事があるたびに、自己を抑制すること以外に、自制心を学ぶ手段はない。だれも真実を語る以外には正直者になれない。そして負わされた義務をすべて果たすことによる以外にだれも誠実になれない。規律正しい知能と意志の価値は、習慣形成への絶えざる用心である。

ソーンダイクの考えによれば、習慣は私たちを制御する。意識を発達させることは、部分的な、互いに独立した能力の集合を発達させ、部分的習慣の集合を形成することを意味する。なぜなら、それぞれの能力の活動は、その能力が操作する材料に左右されるからである。意識の一つの機能やその活動の一側面の改善は、あれこれの機能や活動に共通な要素が存在するかぎりにおいてのみ、他の機能・側面の発達に影響を与えることができる。

コフカの理論は、教授–学習過程に関するこの機械論的観点から私たちを解放してくれる。かれは、教授–学習はけっして特殊的なものではなく、あるなんらかの領域におけるゲシュタルトの形成が、他の領域においても必然的にゲシュタルトの機能の発達を容易なものにするということを、明らかにしている。しかしコフカは、教授–学習は発達であるというソーンダイクの命題を完全に維持している。その相違点は、単に、ソーンダイクが教授–学習を習慣形成に還元し、コフカがゲシュタルトの形成に還元している点だけにある。

しかし次のような思想——すなわち教授–学習過程は、そもそも、発達過程とはこれとは別のはるかに複雑な関係にあること、発達は内的性格をもっていること、成熟と教授‐学習の影響が一つに合流するような統一的過程であること、この過程は自己運動の内的法則を有していること――このような思想は、両方の理論から同じようにかけ離れている。

それゆえ、コフカが、教授‐学習において、人間に固有な意識の特質の発生に関連した問題をすべて回避しているのは驚くにあたらない。かれは、私たちの思考にとって可能で理解しやすいかたちでの現実からの解放が、私たちの文化に固有の成果であると述べている。

しかし、ゲシュタルトの原理は、現実の直接的知覚から解放するこのような道ではなく、現実を知覚する際の直観的ゲシュタルトに私たちの各ステップが従属することを認める道を示すことを指向している。

## 12　コフカの遊びと二つの世界の理論

コフカの命題を正しく評価するための試金石となりうる二つの問題がある。第一は、遊びの問題であり、第二の問題は、第一のものと関連するが、子どもが生きている特有の世界の問題である。

遊びは、観念形成的行動の始まりがまさに遊びの特徴であるがゆえに、ゲシュタルト理論の試金石である。子どもの遊戯活動は実際の知覚の外で――想像的状況のなかで経過する。コフカが、この意味において、遊びの意義に関するグロースの理論の再検討を要求し、遊びは、言葉の本来の意味で動物にもごく幼い子どもにも見られないことを指摘しているのは、まったく正しい。ここでは、かれの心理学的センスが事実と諸事実間の真の境界を正しく見ることに役立っている。しかし、グロース理論の否定は、またもや原理上の根拠に基づいてなされてはいない。かれは、この理論をその自然主義的性格のために否定しているのではなく、それを、別の同じ程度に自然主義的な理論に代えようとしているのである。

それゆえ、コフカが、結局かれ自身の出発点となった立場と矛盾するように見える、奇妙で意外な結論に達しているのは驚くにあたらない。かれ自身が、子どもの説明の不可解な性格に関するピアジェの見解を十分な正当性をもって拒否し、子どもに見られるリアリズムに直接関連した自然主義的説明の傾向を指摘している。さらにかれは、子どもの自己中心性が現象的性格ではなく機能的性格をもっていることを、正しく指摘している。しかしそれと同時に、かれが、レヴィ-ブリュールによる原始的知覚の不可解な性格についての命題は、子どもの知覚にも当てはまると主張しているのは、このことと激しく矛盾している。かれは、宗教的体験も、内面的には子どもの世界のゲシュタルトに近いと主張しようとしている。

子どもたちが大人たちから模倣し、内面的には子どもの世界に近い一つの分野が存在すると、かれは述べている。かれは宗教のことを考えているのである。

周知のように、コフカの基本思想は、子どもには二つの世界、すなわち大人の世界と子ども自身の世界とがあるということである。子どもが大人たちの世界から見習うことは、子ども自身の世界と内面的に類似しているにちがいない。宗教およびそれと結びついた体験は、子どもがその内的世界に取り入れる大人の世界の要素でもある。

コフカは、子どものおもちゃの扱い方を説明する場合のその理論を、子どもの遊びにも適用しようとする。子どもが木片で遊ぶことができ、その木片を生き物のように扱うという事実、そしてしばらくして、子どもをこの活動から引き離すなら、子どもはそれを砕いたり、火の中に投げ込んだりするだろうという事実は、この木片が二つの異なるゲシュタルトに入っていることによって説明される。子どもの内的世界においては、この木片は生命があるとみなされる対象であるが、大人の世界においては、それは単に木片にすぎない。同じ対象を扱う二つの異なるやり方は、それが二つのゲシュタルトに入っていることから生じる。

この種の子どもの遊戯理論以上に、事実を大きく歪曲したものを想像することはむずかしい。なにしろ、子どもの遊びの本質そのものが、想像的状況の創出、すなわち子どもの行動全体を変形し、子どもに、外見的状況ではなく、想像上だけ、考えただけの状況によって自分の行為や振る舞いを決めさせるような一定の有意味野の創出なのである。

その想像的状況の内容は、それが常に大人の世界から生じるものであることを示している。

私たちは、すでに一度、この二つの世界——子どもの世界と大人の世界——の理論と、そこから生じる、子どもの意識に同時に共存する二つの心の理論を詳細に検討する機会があった。いまや私たちは、この理論がコフカの述べている発達の一般的概念にとって意味するものが何かを指摘しておくだけにしよう。

このような概念に従い、コフカの場合、子どもの発達そのものを、子どもの世界を大人の世界に機械的に置き換えて描いているように、私たちには思われる。このような理解は、子どもは大人の世界と敵対しながら、その大人の世界のなかで育っていくこと、子どもは自分の世界で自己形成すること、大人の世界から生じたゲシュタルトは単に子どものゲシュタルトに取って代わり、その席に着くことになるといった結論に不可避的に到達する。発達は、ピアジェの理論により、私たちにとってあまりにも有名な、置き換えと交替の過程に転化する。

## 13　ゲシュタルトの原理の弁証法的否定

このことによって、子どもの発達の全性格は、いちじるしく奇妙な特徴を獲得する。私たちは終わりに臨んで、この点について検討しなければならない。

最初、子どもには、きわめて限定された大きさのゲシュタルトが存在する。コフカは、私たちが子どもたちの行為をそれが属している現象のゲシュタルトの大きさの観点から考察するとき、なによりも心理学的に遊びを理解できるだろうと考えている。そうすれば、子どもは最初の時期には、直接的に遂行される行為を上回るような大きな時間的ゲシュタルトを、一般に創出することはできないことが明らかになる。

したがってここでは、コフカが主張しているように、行為の個々の集合体すべてが互いに独立し、均等で同等である。しかし、子どもは徐々に時間的ゲシュタルトも創りはじめる。そして今や、これらの相異なるゲシュタルトが互いに独自の影響を与え合わずに、並列しているということが特徴的である。互いに異なるゲシュタルトの相対的独立は、拡大していって、子どもの世界と大人の世界というこれら二つの大きな集合になるだけではない。その相対的独立はまた、それらの集合のそれぞれの内部での個々の依存性についてもまた言えることである。

コフカが子どもの発達過程をどの程度まで無構造的に描き出しているかを見るには、この叙述を引用すれば十分である。最初は個々の分子構造が生じる。それらは互いに独立し、互いに並列して存在する。発達とは、これらゲシュタルト（構造）の範囲や大きさが変化することである。このようにして、発達の初期には再び、無秩序の分子の混沌とした状態があり、次にはその状態から統合を通して現実との統一的関係が生じる。

驚くべきこと。私たちは、ケーラーがどのようにして原子論を完膚なきまでに論破し、原子を、独立し、孤立した分子に置き換えたかを、以上に見てきた。私たちは、いま同じことを見ている。最初のゲシュタルトの断片的性質と、これらのゲシュタルトの大きさの拡大が、コフカの観念のなかで子どもの発達過程を描いている二つの決定的モメントなのである。しかしこのことは結局、ソーンダイクの扱った個々の要素的な行為が、体験やゲシュタルトのより複雑な複合体に置き換えられたにすぎない。すなわち単位が変わり、それが大きくなり、原子が分子に置き換えられたが、発達の行程は同じなのである。

再び私たちは、コフカがゲシュタルトの原理と矛盾した立場になり、その原理を変更していること、かれの叙述に本質的には発達過程が無構造的に見えていることを見いだす。すべてがゲシュタルトから発生し、成長するというのは正しい。それは疑問の余地がないほど立証されている。しかし、どのように成長するのか？　明らかになったところによれば、これらのゲシュタルトの規模の拡大を通して、最初から存在している断片的性質の克服を通してなのである。すでに述べたように、発達の出発点は、ゲシュタルト心理学の大勝利である。発達の始まりは、その後の道程全体を支配する。発達の高次の形態は、この心理学にとって閉じた本である。

それゆえ、私たちはいま、私たちの研究の主要な成果として、終わりに出会う状況に驚かされることはないだろう。私たちは、機械論の克服が、コフカの場合、主知主義的原理の導入を通して達成されるのを見てきた。コフカはゲシュタルトをはじめから存在していると認め、機械論を生気論に譲歩することによって克服する一方、生気論を機械論に譲歩することによって克服している。なぜなら機械論は、私たちが見てきたように、人間を機械に還元するだけでなく、人間を動物に還元することを意味しているからである。かれは、ベルゼブル魔王の名において悪魔を追放し、悪魔の名においてベルゼブル魔王を追放する。

発達とは、かれの研究においては、自己運動ではなく、交替と置き換えである。発達は統一的過程ではなく、成熟と教授–学習から成り立っている二元的過程である。発達をもたらす教授–学習そのものが、純粋に主知主義的に説明される。経験論者にとって、教授–学習は記銘と習慣形成から成り立っているのに対して、コフカにとっては、教授–学習は、かれが飽くことなく繰り返しているように、問題解決、知的行為を意味する。チンパンジーの知的行為は、人間の子どもの学習と発達すべてにとっての鍵である。コフカは、同じ原理を前知的・原始的・本能的反応のなかにも見いだしているという理由で、その主知主義を非知性化しようとしている。

しかし、本能は知能に照らして明らかにされ、知能は本能の鍵によって開けられるという結果に導くこの隠れた主知主義を、私たちが上で試みてきたやり方で解明するとき、私たちは心理生気論と機械論とに同時に直面するということに、おそらく疑問の余地はないだろう。

コフカは、私たちがすでに上で述べたように、両方の理論の根拠のなさを知り、両者を避けようと考えて、それらの中途の中間的立場をとる。しかし、私たちが見てきたように、ゲシュタルトの断片的性質は、結局のところかれの著作全体の結末に矛盾する。そこで述べていることによれば、この著作のなかでは、精神発達の本質が、個々の要素の統合としてではなく、ゲシュタルトの形成と完成として私たちに提示されている。

私たちが見てきたように、ゲシュタルトの断片的性質は、発達のはじめに存在する。そしてこれら構造–分子は、全体構造に統合される。発達のこのような概念は、結局、発達を生得的ゲシュタルトの修正・実現・結合とみなすことに帰着する。ゲシュタルトははじめから存在しているものである。そしてコフカはその運動をゲシュタルトの的確さ、継続時間、分化の成長であると説明している。すなわち、かれは発達を「より大きい、より小さい」というカテゴリーに入れてしまう。

それゆえ、私たちの研究は、ゲシュタルトが精神発達の一般的原理として適しているかという問題に対して否定的な解答しかできないという結論にいたる。ゲシュタルトの原理に基づくときは、その局限性を克服しなければならない。またそれが真に証明している程度に関しては、その証拠は、発達の行程において特有でないもの、二次的位置に押しやられたもの、人間の子どもの先史的なもののみをとらえているということを示さなければならない。コフカは、子どもの発達の事実的行程をゲシュタルトの原理によって明らかにしようとするところでは、形式的な類推に頼り、すべてをゲシュタルト性に導き入れている。そして本質的には、かれ自身の告白によれば、発達の始まりのみを解明しているのである。

それゆえ、人間に特有の意識の、高度の特質の発生と発達を探究すべきである。そしてまず最初に、言葉および概念とともに、言葉を通して、概念を通して発生する人間の意識の有意味性を探究すべきである。言いかえれば、児童心理学の歴史的観念を探究すべきである。

私たちはこの途上で、ゲシュタルト心理学には発達それ自体が欠如しているとはいえ、この心理学を避けて通ることはできないということは容易に見て取れる。なぜならコフカの著書における児童の発達に関する叙述は私たちに次のことを示しているからである。――フランスの諺によれば、すべての変化が大きければ大きいほど、それだけ多く同じもの、すなわち最初から存在しているその同じゲシュタルトが残る。それにもかかわらず、ゲシュタルトの原理は、歴史的には、私たちの科学の発展過程において、この原理に取って代わられた概念よりも進歩的である。それゆえ私たちは、児童心理学の歴史的観念への途上でゲシュタルトの原理を弁証法的に否定しなければならない。このことは、同時にそれを維持し、克服することを意味する。

私たちは、人間の意識の有意味性の問題を、新しいやり方で解決するよう努めねばならない。それはその名前を通してのみ意味するものを想起するということである。スピノザの表現によれば、星座の大犬座が、犬、吠える動物を想起させるように、ゲシュタルト心理学は有意味性から始まり、有意味性で終わるのである。

# 第5章　子どもの文化的発達の問題

自然の永遠の法則は、ますます
歴史的法則に転化しつつある。

## 1 問題

子どもはその発達において、文化的経験の内容だけでなく、文化的行動の方法と形式、文化的思考様式を習得する。子どもの行動の発達には、したがって、二つの基本路線がある。その一つは、子どもの肉体的成長・成熟と緊密に結びついた行動の自然的発達の路線であり、もう一つは、心理機能の文化的発達、新しい思考様式の形成、行動の文化的手段習得の路線である。

たとえば、年長の子どもは、年少の子どもよりも二つのまったく異なる原因によってより上手に、より多くのことを記銘する。この期間に記銘の過程は一定の発達をとげ、より高い段階に上ったのである。しかし、その記憶の発達は、二つの路線のうちのどの路線でおこなわれたのか。——それは心理学的分析によってのみ明らかにすることができる。

子どもは、もしかしたら、記憶の基礎に横たわる神経心理的過程が発達し、改善されたために、この過程の有機的基礎、つまり子どもの「記憶機能」が発達したがために、よりうまく記銘したのかもしれない。しかし、その発達は、まったく別の道をたどったということもありうる。記憶の有機体的基礎もしくは記憶機能は、この期間に本質的には変化せず、記銘の方法そのものが発達したのかもしれない。子どもは、自分の記憶をよりうまく利用することを覚えたのかもしれない。記銘の記憶術的方法——とりわけ、記号を使って記銘する方法を習得したのかもしれない。

実際には、常に発達の両路線が明らかにされることだろう。なぜなら、年長の子どもは、年少の子どもよりたくさん記銘するだけでなく、違った方法で記銘するのだからである。発達の過程では、常に行動形態の質的変化が起こり、ある形態から他の形態への転化が生じる。地図とか図面、あるいは図式を使って記銘する子どもは、このような文化的発達の模範となりうるものである。

文化的発達とは、あれこれの心理的操作を実行する手段として記号を利用することに基づく行動方法の習得であると仮定する十分な根拠がある。すなわち、文化的発達とは、人類がその歴史的発達の過程において創造した行動の補助手段を習得するということである。そのようなものとして、言語、文字、計算体系などがある。未開人の心理発達の研究だけでなく、子どもの直接的観察が、そのことを私たちに確信させる。

子どもの文化的発達の問題を正しく提起するうえで大きな意味をもつのは、最近になって取り出された子どもの原始性という概念である。原始的子どもというのは、文化的発達をとげていない子ども、あるいはこの発達の相対的に低い段階にある子どもである。未発達の特殊な形態として、子どもの原始性を取り出すことは、行動の文化的発達の正しい理解を促進する可能性がある。子どもの原始性、すなわち子どもの文化的発達における停滞は、大部分がなんらかの外的ないし内的原因により行動の文化的手段、なによりも言語を習得しなかったことと結びついている。

しかし、原始的子どもは、健康な子どもである。一定の条件があれば、原始的子どもは正常な文化的発達をとげ、文化的人間の知的水準に到達する。このことは、原始性と低知能とを区別する。実際に、子どもの原始性は、自然的才能のあらゆる水準と結びつくことができる。

文化的発達における停滞としての原始性は、たいてい重い障害により子どもの発達を紛糾させる。しばしばそれは、知恵遅れとなる。しかし、このように混合した形態にあっても、原始性と低知能とは、その性質において二つの異なる現象であり、その運命も深く異なっている。一方は、脳の障害に基づく有機的ないし自然的発達の停滞であるが、他方は、文化的思考手段の不十分な習得によって引き起こされた行動の文化的発達における停滞である。

例を示そう。

九歳の少女で、まったく正常な子どもだが、原始的である。少女に尋ねた。(1)ある学校で何人かの子どもたちは上手に字を書き、絵も上手に描きます。この学校の子どもたちはみんな、上手に字を書いたり絵を描いたりしますか？　答：私は、自分の目で見ていないので、それは説明できません。自分の目で見ることができたら。(2)私の息子の玩具はみんな木でできているけど、木でできてる物は水に沈みません。私の息子の玩具は水に沈むことができますか、できませんか？　答：できません。――どうして？――木はけっして沈まないけど、石は沈む。私見たもの。(3)私の兄弟はみんな海の側に住んでおり、みんな上手に泳ぐことができます。海の側に住んでいる人はみんな、上手に泳ぐことができますか、できませんか？　答：ある人たちは上手だけど、ある人たちはまったく泳げません。私見たもの。私には、いとこがいるけど、彼女は泳げません。(4)男の人は、ほとんど女の人より背が高い。私の伯父は、叔母より高いですか？　答：知りません。私が見たら、言えるけど。私があなたの伯父を見たら、高いか低いか、あなたに言えるけど。(5)私の家の庭は、庭園より小さいけど、庭園は菜園より小さい。私の庭は、菜園より小さいですか？　答：やっぱり、わからない。けどあなた、どう思う。私が見てもいないのに、あなたに言えると思う？　私が「菜園は大きい」と言っても、そうでなかったら？（ペトローヴァ『原始的子ども』一九二五年）

もう一つの例：原始的な男の子。問い：樹木と丸太と、どこが違う？　答：樹木は見たことない。本当に、見たことない。樹木は知らない。本当に、見たことない。――窓の外に、菩提樹が生えている。それを示しながら、あれは何？と質問すると。答：あれは、菩提樹だよ。

このような論理的思考の発達および概念形成における停滞は、子どもがまだ言語を、この論理的思考および概念形成の主要な手段を十分に習得していないことから直接に起きている。私たちが上述の例を引用している研究者A・ペトローヴァは次のように語っている。「私たちの多数の観察が証明していることは、あるまだ自分に力のついてない言語を他の言語に完全に置き換えても、心理にとっては何も起こらないということである。ある思考形式を他のものに置き換えることは、それが豊かなものでない場合、心理活動をとくに低下させる。」

上述のまだ自分に力のついていないタタール語をロシア語に置き換えた少女の場合、言語を思考の手段として利用する能力をしっかり習得するにいたっていない。彼女は、それをいわばコミュニケーションの道具として利用することはできても、言葉を十分に利用する能力には欠けていることを表わしている。彼女は、自分の目で見たことに基づかなくても、言葉に基づいて判断することができることを理解していない。ふつう、心理発達の二つの路線、自然的と文化的の両路線は合流しているので、それらを区別し、それぞれを個別に跡づけることはむずかしい。だが、これら二つの路線のいずれか一つがいちじるしく停滞する場合、私たちが子どもの原始性で見るときのように、それらは多少なりとも明らかに分離する。

それらの例は、文化的発達が、子どもの行動の自然的発達において可能なこと以外になんの新しいものも創り出さないことを示している。文化は一般に、自然に与えられているもの以上のものを創り出すことはなく、人間の目的に従って自然を変化させるのである。同じことは、行動の文化的発達においてもいえる。それは、行動の自然的発達において自然に与えられているものの内的変化のなかに含まれているのである。

ヘフディングが述べているように、高次の形態の行動は、その活動の低次の形態にはないような手段とか事実を所有している。「表象の連合は、特別に興味をもった対象とか意識的に選択した対象について考える際につくられるものであって、連合の法則を変えることはできない。なんらかの人工的機械であっても、外的自然の法則を排除することはできないのと同じように、本来の意味の思考は、この連合の法則から自由になることはできない。しかし、心理法則は、物理法則と同じように、私たちの目的に従うように仕向けることはできる。」したがって、私たちが意図的に私たちの行動過程に介入するときにも、それはこの過程が自分の自然的流れに従って動くという法則に従う限りにおいて、「私たちが外的自然の法則に基づいてのみ、それを変化させ、自分の目的に従わせるのと同じようにして」おこなわれるのである。

このことは、行動の文化的手法と原始的形態との間に存在する真実の相互関係を私たちに示している。

## 2　分　析

行動のあらゆる文化的手法は、どんなに複雑なものであっても、機械のあらゆるはたらきが、結局のところ物理-化学的過程の一定のシステムに還元されるのと同じように、常に余すところなく完全にそれを構成する自然的神経-心理的過程に分解することができる。それゆえ、行動の何かの文化的手法を問題にするとき科学的研究の第一の課題となるのは、この手法を分析すること、すなわちそれぞれの構成要素、それを構成する自然的心理過程を明らかにすることである。

この分析は、それが徹底的におこなわれる場合、常に同一の結果をもたらす。すなわち、文化的思考の手法はどんなに複雑・高次のものであっても、結局のところ、いくつかの要素的行動過程から構成されるものであることを、それは示すのである。このような分析の方法と意義は、何かの具体例をもってくれば容易に明らかにすることができよう。

私たちの実験的研究においては、私たちは、子どもを一定の数字、単語、その他何かの物を記銘するという課題がかれらの前に立てられるような状況に置いた。その課題が子どもの自然的能力を陵駕しないときは、子どもはそれを自然的ないし原始的方法で処理した。子どもは、刺激と反応との間に連合的あるいは条件反射的結合を形成して記銘した。

私たちの実験では、このような状況のものはほとんどなく、子どもの前に立てられた課題は、ふつう子どもの自然的能力を超えていた。それは、このような原始的・自然的方法では解決できなかった。子どもの前にはふつう、遊びにはまったく関係しないような何かの紙、留め針、散弾、ロープなどが置かれた。この場合、その状況は、ケーラーが猿に対して創り出したものにきわめて似ていた。課題は、子どもの自然的活動の過程で発生したが、その解決には回り道あるいは道具の利用が必要であった。

子どもがその解決を見いだす時というのは、ロープに結び目をつくったり、散弾を数えたり、紙に穴をあけたり、少し破ったりして記号を利用することによるものであった。記号の利用に基づくこのような記銘を、私たちは行動のあらゆる文化的手法の典型例とみなした。子どもは、外的手段を使って内的課題を解決するのである。そこに私たちは、文化的行動に固有のもっとも典型的なものを見るのである。

それは、私たちの実験において創り出される状況とケーラーの状況とを区別するものである。そのような状況を彼自身が、またかれに続いて他の研究者たちが子どもに適用しようと試みている。そこでは、課題もその解決もすべてが外的活動の次元に存在する。私たちの場合は内的次元である。前者では、対象が道具としての機能的意義を獲得するのだが、後者では記号が機能的意義を獲得するのである。

記憶の発達はまさにこのような道に沿い、記号に依拠しておこなわれるのであり、人類はその道を歩んだ。実際のところ、このような記憶術的操作が、人間に特有な行動の特徴なのである。それは動物にはできない。子どもの自然的記銘と文化的記銘とをここで比較してみよう。これら二つの形態の関係は、私たちがつくった三角形の図式で直観的に表現することができよう。

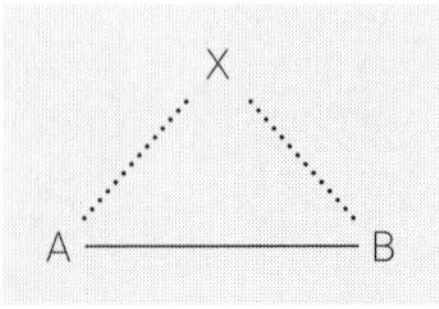


自然的記銘においては、二つの点ＡとＢとの間に単純な連合的あるいは条件反射的結合が打ち立てられる。なんらかの記号を使った記憶術的記銘においては、一つの連合的結合ＡＢに代わって、同じ結果を異なる道をたどって導くＡＸとＸＢという二つの結合が打ち立てられる。これら二つの結合の

それぞれは、ＡＢという結合と同じように大脳皮質における条件反射的記銘過程の結合である。記憶術的記銘は、このようにして、自然的記銘とも同じような条件反射に残りなく分解することができるのである。

新しいのは、一つの結合を別の二つの結合に代えるという事実である。神経結合の構造ないし組み合わせが新しいのであり、記号を使った記銘に与えられる結合の方向が新しいのである。新しいのは要素ではなく、文化的な記銘手法の構造である。

## 3　構　造

科学的研究の第二の課題は、この手法の構造の解明である。分析が示すように、文化的行動のあらゆる手法が自然的心理過程から構成されているとしても、文化的行動はそれらを機械的に結びつけているのではなく、構造的に統合している。すなわち、この手法の成分となるすべての過程は、複雑な機能的・構造的統一体をなしている。この統一体は、第一に、この手法がその解決に向けられる課題を構成し、第二に、それによって課題が解決される手段を構成する。私たちが、発生的観点から、第一の要素と第二の要素と名づけたのは、完全に正しい。しかし、構造的には第二の要素が主要な、決定的要素である。なぜなら、同一の課題がさまざまな手段で解決され、さまざまな構造をもちうるのだからである。記銘のために外的手段を用いる上述の状況に子どもを置くだけで、その過程を構成するものが、子どもが選んだ手段の性格によって決定されることがわかるだろう。記号のさまざまな体系に基づく記銘は、その構造においても多様であろう。記号、もしくは文化的手法の補助手段は、このようにしてすべての部分的過程の構成と相対的意義を決定する。行動の過程への記号の導入は、道具の導入が労働操作の全構造を改造するのに似て、心理的操作の全構造を改造する。その際に形成される構造は、それ特有の法則性をもっている。そこでは、ある心理操作が、同じ結果をまったく異なる方法で導く別の操作に置き換えられる。たとえば、記憶術的記銘においては、比較、推測、古い結合の蘇生、そしてときには論理的操作が、記銘のために利用される。行動の文化的手法の構成に含まれる個々の過程を統合する構造こそが、この手法を行動全体に対する課題を遂行する心理的機能に代えるのである。

## 4 発生

しかし、この構造は不変ではない。そして、その点に、私たちが子どもの文化的発達に関して知っていることのなかでもっとも重要なことが潜んでいる。この構造は、外からつくられるものではない。それは、子どもの自然的発達の一定の段階で合法則的に発生する。それは、子どもに外からつくり出すことはできないものであって、外的環境の決定的影響のもとで形成されることはあっても、常に内から発生するものである。それは一度発生したら不変のままとどまるものではなく、発達としての特徴を示す長い内的変化をこうむる。

行動の新しい手法は、単に一定の外的技能として確保されるだけのものではない。それは自分の内的歴史をもつ。それは、子どもの行動の発達の全体的過程のなかに含まれる。それゆえ、私たちは、文化的思考と行動のある構造が他の構造と対立する発生的関係について、行動の手法の発達について語ることができる。この発達は、もちろん特別の種類のものであって、他の特別な法則性をもつ有機的発達とは根本的に異なる。

このタイプの発達の独自性をとらえ、正しく表現することはきわめてむずかしい。私たちは、以下の実験的研究によりこの発達の図式を描き、この過程の正しい理解に接近するいくらかの試みをしてみようと思う。ビネーは、自分の研究において、この発達の二つのタイプに遭遇し、課題をもっとも単純なかたちで解決しようと試みた。かれは、優れた計算係の記憶を研究し、その際、真に優れた記憶をもつ人の記銘ときわめて平凡な記憶の持ち主だが、膨大な数字の記銘において前者に負けない人の記銘とを比較した。

このようにして、記憶と記憶術とが、はじめて実験的研究のなかで対置され、はじめてこれら本質的に異なる二つの記憶方法の客観的相違の発見が試みられた。ビネーは、自分の研究とそれが扱った現象そのものを、記憶のシミュレーションと名づけた。かれは、心理的操作の大部分は、シミュレーションが可能であると考えている。すなわち、外見が似ているだけで、性質においては異なるものに取り替えることができるとしている。ビネーは、記憶術を優れた記憶のこのようなシミュレーションとし、それを自然的記憶とは異なる人工的記憶と名づけた。

ビネーが研究した記憶術者は、簡単な手法を使って記銘した。かれは、数の記憶を言葉の記憶に代えた。かれはすべての数字を対応する文字に代え、文字を単語にし、単語から句をつくった。関連のない数字の列に代わって、かれが記銘し再生したのは、かれによりこのようにして創り出された小さなロマン（小説）であった。この例によって私たちは、記憶術的記銘がどの程度、ある心理操作を他の心理操作に置き換えることができるのかを容易に知ることができる。まさにこの基本的事実が研究者たちの目にとまり、それがかれらに自然的発達のシミュレーションについて語る契機を与えたのである。

この決定はおそらく適切であったと認めることができよう。

それは、外見的には似た操作だが（二人の計算係はまったく同じ数量の数字を記銘し再生している）、実際にはある操作が他の操作のシミュレーションであることを正しく指摘している。この名称が、記憶の発達の第二のタイプの独自性を表現することを考慮したものだとすれば、それに反対することはできないだろう。しかし、それは、ここにあるのはシミュレーション、つまり欺瞞だという考えを含んだ誤った考えをもたらした。それは、この研究の特殊な条件、つまり欺瞞的傾向のあることを示唆する実際的な観点である。それは心理学者というよりも、むしろ予審判事の観点である。

実際には、ビネーも認めているように、このようなシミュレーションは、単なる欺瞞ではない。私たちのだれもが、自分独自の記憶術をもっている。その記憶術そのものは、この著者の考えによれば、暗算と同様に学校で教えられなければならないものである。この著者は、学校でシミュレーションの技術が教えられねばならないと言おうとはしなかった。

このタイプの文化的発達の名称が私たちに偽の発達、すなわち有機的発達のフィクションを思い出させるとしたら、あまり適切とはいえないだろう。そこでは、事柄の消極的側面、すなわち文化的発達においては機能のより高い段階への上昇、その活動の向上が、有機的発達ではなくて、機能の発達、つまり手法そのものの発達に基づいていることを正しく表現してはいる。しかし、この名称は、この場合、偽の発達ではなくて、自分独自の法則性をもった特別なタイプの実際の発達が存在しているという疑いもない真実を見えなくしてもいる。

私たちは、最初からこの発達が、子どもの有機的発達、すなわち生物学的発達と社会的発達とに参加する二つの基本的要因の影響を受けるものであることを指摘しようとしてきた。シュテルンが名づけた、内的根拠と外的根拠との輻輳の法則は、子どもの文化的発達にも完全に適用される。ここでも、有機体の内的発達の一定の段階でのみ、あれこれの文化的手法の習得が可能となるのであり、またその内的に準備された有機体は、その発達が完成するためには環境の決定的作用を常に必要とするのである。したがって、子どもは有機的発達の一定の段階においてことばを習得し、別の段階で十進法を習得するのである。

しかし、このタイプの発達における二つの要因の相互関係は、本質的に変化する。ここでも積極的役割は、環境のなかに提示された文化的行動の手段を習得する有機体の方にあるが、有機体の成熟は文化的発達の過程の原動力というよりも、むしろその条件の役割を果たす。なぜなら、この過程の構造は外から決定されるものだからである。これまで大部分の研究は、この問題を一面的に扱ってきた。たとえば、子どもの生物学的成熟がどのようにことばのじょの習得を条件づけているかの解明にあてられた多くの研究を私たちは知っている。だが、思考の発達へのことばの逆影響の問題はきわめてわずかしか研究されていない。文化的行動のあらゆる手段は、その本質において社会的である。

ロシア語あるいは英語を習得した子どもと未開種族の言語を習得した子どもは、かれらの発達が経過する環境に基づいて、二つのまったく異なる思考システムを獲得する。

なんらかの分野において、個人の行動がかれの属する社会全体の行動の機能であるという命題が完全な意味をもつとしたら、それはまさに子どもの文化的発達の分野である。この発達は、いわば外から進行する。それは内的成長というよりも、外的成長である。それは、子どもの社会的-文化的経験の機能である。

子どもの文化的発達の研究における第三の最後の課題は、文化的行動形態の心理的発生の解明である。私たちは、この発達過程の図式を私たちの実験的研究において示したように簡単に描く。私たちは、この実験の人為的条件が信頼できるものであるとしたら、子どもの文化的発達は、四つの基本的段階をたどることを示そうと思う。それらは、順序を追って交替し、一つが他の後に発生する。そして全体として、これらの段階は、ある心理機能の文化的発達の完全な円を描く。実験的方法でなく得られた資料も、私たちの描いた図式と完全に一致し、それにうまくおさまり、自分の意味と自分の仮定的説明をそのなかに割り振ることができた。子どもの文化的発達の四段階の記述を簡潔に跡づけてみよう。それらは、上述の簡単な実験の過程で順序よく交替している。

第一段階は、原始的行動ないし原始的心理の段階と呼ぶことができるだろう。実験では、ふつう年少の子どもが自分の関心の程度に合わせて、かれに提示された材料を自然的ないし原始的方法で記銘しようとした。そこでどれだけ記銘されるかはかれの注意の度合い、かれの個人的記憶の度合い、かれの関心の度合いによって決まった。

ふつう、この道程で子どもが突き当たる困難だけが、彼を第二段階に導いた。

私たちの実験では、それは次のように運んだ。子ども自身が記銘の記憶術的手法を「発見」するか、子どもが自分の自然的記憶力では課題を解決できないでいるときに私たちが子どもに助け船を出した。私たちは、たとえば子どもの前にいくつかの絵を置き、この絵となんらかの自然的結びつきをもつような言葉を記銘のために選んだ。子どもはその言葉を聞きながら、絵に目をやり、そして、その後容易にすべての言葉を再生した。なぜなら、それらの絵はかれの目論見とは関係なく、聞いた言葉を思い出させるからである。

子どもはふつう、私たちが彼を導いた方法を素早く理解したが、どのようにして絵がかれに言葉を思い出させるのかは知らないまま、そうした。かれに新しく一連の言葉を提示すると、かれは自分から自分のそばに絵を置いて、それらを見たが、今度は言葉と絵に自然的結びつきがなく、その絵を与えられた言葉の記銘にどのように利用するのか知らないので、再生の際、絵を見ながらも、与えられた言葉ではなく、絵がかれに思い出させる言葉を再生した。

この段階を私たちは、ドイツの研究者たちが道具を使う猿や子どもの行動について「素朴な物理学」と名づけたのに倣って、「素朴な心理学」の段階と名づけた。子どもたちによる簡単な道具の利用は、自分自身の肉体の簡単な物理的性質と、子どもが扱う対象や道具に関する一定の素朴な物理的経験の存在を前提とする。この経験はたいてい不十分なものであって、猿や子どもの「素朴な物理学」は成功をもたらさない。

子どもが絵の利用と言葉の再生との間の外的な結びつきをとらえた私たちの実験においても、私たちはこれに似たようなことを見た。「素朴な心理学」、すなわち自分の記銘過程に関する素朴な経験の積み重ねは、子どもが絵を記銘のための記号ないし手段として適切に利用するには、あまりにも未熟であった。未開人の魔術的思考で、思考の結合が事物の結合とみなされるのと同じように、ここでは子どもは物の結合を思考の結合とみなしている。未開人では魔術的思考が、自然法則の知識の不足によって生じていたとすれば、ここでは自分自身の心理の知識の不足が原因となっている。

この第二段階は、ふつう過渡期の役割を演じる。子どもは、実験においてはふつうここから急速に外的文化的手法の段階と呼ぶことのできる第三段階に移行する。子どもは、かれの心理的経験が十分でありさえすれば、いくらかの試行錯誤の後、問題である絵の正しい利用を覚える。子どもは、記銘過程をかなり複雑な外的活動に置き換える。かれに問題の言葉が提示されると、子どもはかれの前にある多数の絵のなかから、かれにとってその言葉ともっとも密接に結びついていると思われる絵を選び出す。その際、子どもはふつう最初は、絵と言葉との間に存在する自然的結合を利用しようとするが、その後かなり早く、新しい結合の形成、創出に移行する。

しかし、この第三段階も実験では比較的長くは続かず、第三段階から直接に発生する第四段階と交替する。記号の助けで記銘する子どもの外的活動が、内的活動に移行する。外的手法があたかも回転して内的活動になる。このことがもっとも簡単に観察されるのは、子どもが、かれに提示された言葉を一定の順序で並べられた絵を利用して記銘するときである。子どもは何回かすると絵そのものを「覚え」てしまい、絵にたよる必要ももはやなくなる。子どもはいまや、与えられた言葉と、その性質をすでに知っている絵の名称とを結びつける。

このような「完全な回転」は、外的刺激が内的刺激に置き換えられることに基づいている。子どもの前にある記憶術の絵が、かれの内的図式になる。このような回転の手法とならんで、私たちは第三段階から第四段階への移行のいくつかのタイプを観察した。そのうちの主な二つだけを取り上げよう。そのうちの一つは、縫合タイプの回転と呼ぶことができる。有機体の二つの部分を結びつける縫合がきわめて敏速に結締組織の形成をもたらすのと同じように、縫合そのものは不要となるが、それによって二つの心理操作を媒介していた記号も排除される。

そのことは、子どもが選択の複雑な反応をする際にもっとも容易に観察できる。提示される刺激のすべてが、それに対応する補助記号、たとえば絵の助けのもとでおこなわれる運動と関係づけられるのである。記号は何回も繰り返されると不要となり、刺激は直接に適当な反応を呼び起こす。私たちの研究は、レーマンがすでに発見したことを完全に証明している。かれは、複雑な選択反応の場合には最初、刺激と反応との間に名称、その他なんらかの連合的仲介者が入り込むことを確かめているが、少し練習をすると、これら介在物は抜け落ち、反応は簡単な感覚反応に移行し、その後、簡単な運動形態に移行する。反応時間は、レーマンの場合、三〇〇秒から二四〇秒、一四〇秒へと落ちていった。これにつけ加えると、これと同じ現象がより短いかたちで研究者たちに観察されており、ヴントが示したような簡単な反応過程では、練習がすすむにつれ単純な反射の時間にまで落ちている。

最後に、第三のタイプによる第三段階の第四段階への移行、あるいは外的手法の内部への展開は次のようであった。なんらかの外的手法の構造を習得した子どもは、もはや内的過程をそのタイプに従って構成する。子どもは、ただちに内的図式に頼りはじめ、自分の思い出、以前の知識などを記号として利用しはじめる。この場合、一度解決された課題が、外的条件はいちじるしく変化していても、すべての類似した状況にある課題の正しい解決をもたらすことに研究者たちは驚かされる。ここでは、ケーラーが猿について観察した転移、すなわち猿に与えられた課題が一度に正しく解決されることが自然と思い出される。

ここに私たちが図式的に示した四つの段階は、文化的行動の発達がそれに沿って進む道程の最初の仮説的素描にすぎない。しかし、この図式で示された道程は、この問題に関する心理学文献で述べられてきたいくつかの資料と一致するものであることを指摘しておきたい。

第一に、それは子どもにおける算数操作の発達である。そこでの第一段階は、子どもの自然的算数であり、子どもは自分が数えられるだけの数を操作する。ここに入るのは、量の直接的知覚、大小のグループの比較、量的グループの確認、分割するところで一つずつ分配することなどである。

次の「素朴な心理学」の段階は、計算の外的手法を知った子どもが、何かを数えたいときに大人を真似て、イチ、ニ、サンと繰り返すのだが、数を使ってどのように計算するかをまだまったく知らないでいる。シュテルンが記述している少女はこの段階にいた。彼女は、彼女の指がどれだけあるか数えてほしいという問いに対し、自分のだけなら数えられると答えた。第三段階は、まだ指で数える段階であり、第四段階は、もはや指が要らない暗算の段階である。

児童期における記憶の発達も容易にこの図式に当てはめることができる。モイマンが指摘している記憶の三つのタイプ、すなわち機械的、記憶術的、論理的（就学前、学童、大人）は、私たちの図式の第一、第三、第四段階と明らかに一致する。モイマン自身が、別のところで、これら三つのタイプが、発生的系列であり、そのなかで一つのタイプが他のタイプに移行することを示そうと試みている。この観点からすると大人の論理的記憶は、記憶術の「心内化」である。

これらの仮説がいくらかでも正当化されるとすれば、私たちは、高次の行動機能の研究に歴史的観点を適用することがいかに重要であるかの新しい証明を得たことになろう。

いずれにしても、それはこの仮説に有利なことを語るきわめて重大な事情である。それは、なによりも言語的記憶、すなわち何かを言葉で記銘することは記憶術的記憶であるという事実である。コンペイレがすでに言語を記憶術の道具と定義し、モイマンが言葉は私たちの記憶との関係では二重の機能をもつと正しく指摘していたことを思い出す。言葉は、それ自身が記憶の材料であるし、それの助けで記銘がおこなわれる記号の役割をも果たす。

さらにビューラーの実験で確認された意味の記銘と言葉の記銘とは無関係であること、論理的記銘の過程において内言が果たす重要な役割、記憶術的記憶と論理的記憶との発生的類似性は、それらを結びつける言語的記憶の環を通して明瞭に示されるということを、思い出すことも必要である。モイマンの図式で欠けている第二段階は、ふつう、たぶん記憶の発達においてきわめて急速に進行するので、観察から抜け落ちたのだろう。

最後に、ことばと思考の発達という問題のような、子どもの文化的発達の歴史にとって中心的な問題が、私たちの図式に合致するということを指摘しておこう。この図式は、このきわめて複雑でややこしい問題への正しい接近のしかたを探り出すことを可能にすると私たちは考える。周知のように、ある著者たちは、ことばと思考とをまったく異なる過程と考え、前者は後者の表現ないし装束だとしている。他の著者たちは、これとは反対に、思考とことばとを同一視し、ミューラーに従って、思想をことばマイナス音声だとしている。

この問題について、子どもの文化的発達の歴史は何を語っているだろう？　それは、第一に、思考とことばとは発生的にまったく異なる根源をもっていることを示している。すでにこのことだけでも、発生的に異なるものを性急に同一視することを私たちに警告している。研究が明らかにしているように、個体発生的にも系統発生的にも、ことばと思考の発達は、一定の段階まで互いに独立した道をたどる。系統発生におけることばの前知能的根源は、鳥や獣の言語として、きわめて古くから知られている。ケーラーは、系統発生における知能の前言語的根源を確認することができた。同じようにして、ことばの個体発生における前知能的根源が、子どもの叫び声や片言として古くから知られている。ケーラー、ビューラーその他は、子どもの発達における知能の前言語的根源を確認している。ことばの形成に先立つ知的行為が子どもに最初に現われる時期を、ビューラーは、チンパンジー時代と名づけることを提案している。

猿やこの時代の子どもの知的行動においてもっとも注目すべきことは、知能とことばとの独立性である。まさにこの事情が、ビューラーを「道具的思考」の形式における知的行動は、ことばの形成に先行しているとの結論に導いた。これら発達の二つの路線は、一定の時点で交差する。子どもの発達におけるこの時点をシュテルンは、子どもがその人生において最大の発見をする時点と呼んだ。子どもは、まさにことばの「道具的機能」発見する。子どもは、「すべての物が自分の名前をもつ」ことを発見するのである。子どもの発達におけるこの急変は、子どもがすべての物について「これなあに」と尋ねることにより、自分の語彙を積極的に拡大しはじめるということに客観的に現われる。ビューラー、およびかれに続いてコフカは、心理学的側面から言うと、この子どもの発見と猿の発明との間には完全な相似があると指摘している。子どもによって発見される言葉の機能的意義は、猿によって発見される棒の機能的意義に似ている。言葉は、棒が果物を取ろうという欲望の状況の中に収まるのと同じように、事物の構造の中に収まるのである。

思考とことばの発達における次のもっとも重要な段階は、外言の内言への移行である。このきわめて重要な内言の発達過程は、いつ、どのようにしておこなわれるのだろう？　子どものことばの自己中心性に関するピアジェの研究は、この問いに対する解答を与えていると私たちには思われる。ピアジェは、ことばが生理学的に内的になるより前に、心理学的に内的になることを示した。子どもの自己中心的ことばは、心理学的機能においては内言（自分のためのことば）であり、形式的には外言である。自己中心的ことばは、外言から内言への過渡的形態であり、その点に発生的研究にとってのこのことばの巨大な意義がある。自己中心的ことばの係数は、学童期への境界においていちじるしく低下する（五〇パーセントから二五パーセントへ）。これは、この時期に外言の内言への移行がおこなわれることを示している。

私たちによって明らかにされた思考とことばの発達における三つの主要な段階は、実験において順次現われたように、文化的発達の三つの基本的段階に完全に対応していることを指摘するのは容易である。前言語的思考は、この図式における自然的ないし原始的行動という第一段階に相当する。ビューラーとコフカが指摘するような、子どもの生涯における最大の発見は、道具の発明に完全に対応し、したがって私たちの図式の第三段階にあたる。最後に、外言から内言への移行、子どものことばにおける自己中心性は、外的活動の内的活動への転回を意味する第三段階から第四段階への移行を成すものである。

## ５　方　法

子どもの文化的発達の独自性は、それに相応した研究方法の適用を求める。この方法は、仮に「道具主義的」と名づけることができよう。なぜなら、それは行動とその発達において文化的記号が果たす「道具的機能」の解明に基礎をおいているからである。

実験的研究においてはこの方法は、二系列の刺激の助けによって子どもの行動を組織することを本質とする二重刺激の機能的方法に依拠するものであった。二系列の刺激のそれぞれは、行動において異なる「機能的意義」をもっていた。その際、子どもの前に立てられた課題解決の必須の条件となったのは、一系列の刺激の「道具的利用」、すなわち、あれこれの心理操作の遂行における補助手段として道具を利用することであった。

子どもの前に立てられたなんらかの課題の解決において記号を補助手段として発明し利用することは、心理学的観点からすると、道具の発明と利用に類似した構造の行動であると考えることができる。

心理学的実験の普通の方法の基礎に横たわる刺激–反応の一般的関係の内部に、ここで私たちが展開した観点からすると、行動への刺激となる二重の機能を区別しなければならない。刺激は、一方では、子どもの前に立てられたあれこれの課題（何かの記銘、比較、選択、評価、秤量など）を解決する行動が向けられる対象の役割を演じるし、他方では、その課題解決に必要な心理操作（記銘、比較、選択など）を方向づけ、実現する手段の役割を演じる。この両者において行動のはたらきと刺激との間の機能的関係は本質的に異なっている。両者において刺激はまったく異なる、まったく独自なしかたで私たちの行動を決定し、条件づけ、組織する。私たちの実験において創り出された心理的状況の独自性は、それぞれが質的・機能的に異なる役割を果たす二種類の刺激が同時に存在するということにある。この方法の基礎に横たわる基本的仮説をもっとも一般的な形式で表現すれば、子どもは自分（自分の行動）の制御において、外的自然の制御の場合と同じ外からの道をとるということであろう。人間は、自分を自然力の一つとして外から――記号という特別の文化的技術を使って制御する。手と知能に関するベーコンの命題は、このような研究すべてのモットーになりうるものだろう。

はだかの手とか、知能それ自体よりはるかに強力なもの――それは道具とか完成した補助手段である。

この方法は、本質的に歴史的-発生的方法である。それは研究のなかに歴史的観点――「行動は歴史的行動としてのみ理解しうる」（ブロンスキー）を持ち込む。この命題は、あらゆる方法の出発点である。

この方法の適用は、次のような計画のもとで可能である。

(a)　行動手法の文化的構造の構成を分析する。

(b)　この過程の構成にはいるすべてのものの機能的統一体としての、全体としてのこの手法の構造の解明。

(c)　子どもの文化的行動の心理的発生の解明。

この方法は、文化的発達の過程で発生する子どもの行動様式の高次の形態理解の鍵であるだけでなく、学校の教育や教授においてそれを実際的に習得する道でもある。

この方法は、その基礎として、行動研究の自然科学的方法、とりわけ条件反射の方法に依拠している。その独自性は、行動の複雑な機能的構造とその特殊な法則性を研究することにある。その客観性は、この方法を行動研究の自然科学的方法と近似したものにする。それは研究にあたって心理学的実験の客観的手段を使用する。複雑な内的過程から構成されている行動の高次な機能を研究するにあたってこの方法は、すでに発達したかたちに形成された機能を研究するのではなく、高次な行動形態の形成過程そのものを実験的に呼び起こそうとする。その際、研究にとってとくに好都合なのは第三段階の行動の外的文化的手法である。

複雑な内的活動と外的活動とを結びつけ、たとえば子どもに記銘にあたって絵を選んだり、配置させたり、概念の形成にあたって図形を動かしたり、分配させたりするなどして、私たちは、内的活動と機能的に結びつき、客観的研究の出発点となる一連の外的、客観的反応をつくり出した。

私たちは、その際、仮にたとえてみれば、水の深いところに沈んだ魚が水面にまで昇ってくるときにたどる道を追跡しようとする人のように行動した。私たちは、ロープの輪を魚に投げかけ、私たちの手にもったロープの先の動きによってできる曲線を再現しようとしたのである。私たちの実験では、私たちはいつも内的過程からの外的な糸を自分の手に握っていようとしたのである。

この方法の適用例としては、著者の発意によって創り出された、記憶・計算・概念形成など、子どもの行動の高次の機能の実験的研究をあげることができよう。その研究は、特別に公刊しようと思っている。*私たちは、ここでは子どもの文化的発達の問題をごく簡潔に示そうと思っただけである。

＊（訳者注）この研究とは、ヴィゴツキー著『文化的‐歴史的精神発達の理論』（柴田義松監訳、学文社）のことを指していると思われる。

# 第6章　子どもの性格の動態に関する問題

## 1　性格の静態論と動態論

子どもの性格の形成や発達に関する学説は、心理学理論や教育実践においては問題を提起する場所そのものがない。この問題については静的に取り扱い、常に現在あるがままの固定した定数としてみられてきた。性格は過程ではなくて常体として、生成するものではなくて状態として理解された。このような見解の古典的定式化は、T・リボーがおこなっている。かれは、性格の概念確立に必要にして十分な条件として二つのことをあげている。統一性と安定性ということだが、かれはその際、時間的統一のことをほのめかしている。リボーによれば、性格の真の特徴は、それが幼児時代に現われ、生涯不変のものであることで、真の性格は生まれつきのものなのだ。

最近では、性格に関するこのような静的見方の申し分ない完全な表現を、クレッチマーの理論のなかに見いだす。かれは、性格を身体構造との関連のなかで身体的構造と同様の精神的構造物としてとらえている。それもこれも、すなわち身体も性格も、かれの考えによれば、結局は、生得的な生理学的システムなのである。クレッチマーは、二つの大きな複雑な生物型を区別している。そのさまざまな程度の混合から気質の多くのさまざまなニュアンスの違いが形成される（『身体構造と性格』一九三〇年）――精神病の二つの基本的タイプ（統合失調症と躁鬱病）と結びついた統合失調症タイプと循環気質タイプの性格。この学説は、ザルキンドが正しくも指摘しているように、児童心理学に大きな影響を及ぼしている。

クレッチマーの観点と、その継続と発展、あるいはより正確に言って、子どもに関する科学への転移を、私たちはブロンスキーに見いだす。かれは述べている。「クレッチマーの功績の一つは、身体構造と性格との間に関連を打ち立てたことにある。……私はさらにすすんで、気質は個人を区別するだけでなくて、年齢をも分ける。とくに乳幼児に固有な気質は躁鬱気質である。」（『児童学』一九二五年）思春期は、循環的気質を統合失調気質に換える（同上）。性格の静的概念を子どもに転移することによって、この概念がこうむる変化は、生理学的体系によって宿命的に条件づけられた統一的性格タイプに代わって、一つのタイプが他のタイプに順次交替するだけのことであった。リボーが宣言した性格の固定性の原理は、その際ふれられることはなかった。性格のタイプは、一定の年齢段階において強化されるだけで、確立された構成を変えることはないのである。子どもが順次たどるいくつかの固定したタイプは、やはり静的なもので、動的なタイプではない。これが、これらあれこれの学説の、とはいえ大部分の性格学説の基本的特徴なのである。この特徴を、ザルキンドは上述のように正しくも、性格論における絶対的生物学的静態論と名づけている（『ソビエト教育学の諸問題』一九二六年）。「……人間の性格の発達は、人間に生得的な基本的生物学的タイプの受動的な展開にすぎない」とかれはこの特徴を評価している（同上）。

クレッチマーの図式は、性格学的特徴の年齢的区分に役立っていない。しかし、これは、発達の各段階に自己の支配的特殊な内容を示す試みを妨げていない。この特殊な内容は、いまや現存の性格学的体系のどれ一つにも含まれておらず、環境の影響のもとでいちじるしく変化している。それゆえ、このような科学の状態のもとで絶対的「パスポート」をその体系に貼り付けることは危険である。動的でないあらゆる静的なものと同様に、この観点の不完全さは、それが起源・発達・過程の問題解決に無力であり、研究対象の真の性質を知ることなしに、経験的資料の確認、収集、一般化、分類といったことに限らざるをえないことに表われている。「……もし物の現象形態と本質とが直接的に一致していたら、あらゆる科学が余分なものとなろう」とマルクスは書いている（マルクス『資本論』青木文庫版、第三部第六分冊、一一五二頁）。

それゆえ、「事物のあらわれ」の形式、すなわち、それらの「本質」の分析なしの経験的資料だけに満足している観点は、非科学的観点である。このような理論は、常に宿命的に終わりから始める。それゆえ、ヒポクラテスからクレッチマーまで、性格学が性格の基本問題として、その分類に骨折っているのは無駄なことである。分類は、それが現象の個々のクラスについて確かめられた本質的特徴に基礎をおくとき、すなわち、あらかじめ現象の本質の知識を仮定しているときにのみ、科学的に根拠のある、実りあるものとなりうる。そうでない場合、分類は必然的に経験的データのスコラ的割り振りとなることだろう。そして実際にほとんどの性格分類がまさにこのようなものなのである。しかし、「事物の本質」は事物の弁証法である。それは、動態のなかで、運動・変化・生成と消滅の過程のなかで、発生と発達の研究のなかで明らかにされる。

性格学は、歴史的にも現代の性格学も、ダーウィン以前の生物学の状態を思い出させる。科学思想は、ものすごく多様な植物・動物の形態を考慮し、秩序づけ、その中に体系と意味を持ち込もうとしたが、この多様性を理解する鍵を取得することができなかった。それはこの多様性を事実として、与えられたものとして、すべての生物創造の不変の証明としてとらえていた。生物学への鍵は進化、生物の自然的発達という観念の中にあった。生物学が種の起源から始めたように、心理学も個人の起源から始めなければならない。個人の起源への鍵は、条件反射である。ダーウィンは生物学に種を与えたとすれば、パヴロフは、生物学に個人、人格を与えた。条件反射のメカニズムは、人格の動態を明らかにし、人格が有機体の基礎の上に、個人生活の外的条件によって創り出される複雑な上部構造として発生することを示す。まさにこの学説が、古くからある生得説と経験論との論争を最終的に解決した。それは、人格のすべてが生得的基礎の上に構成されることとともに、そのすべてが超有機的に、条件的に、つまり社会的に構成されることを示した。

条件反射学説は、単に神には神のものを、皇帝には皇帝のものを返しただけではない。それは、発達を促す動的な、ダイナミックな要素、遺伝的経験を改造する条件のなかに埋め込まれた変化を呼び起こす要素を示している。生得的反応は、それが現われざるをえない形成的条件にその運命が握られている材料にすぎない。生得的基礎の上に無限に多様なものが創り出されるのである。強い電流の破壊的・病的刺激に対する条件唾液反射ほどに、人間の性質のほとんど絶対的な再教育可能性をみごとに証明するものを、ほかに見いだすことができるだろうか。条件に合わせて提起される刺激、すなわち傷といっしょに栄養のある刺激を与えられると犬は、火傷や傷に対して積極的反応で応える。これを主観的心理学では、嬉しそうな期待と名づけ、客観的心理学の言語では食事反射と名づける。犬は、痛みを防がないばかりか、痛みの方に惹かれる。この実験に立ち会ったシェリントンは、ボンが伝えるところによると、「これで私は、火中に入る殉教者の喜びがわかった」と叫んだという（フローロフ『本能の生理学的性質』一九二五年）。

このようにして社会的要因を介して生物学的要因が社会的要因のなかに溶解している。つまり、生物学的、有機的要因が人格のなかに、「自然的」「絶対的」、無条件的要因が、条件的要因の中に溶解している。これは、心理学固有の資料でもある。

シェリントンは、犬の実験のなかに巨大な心理学的展望を、つまり高次の人間心理の起源を洞察する鍵を見いだしたのである。かれは実際に、われわれのテーマにとっては、これは次のようにして翻訳し、解釈することができる、すなわち、喜んで火中に入る殉教者の性格を理解するためには、どのような条件から必然的にこのような性格が生まれるのか、何が殉教者を喜ばせ、どのような歴史、すなわち動態がこのような喜びを条件づけているのかを問う必要があると述べている。性格は条件的である（あるいは条件づけられている）。これが、性格の動態の公式である。静態的には性格は、人格と行動の一定の基本的特徴の合計に等しい。それは、人格の横断面、不変の地位、その現状である。性格を動態的に理解するということは、性格を社会環境における基本的目的志向の言語に翻訳すること、それを障害克服の闘争のなかで、それの発生と展開の必然性のなかで、それの発達の内的論理において理解することを意味する。

## 2　性格の発達の原動力は何か

性格の発達の論理は、あらゆる発達の論理と同じである。発達するものはすべて、必然性に基づいて発達する。哲学者ベルグソンの言う内的な「生命の飛躍」からは何も向上しないし、前進しない。性格が、それを発達へと駆り立て、強制する必然性の圧力のもとで発達するのでないとしたら、奇跡であろう。性格の発達の原動力は、どのような必然性のなかにはめ込まれているのだろう？　この問いには、次のような唯一の答が存在する。人間生活の基本的・決定的な必要性のなかに、すなわち歴史的社会的環境のなかに生活し、この環境の提起する要求に合致する有機的機能を改造する必要性のなかに。人間の有機体は、一定の社会的単位としてのみ存在し、機能することができるのである。

この命題は、アドラーの個人心理学の体系（人格の社会心理学）における出発点に代わるものである。われわれは、ここではこの学説とマルクス主義哲学との関係の問題は、特別の研究を求める複雑で主要な論争的問題として脇に置いておこう。アドラーの基本的哲学的立場は、形而上学的要素によって歪められている。性格論的に興味があるのはアドラーの実践だけである。アドラーは、十分な根拠をもってこの学説を、深い意味における立場的心理学（非立場的心理学と区別して）と呼んでいる。前者は、人格の社会的立場から心理発達を出発させる。後者は、有機的配置計画から、つまり素質から出発する。ここでは、性格の概念がその原始的意味に立ち戻っている。「性格」はギリシャ語では「戦斧《センプ》」を意味した。

性格は、人格の社会的戦斧《センプ》である。それは、社会的立場のための闘争における人格の典型的行動に結晶化している。それは、生活の基本路線、無意識的生活プラン、すべての心理活動や機能の統一された生活的傾向の堆積である。これに関係して心理学者は、すべての心理活動を人間の性格全体とも同様に過去の人格との関連だけでなく、その未来とも関連づけて理解しなければならない。それは、われわれの行動の最終的傾向と呼ぶことができよう。運動のある瞬間を描写する映画の一こまが、その後の動き、運動全体との関連なしには理解できないのと同様に、また弾道は最終点あるいは照準によって決定されるのと同じように、すべての行為、性格のすべての特徴は、次の問いを呼び起こす。それらはどこに向かっているのか？　どこをめざしているのか？　何に変わりつつあるのか？　何に引きつけられているのか？　本質的に、このように過去からだけでなく未来からも心理現象を理解しようとするのは、弁証法的要求、すなわち現象を永遠の運動のなかで理解し、現象のなかにその傾向、現在によって決定される未来を明らかにすることの要求以外の何ものでもない。歴史の分野においてわれわれが資本主義体制を、静的にそれの発達傾向の外で、それの内部で成長しつつある未来の構造との必然的関連の外でとらえようとすれば、その体制の本質をとことん理解することがけっしてできないのと同じように、心理学の分野でもわれわれは人格を静的に、行為・現象などの総計として、この人格の生きた見取図、その主要路線をはずし、その人間の生活史を無連関のばらばらなエピソードの集まりから、筋の通った伝記的過程に変えることなしに見ていたのでは、その人格を徹底して理解することはけっしてできないだろう。

## 3　動物の目的反射と発達の社会的被制約性

動物の本能的行動一つとっても、われわれは、それが向かっている終着点、その「目的」を知ることなしには理解すること、解釈することはできないだろう。性交を前にした動物の行動を考えてみよう。それは全体をとらえてのみ、最後の活動、先行するすべての環が向けられている最後の環から出発することによってのみ、理解することができる。獲物を待ち伏せする虎の運動は、虎が獲物を食い尽くすこのドラマの最後の行為を視野に入れることなしには、まったく無意味なものとなろう。われわれは、進化のはしごを最低の有機的機能にまで降りても、いたるところでこの特質——生物的反応の最終的性格、究極の傾向を見いだすことができよう。動物の歯が食べ物を噛み砕き、粉々にすることは、その食べ物が消化され、有機体に吸収されることとの関連においてのみ、すなわち消化と栄養の過程との関連においてのみ、理解されうる。ふつう、有機体の内在的目的論と呼ばれていること、すなわちわれわれがそれに従って、動物の身体の諸部分を器官としてとらえ、その活動を有機体全体との関係においてのみ意義をもつ有機的機能としてとらえる方法論的原理は、本質的にこの観念の一般生物学的公式である。

このようにして、心理活動のフィナーレ的性格、その未来志向性は、行動のもっとも要素的形態にもすでに現われている。上で述べたように、どんな本能的行為も将来展望のなかで見ることなしには理解することはできない。この基本的事実をパヴロフは、「目的反射」という天才的用語で確認した。動物がそれをもって生まれる神経系のもっとも簡単な基本的活動を研究するなかでパヴロフは、特別の無条件反射である目的反射を確認しなければならないという結論に達した。この一見パラドックス的な用語によってパヴロフが強調しているのは、この反射の次の特質である。この反射は、「目的」の達成に向けられている。つまり、これは未来からのみ理解できる。それとともに、この種の活動は、何か特別のものではなく、もっとも普通の反射である。それゆえ、パヴロフは、ある場合「本能」という用語に置き換えているが、「反射」の方をより好んでいる。「そこでは、決定論の観念がより明瞭となり、刺激と情動との関連、原因と結果との関連がより疑いないものとなる（『動物の高次神経活動（行動）の客観的研究の二〇年』一九五一年）。

おもしろいことに、アドラーは、行動の未来志向の観念を説明するにあたって、パヴロフの条件信号反射教育の実験を引用している（『個人心理学の実践と理論』一九二七年）。同じように興味深いのは、パヴロフが補償学説に類似するメカニズムとして目的反射をあげていることである。この反射のなかにパヴロフは、生活のもっとも基本的な分野、教育においてとくに必要な「生活のもっとも重要な要因」を見ている。障害の存在による目的反射形成のメカニズムは、パヴロフとアドラーの心理学において確認された。リップスは、これをダムの法則と呼び、そこに心理活動の次のような一般法則を見ている。すなわち、エネルギーはその点に集中し、上昇して、停滞を克服したり、回り道をつくったりするのである。そこには補償の観念がすでに含まれている。リップスは、あらゆる意欲をこの法則のはたらきで説明した。かれは、どんな合目的的活動も、障害が発生したときに先行する無目的な、あるいは自動的な活動を経ておこなわれるものと考えた。ダム、停滞、障害があるおかげで、他の心理過程にとっての「目的」が可能となるのである。あるなんらかの自動的にはたらく機能の中断、撹乱点が、この点に向けられ、したがって合目的的活動のかたちをとった他の機能の「目的」となる。このようにして、「目的」はあらかじめ与えられたものであり、本質的には見かけ上の目的にすぎず、実際にはあらゆる発達の第一原因なのである。

力動的理論は、目的反射存在の事実、心理の宿命的方向づけの事実を確認することができるだけではない。それは、目的反射がどのようにして発生するのか、未来に方向づけられた行動形態はどのような原因が生み出し、決定づけるのかを知ろうとする。この問いに対する解答は、障害の存在に関するパヴロフの公式のなかに含まれている。障害の存在は（パヴロフ以前の心理学が示しているように）目的達成の主要な条件であるだけでなく、目的の発生や存在そのものに不可欠の条件なのである。

性格の力動的理論が依拠する二つの基本的心理学的命題――心理的構えの未来からの説明と、精神発達における補償の原理は、このようにして内的に結びついており、一方は実際上、他方の力動的継続である。障害の存在は、精神活動の「目的」を創り出す。つまり、精神発達に未来の展望をもたらし、「目的」の存在は補償への志向にとっての刺激を創り出す。この二つのモメントは、同一の力動的心理過程である。ところで、ここで展開されている見解の内的論理を十分に理解するためには、われわれの依拠する第三の基本的命題、発達過程の社会的制約性の原理も二つの命題と内的に結びついており、最初の、すべてを決定する原因系列を構成し、最後の終極的、目的的原因系列を構成するのも同一の過程――必要性からの発達であるということを述べておこう。

子どもがそのなかで成長するにちがいない社会的条件は、一方において、子どもの発達の創造力がそこから出てくる子どもの非順応性の領域を構成し、子どもを発達に駆り立てる障害の存在は、子どもが入っていかねばならない社会環境の条件に起因するのであるが、他方において、子どものすべての発達は、必要な社会的水準の達成に向けられている。ここには始めと終わり、アルファとオメガがある。

この過程の三つのモメントは、年代的には次のように描くことができよう。①社会的-文化的環境への子どもの非順応性は、子どもの精神的成長にとっての巨大な障害を創り出す（発達の社会的被制約性の原理）、②この障害は、補償的発達にとっての刺激となる。その目標点となり、全過程を方向づける（未来展望の原理）、③障害の存在は、機能を向上させ、改善させ、障害の克服、つまり順応性をもたらす。すなわち、人格と環境との関係が最初にあり（①）、過程が最後にある（③）ということは、過程に閉じられた曲線を与え、それを直接的（原因の）様相と転換（目的）の様相で見ることを可能にしている。

## 4　性格の弁証法的発達

しかし、私たちが、どのようにして弱さから強さが発生し、欠陥から能力が発生するかを知るならば、私たちは、子どもの才能の問題への鍵を手中にすることになろう。才能の力動的理論は、もちろん未来の問題である。これまでは、いや現在でもこの問題は純粋に静的に解決されている。研究者は、子どもの才能に対し、事実として与えられたものとして立ち向い、一つの問いを提起するだけである。「点数はどれだけ？」かれが興味をもつのは点数だけで、才能の環境ではない。子どもの性格の力動的理論では、プラス・マイナスの才能、すなわち天才児と障害児に関する新しい弁証法的学説を創造するための仮定が提起されている。以前の原始論的・量的観点は、たちまちその完全な理論的破産を暴露した。悪い記憶の人間がここにいると想像しよう。かれはそのことを知っており、研究は無意味単語の記銘での悪い成績を明らかにした。心理学で確認された低知能に従えば、この人間は遺伝あるいは病気により記銘の能力に欠陥があると結論しなければならない。厳密に言えば、普通このような研究方法で結論にされるものは、前提においてすでに述べられていることである。たとえば、この場合は、だれかの記憶力が悪かったり、単語を少ししか記銘しなかったとすると、かれは記銘の能力……が悪いとされるのである。別の問いがあってしかるべきである。「記憶力が悪いというのは何なのか？　なんのためにそれは必要なのか？」この目的については、私たちはその個人に関する立ち入った知識からのみ確認することができよう。その部分についての理解は、全体の理解からのみ得られるものだからである。

力動的観点は、才能や障害を補償という同一の過程からの二つの異なる結末として見ることを可能にする。もちろん補償のため、欠陥が才能に転化するためには欠陥がありさえすればよいと仮定するのは、科学的には認められない楽観主義であろう。超補償というのは、その過程が経過する内的・外的条件とは無関係に、すべての欠陥が長所に転化するというのであれば、魅惑的ではあっても、生物学的過程ではないだろう。あらゆる欠陥が高度の発達を補償すると、不条理なことを言うことほどに、この思想を戯画化し誤らせるものはない。もしこんなことがあるとしたら、生きるのもきわめて楽だろう。実際には、補償は闘争であり、あらゆる闘争と同様に、それには二つの極――勝利と敗北がある。あらゆる闘争と同様、その結末は闘う両者の力の程度に依存する。この場合は、障害の大きさ、補償の基金の豊かさ、すなわち有機体の予備資源の豊かさに依存する。

補償が成功するとすれば、私たちの前には、子どもの才能の完璧な、超価値的な発達の姿がある。補償が失敗するならば、私たちの前にあるのは、意気消沈した、不完全な、停滞した、歪んだ発達である。この過程の一方の極が突き当たるのは天才であり、他方の極が突き当たるのは神経症である。

神経症、心理学的立場の連合で充たされた病への逃走は、生活プランを誤った道に向け、子どもの生活や性格の主要路線を歪める虚構の目的を証明する。失敗した補償は、病の助けによる防衛闘争に転化する。勝つ者は、自分の弱さで防衛するのである。これら二つの極、極端な例の間に、補償のミニマムからマクシマムまでのさまざまな程度のものが並ぶ。それは、子どもの才能の実際において私たちがもっともしばしば出会い、確認するものである。力動的接近の新しさは、才能やその特殊例の量的評価の変化にあるのではなく、その評価に自足的意義があることを否定することにある。障害そのものは、全体としての発達については何も語りはしない。あれこれの障害をもつ子どもは、まだ障害児ではない。障害とともにそれを克服する刺激を与えられている。才能の発達は、性格の発達とも同様、弁証法的であり、矛盾によって運動する。

## 5 子どもの自然的教育としての遊び

内的矛盾は、性格の発達を、アドラーが有機的欠陥と心理的補償との対立について名づけた「心理的コントラスト」の線にそって動かす。

フロイトは、性格学の三っ揃え（几帳面、控え目、強情）と、それの肛門性欲との関連に関する有名なテーゼを提起した。もう一つのテーゼは「尿失禁に悩む主体は、過度に燃える野心を特徴とする」（『性格と肛門性欲』一九二三年）である。「このような現象の関連の内的必然性……」は、けっして明らかでなく、この理論の著者自身にも理解されていない。私たちは、これらの性格特徴が将来の生活にとってどのような意義をもつのかを問わねばならない。性格学の三っ揃えと肛門性欲とにはどのような関連があるのか？ なぜ、全生涯にわたりこれらの特徴によって行動が規定され、何がそれの衰退しないことを助け、何がそれを補給するのか？ 人格の精神機能の体系のなかでなんのためにそれが必要とされるのか？

反対に、私たちに子どもの聴覚の障害（低い聴覚）から反応形成と補償を通してどのように高い鋭敏さ、疑い深さ、不安、好奇心など、すなわち障害を補償しようとする機能が発達し、それらの上に防衛の心理的上部構造が創られるのかが示されるならば、私たちにとって性格の論理やその社会的-心理学的法則性が意味づけられ、理解されることになろう。

フロイトにとっては、性格の特質には「自己の存在を永遠に続ける第一次的欲望」が現われ、性格は遠い過去に根ざすものであった。アドラーにとっては、性格は人格の将来的側面であった。フロイトが夢の解釈において昨日の痕跡や遠く離れた児童体験から出発したように、またアドラーは、夢が戦争の偵察、未来の打診、将来の行為の準備だということから出発しているように、人格構造の学説や性格に関する学説において新しい学説は、心理学にとってきわめて深い価値のある未来展望を導き入れようとしている。これは、私たちを保守的な後向きの理論の支配から解放している。実際のところ、フロイトにとって人間は、自分の過去に縛りつけられた手押し一輪車を押す徒刑囚であった。全生活が幼児期に要素的組合わせで決定され、余すところなくすべてが子ども時代の葛藤の克服に還元された。なぜその後の葛藤、外傷、体験が、全生活の核心を構成する幼児的なものの上層をなすだけなのかは不明のままである。新しい学説における革命的な未来展望は、個人の発達と生活を、社会生活の要求によって定められた終局点、フィナーレに向かう客観的必然性をもって前進する統一的過程として理解することを可能にする。

心理学的未来展望は、教育の理論的可能性でもある。子どもは、その本性からいって常に大人社会においては不完全なものである。その地位は最初から子どもに弱さ、確信のない、困難の感情を発達させる理由を与える。子どもは長い間、自立的存在としては適応できないでいる。児童期のこの不適応、不便さに子どもの発達の根源がある。児童期は、大部分は欠陥とその補償の時期であり、社会全体との関係において自分の地位を獲得する時期である。この獲得の過程において一定の生物タイプとしてのヒトは、社会的タイプとしての人間に転化し、動物的生体は人間的人格になる。この自然的過程の社会的所有を教育と呼ぶのである。

教育は、子どもの発達と形成の自然的過程そのもののなかに、社会的存在の要求によって規定される未来展望が含まれていなかったならばありえなかったろう。教育計画の可能性そのもの、その未来への構えは、発達過程のなかに教育を所有しようとする計画が存在することを証明している。実際のところ、これはただ一つのことを意味している。つまり、子どもの発達と形成は、社会的に方向づけられた過程だということである。このきわめて重要な路線についてＯ・リュウレは次のように語っている、「これは、子どもを目的に導くアリアドネの糸（窮境から救う道しるべ）である。時間とともにすべての精神機能が選んだ方向ではたらき、すべての精神過程が自分の典型的表現を獲得するかぎり、自分を覆い、自分の生活設計を描く戦術的手法、志向、能力の総計が形成される。これを、私たちは性格と呼んでいるのである（『プロレタリアの子どもの心理』一九二六年）。

この路線で子どもに関する科学の多くの重要な発見がおこなわれた。たとえば、グロースは、スタンレイ・ホールや生物発生論に対抗して、その有名な古典的研究において、動物や人間の子どもの自然的教育の基本的形態としての遊びは、それの過去とのつながりからではなく、未来への方向性から理解や説明が可能であることを示した。遊びは、子どもに複雑な生活課題遂行のための生得的反応が不十分であるから、つまりその不適応性から発生するのである。児童期というのは、「生得的反応から直接に発達するものではなくて、生活に必要な適応性を獲得する」（『子どもの精神生活』一九一六年）生物学的時期、つまり、不十分さを補償する時期であり、遊びは、子どもの自然的自己教育、未来のための練習である。

最近は、実質的にグロースの思想をいっそう発展させる、練習の心理学的本性に関する新しい観点がますます提起され、強化されてきている。その見解に従えば練習は、発達と教育の過程、つまり人格形成の過程におけるもっとも重要な機能であり、補償の過程なのである。

グロースの遊びの理論や練習の新しい理論に照らしてのみ、児童運動の意義、その教育的意味は本当に理解され、評価されることができる。児童運動（そのいくつかの要素）は、国際的規模における大衆的児童遊戯の組織と合理化の経験として考察されなければならない。革命的時代の遊戯は、すべての遊戯と同じように、子どもを未来に準備し、未来の行動の基本路線を敷設する。このような遊戯の思想や実践は、人格の発達が生得的な原始的渇望の受動的展開であったならば不可能であろう。幼時期から人間の全生活を一本の糸、歴史によって引かれた一つの直線に沿って意識的に引きのばし、方向づけるこの思想は、性格が生得的でなく、創り出されるものだという条件のもとでのみ確実なものとなろう。性格の発生過程は、展開ではなく、育成とするのが正しい呼び方である。この観点こそが、社会的見地による人格の理解への鍵となり、条件的・隠喩的意味ではなく、人格の生物学的構造の上に押された階級性の現実的・具体的意味における階級的性格の理解への鍵となる。性格の静態的理解の基本的欠陥として、ザルキントは、この理論が、すべての人間が生物的単位であるだけでなく、歴史的単位であり、自分の性格のなかに歴史的特徴をおびているという根本的事実との関係で陥る矛盾を指摘している。

「階級的立場（搾取者あるいは被搾取者の立場）、歴史的時代（革命、反動）が性格の……あれこれのタイプをうながすのではないか?」(『ソビエト教育学の諸問題』一九二六年)この問題では、性格理解の二つの異なる方法を鋭く分ける特徴がある。その一つは、性格のなかに生物的運命を見るものであり、もう一つは、人格の歴史的形態を見るものである。第一の見解は、性格を誕生の瞬間までに用意され、形成された特徴の集計としてみるコンペイレの有名なテーゼに示されている。「後に勤勉になる子どもは、哺乳ビンを摑んだり持ったりするマナーにその性向を現わしていると、パラドックスに陥ることなしに言うことができる」と、かれは述べている(『子どもの精神生活』一九一六年)。言いかえれば、性格は人間とともに生まれるのであって、新生児が哺乳ビンを摑んだり持ったりするマナーのなかにすでに与えられているのである。

これとは反対にグロースは、自然的教育としての遊びの巨大な意義を、それが私たちを遺伝的性質から新しい「獲得的」性質に導く能力のなかに見ており、「ここで有名な古い表現、人間を古いアダムから新しいアダムへと導く……を適用する」のである(グロース、一九一六年)。性格は、新しいアダムであり、人間の新しい第二の本性なのである。

# 第7章　才能の問題と教育の個人的目的

## 1　人格と教育

教育過程の社会的性格についての絶えざる指摘は、学校における人格の問題の廃止とか無関心を意味するものではけっしてない。教育は、究極のところ常に個々の人格を問題とするのであり、社会的環境は個々の人格において形成されるか、もしくはより正確に言えば、実現されるのである。

もちろん、教育過程における生徒の人格の役割と指導的意義は、かの「教育学的二重奏」を思い出さざるをえないのだが、それは教師と生徒との間の関係をすっかり含んだ個人教育の過程に帰せられる。以前は、生徒の人格が教育的手段の中心を成していたとすれば、現在はそれが新しい意義と意味を獲得している。

公教育における人格の問題は、同時にいくつかの個別的問題を意味することができる。そのうちの第一は、各生徒に固有の個人差にかかわる。人間の身体や行動の構造は、父祖伝来の共通性をもちつつも、各人の体質は個別的であり、二度とない唯一の、それにのみ固有の性質をもっているが、本質的には「人間一般」の平均タイプのバリエーションである。このタイプというのは適当な方法論的手法で見るべきもので、抽象以外の何ものでもない。

人間一般が、個々の部分や側面、たとえば、骨格とか心理として存在するのは、抽象的思考においてのみである。

実際、現実に存在するのはあれこれの人間であり、その人間の骨格や心理である。この個々の人間の具体的特質に注意を向けることは、言うまでもなく、教育者や心理学者のなすべき仕事である。

教育は、けっして空白から始まることはなく、まったく新しい反応を鍛え上げたり、最初の刺激を実現したりすることはない。反対に、常にすでに準備され、与えられた行動形式から出発し、それらの変化について語り、取り替えに努めるのであって、絶対的に新しいものを創造しようとするのではない。この意味においてすべての教育は、すでに実現されたものの再教育である。それゆえに、教育の最初の要求は、相続された行動形態の十分に正確な知識であって、それを基礎にして個人的経験領域が上積みされるのである。つまり、ここでは個人差の知識が特別の意義をもつ。

個人が平均的タイプよりきわめて明瞭に逸脱している場合には、このようなことを目にするのはごく稀になる。視覚、聴覚に障害をもった子ども、あるいは生まれつき中枢神経系に有機的欠陥をもった子ども、たとえば重度の知的障害の子どものことを考えてみよう。教育と教授のあらゆる形態が、たとえ教育学の基本法則は犯さないとしても、これらの子どもに適した特別の傾向や意味をもったものにすることは明らかである。たとえば、視覚障害の場合、晴眼者と正確に同じ条件反射が形成されるが、それは視覚ではなくて触覚によるものであり、指で点字を読む、すなわち文字を目で知覚するのでなく、触覚で触るのであり、読みの過程やそれと結びついた活動は、まったく特別な性格と偏りをもつことになる。

同じようにして、聾者や重度の知的障害者に労働生活を教え、適応させる過程もまったく異なっており、そのことを教育者は考慮しないわけにはいかない。生まれながらの聾者は、ふつう、会話ができない。かれらは、他人の言葉や声も自分自身の発する音も聞こえないからである。かれらに人間のことばを教え、かれらと普通の人々との間のコミュニケーションを可能にするためには、かれらの注意を私たちがあれこれの言葉を発するときにいつも動かす唇の運動に向けさせ、その一つ一つの動きと言葉の輪郭や意味とを結びつけることを教えなければならない。その後、かれらが人間のことばを目で唇から、私たちが紙片から読み取るのとまったく同じようにして読み取ることを教える必要がある。聾者に話すことを教えるためには、かれらによって発せられるものを知覚し、自分の言語運動反応をコントロールする可能性を与える必要がある。これを普通の耳を通しておこなうことはできないから、耳をこの場合運動・触覚刺激に替え、生徒の手をのどにあて、話しているときにおこなわれる運動を感知することを教える。そして、話者自身に戻って、かれが意識的に話すことを助けるのである。この話は、私たちの場合、耳の助けで、私たちが発するだけでなく、聞くことを介して形成される。したがって、発せられたことが私たちによって評価される。

同じようにして、知的障害者の教育においては、条件反応を形成し強化するために、健常児の教育の場合とは異なる心理学的手法をとる必要があり、しばしばかれらに必要な行動形態を教えるために、きわめて原始的な本能や欲求を利用する必要がある。ある種の知的障害者に身体を洗うことや衣服を着ることを教えるためには、それらの行為を食事と結びつける必要がある。というのは、飢餓の強い刺激の圧力の下でのみ、このような子どもは不動の状態から抜け出て、一定の活動を自分に強制することができるからである。

もしこれを健常児に適用したならば、きびしい非難を受けると思われるこのような手法が、知的障害児の教育においては唯一合理的で必要な手法となるのである。

## 2　才能と教育

同じように、私たちが他方の極端、すなわちきわめて才能のある子どもを取り上げた場合も、教育のいくつかの一般的手法や規則を変える必要に迫られるだろう。簡単に言って、それはいくつかの特殊な才能の形態、たとえば絵画、音楽、ダンスにおいてきわめて幼い年齢から早期の特殊教育をすれば、子どもに潜んでいた可能性の正常な発達を保障することができる。

それゆえ、正常でない人、身体障害者、天才の教育は、古くから教育学における治外法権者、つまり一般法則の及ばない者のように考えられてきた。このような見解は間違っているといわなければならない。この分野における治外法権は、いまだよく研究されていない現象の当然の無理解から生じる誤謬に基づくものであって、根拠のあるものではない。教育学の一般法則は、教育のあらゆる分野に同じように適用されるときにのみ科学的法則となりうる。圧力や重力の法則は、レールを山のトンネルに敷設しようが沼地に敷設しようがまったく同じである。

敷設と結びついた実際の作業はそれぞれの土地によって異なる形態をとるにせよ、どちらの土地も物理は同じである。土地によってそれぞれに独自の作業形態が要求されるということは、それぞれに固有の法則が存在することをけっして意味せず、同一の法則が異なる表現、量的に異なる意味をもつことを示すにすぎない。

このようにして、天才も重度の知的障害者も、子ども時代には他のすべての子どもと同じ教育の対象となり、教育学の一般法則は、その年齢のすべての子どもの場合と同じようにして書かれる。その一般的教育法則に基づいてのみ、私たちはそれぞれの子どもの教育に伝えられなくてはならない個別化の正しい形態を見いだすことができる。

個別化の問題は、標準の限界を超えた者に対してのみ発生するというのは、同じように間違った考えである。反対に、すべての子どもについて私たちは一定の個別化の形態をもつ。たしかに、視覚障害、天才、聴覚障害、知的障害の場合のように明瞭にはっきりと表現されるようなものではないが、たとえ量は減じても、現象がなくなることはない。教育方法個別化の要求は、教育学の一般的要求であって、断固すべての子どもに適用されるべきものである。

ここから、教育者には二つの課題が立てられる。第一に、すべての生徒について、すべての特質の個別的研究をおこなうこと、第二に、それぞれの生徒に対するすべての教育方法および社会的環境の影響の個別的適用をはかることである。すべてを同じ尺度で計ることは、教育学の最大の誤解である。教育学の基本的前提として個別化の要求――すなわち、すべての生徒に対し教育の個別的目的を意識的に正確に定義することである。

現代心理学には教育の個別的目的の具体化の思想がますます普及しはじめている。そして、それとの関連で、才能を抽象的・一般的能力とみる伝統的学説を再編成しようとする傾向、あるいはいずれにしてもそれに本質的修正を持ち込もうとする傾向がみられる。バートは、知能の概念を学校適性の概念にかえ、すべての問題に精神工学的傾向を与えている。この場合、子どもは、学校が子どもに与えた実際的課題との相関の観点で見られることになり、それは精神工学が労働者をあれこれの職業の要求との相関の観点から研究するのとまったく類似している。抽象的な能力の代わりに、読み書き計算の実際的技能の具体的・実際的研究・調査が提起されている。

もう一つの本質的修正は、一般的・抽象的な才能の概念を、専門的・具体的適性の概念に置き換えることに帰せられる。この修正は、障害児についても天才的作家についても同じように明瞭に実証されている。あらゆる才能が常にあるなんらかの特殊的才能なのである。たとえばトルストイは、作家的才能が研究されたならば、第一級の地位を占めることになろう。だが、もし音楽的才能、技術者としての適性、数学的才能の研究がなされたならば、おそらくきわめてわずかな能力、たぶん最低の地位の一つを占めることになろう。チェーホフは、ごく平均的な医者でかつ偉大な作家であった。中程度の知的障害者が、天才を驚かすような驚異的記憶力を突然表わすことも稀ではない。これらのことはすべて一つのことを物語っている。――「一般的才能」というものはない。存在するのは、あれこれの活動に対するさまざまの専門的素質なのである。

# 第8章　練習と疲労

## 1　習慣について

「私たちが床を離れた瞬間から夜に寝床に入るまで、私たちの行為の一〇〇のうちの九九、いやもしかしたら一〇〇〇のうちの九九九は、純粋に自動的に、あるいは習慣に従っておこなわれている」とジェームズは語っている。「服を着る、衣服を脱ぐ、食べる、飲む、挨拶をする、帽子をとる、御婦人に道をゆずる――これらの行為のすべてが、また私たちの行う日常の大部分の会話も、ほとんど反射的な運動といえるほどにありふれたかたちで繰り返されるため私たちのなかに定着している。どんな種類の印象にも私たちは、自動的に応えるような応答を用意している。」

ここからも、習慣の確立に努めることが、教育においてどんなに大切かがわかるだろう。なんらかの行為がそれによって習慣に転化し、自動的な運動の性質をおびるようになる過程のことを練習と呼ぶ。私たちが自分の行動を自分が組織した反応として、習慣以外のものと定義できるものは、反応のなかの一〇〇〇分の一にすぎない。ジェームズの表現によれば、人間は習慣の生きた複合にすぎない。それゆえ、教師の目的は生徒に将来の生活において役に立つような習慣を身につけさせることにある。

ここから、練習の過程に格別の注意を向けることを要求する教育学の重要な規則が出てくる。練習を、単なる記憶のように見てはならない。むしろ練習は、なんらかの行為の最善の遂行を可能にするような体質を創り出すものなのである。能力の研究において練習は、普通クレペリンの一桁の足し算の方法が提案されている。「一分間にできる足し算の数に注意を向けてみると、作業の生産性は大きく増大することに気づく。そのことは最初の生産性とそれに続く日ごとのそれとを比較するといっそう明瞭になる。このような生産性の向上は練習の影響によるもので、周知のように、あらゆる種類の肉体的・精神的作業を、練習は軽減し、速度を速める。練習は、一種の記憶である。練習をすると個々の印象が保持されるのでなく、いわば道が踏み均されるようにして活動のしかたすべてが軽減される」とガウプは述べている。

実験的研究が示すところによれば、練習は最初はゆっくり発達するが、その後しだいに速くなって、終わりは鼓動のようになる。これは、練習が脳分子の配列にある種の変更を加えることを意味する。ジェームズはこのような意味において次のごとく述べている。「どんな教育も、その主要部分は、神経系を私たちの敵ではなく、同盟者にすることにある。そのことを成し遂げるために私たちは、できるかぎり幼いうちから最大限多数の有益な行為を習慣的・自動的なものにし、害をもたらすかもしれない習慣が根づくことには同じような熱意でもって闘わねばならない。日常の行為の大部分が努力なしに、自動的におこなわれればおこなわれるほど、私たちの高次の精神能力は自分の活動でよりたくさんの自由を得ることになる。その意味で、習慣は第二の天性という諺は深い真理を語っている。もし子どもたちが、どんなに早く自分たちが習慣の単なる生きた複合になったかを想像できるようになれば、かれらはまだ柔軟な年齢の時から自分の行動により多くの注意を向けることになるだろう。私たちの運命は私たち自身の手中にある。それが良くなるにせよ悪くなるにせよ、私たちはけっして、以前におこなったことを後で変更することはできない。有徳な行為にせよ不道徳な行為にせよ、私たちのうちにたとえわずかでも痕跡を残さないものはない。ジェファーソンのコメディーの大酒飲みリップ・バン・ビンクルは、毎回新しい酒宴の後「私はもうこんなことは考えない」と言う。本当に、かれは考えないかもしれない。あわれみ深い主人は、たぶんやはりかれにこんなことはもう考えないように勧めるだろう。しかし、こんなことはやっぱり思い出されるのである。神経細胞や神経繊維の深いところで分子は考え、新しい誘惑に対してビンクルに反対するために利用しようと彼を別のところへ連れていくのである。科学的厳密さで言って、私たちがしたことについて、私たちは何事も完全に拭い去ることはできないのである。」（『心理学』一九〇二年）

チェーホフの物語の一つで、主人公は過ぎ去った、欺いた恋愛の後、日記に皇帝ダビドは「すべては通りすぎる」と記してある指輪をしていたと書く。これへの回答としてかれは自分の日記に次のような言葉を記した。「もし私に、指輪をあつらえようという気持ちがあったら、私は「何も通り過ぎはしない」と記したものを選ぶだろう。私たちのどんなに小さな歩みもみんな未来に意味をもっているのだ。」

心理学的観点からすると、これら対立する主張は同じように明白な真理である。心理学的にはすべてが通り過ぎるが、あらゆる繰り返しの運動は、最初のものが先行するがゆえに何事かを失うとともに、新しい何事かを獲得する。しかし、心理学的には何事も通り過ぎはせず、すべては痕跡を残し、現在および未来に影響を及ぼすということも同じように真理なのである。

この法則は、きわめて取るに足りないような行為でも、それがもし習慣となったら、どんなに大きな重要な意味を獲得するかしれないということに、教師の注意を向けさせるにちがいない。

うかつなジェスチャー、偶然的動き、無邪気ないたずらが、一度でもおこなわれると、神経系に痕跡を残す。そして、その痕跡は、私たちには感じられなくても、必ず身体には感じとられるのである。

「ベン教授の著作に〈道徳的習慣〉という章があるが、そこには二つの重要な規則を導き出すことのできるいくつかのすばらしい実践的注意が述べられている。……新しい動機の強化を促すことのできるものはすべて利用すること。自分の新しい進路を支えるような条件を自分のなかに強固に打ち立てること。

第二の規則は、新しい習慣がしっかり自分のうちに根ざすまでは、その習慣をけっして止めてはならないというものである。新しい習慣の違反はどんな場合も、糸を巻きつけた玉を落とすことにたとえることができよう。それは一度でも落とせば、それを元の姿にもどすためには何回も糸をまかねばならない。絶え間のない練習は、神経を誤りなく活動させるための主要な手段である。

上述の二つの規則にさらに、次の第三の規則をつけ加えることができよう。採択した決定を行動に移すのに最初に出会った好都合な場合を利用し、自分が獲得しようと思う習慣の方向で発生するあらゆる情動的志向を満足させるようにすること。この決定と志向は、それらが発生する時ではなく、なんらかの運動的効果を生み出したときに一定の痕跡を脳に残す。

……行動の志向は、絶え間ない行動が実際により多く反復されるほど、それを呼び起こす脳の能力がより増大するほど、より強く私たちの内に根づく。気高い決定や感情の真の高揚が、私たちのせいでどのような実際的結果も生まず、跡形もなく消え去るとき、私たちは、行動する好都合な機会を逸するだけでなく、もっと悪いことには、将来における私たちの決定や行動のかたちで正常に放電する感情の障害となる積極的な停滞を生み出す。生涯自分の心情を吐露し続け、真に勇気ある行動をけっして果たすことのない頼りないセンチメンタリスト、夢想家の性格ほどに軽蔑すべき人間の性格はない。

このことは私たちを第四の規則に導く。自分の生徒にあまりにたくさんの説教をしたり、あまりに多くの抽象的性格の事柄を聞かせてはならない……。

第五の最後の規則として私は次のことを確立したい。たいしたことではないが、自発的な毎日の練習により、生き生きとした努力をする能力を自分の中に保持すること。つまり、自分にとって必要ではない小さなことに組織的なヒロイズムを発揮すること。真に必要なことが起きたときに自分が頼りなく、準備ができていないと感じることのないように、一つでも何かの困難な仕事を毎日するようにせよ」(ジェームズ『心理学――教師との対話』一九〇五年)。

純粋の生理学的研究が、運動の反復とか、それと結びついた疲労が、私たちの行動の正常な経過にどのような巨大な影響を及ぼすのかを示している。もっとも重要な神経メカニズムの作用ではないかと思われる一般的運動領野確保のための闘いとそれは関連がある。シェリントンは、この闘いの結末を決定するものとして四つの要因をあげている。張り合う刺激の相対的強さと反射の情動的色彩と並べて、かれは二様に作用する疲労をあげている。

第一に、疲労は基本的一般領野を支配する反射の力を弱める。それは、「時間の流れとともにその領野との結びつきを保持する能力を失う」。この場合もっとも注目すべきことは、基本的一般領野そのものは、ほとんど疲労を現わさないということである。明らかに疲労は、はたらく器官に局在するのでなく、一つの反射がいつまでも支配するのを排除するために神経系によって創り出される「合目的的適応」なのである。「それのおかげで、有機体の反射的反応の多様性が達せられる。反応の多様性は、周囲の環境における現象にいちじるしい多様性があるがために必要なのである。疲労がなかったら、動物の器官はどれか一つの器官（目、耳、口、手あるいは足）だけが発達して、現実には動物を特徴づけている受容器官のすばらしい多様性をけっして所有できなかっただろう。」（『神経系の統合活動』一九六九年）

第二に、疲労のはたらきは、ある一つの反射が長く続いた後、それに対立する反射のあらわれを容易にし、それを強化さえすることにある。この現象をシェリントンは、ヘリングが視覚帰納法と名づけた視覚器官における同様の現象との類推から脊髄帰納法と呼んだ。

このようにして、私たちは、一様で強固な、多少なりとも恒常的な環境刺激に対する合目的的で紋切り型の反応としての習慣的行為の生物学的利便性とならんで、神経系がもう一つの生物学的に同じように重要でありながら、まったく対立する意義の疲労のメカニズムをもつことを見いだす。このメカニズムの使命は、習慣を破壊し、その神経路を閉じ、新しい反応の出現を容易にすることにある。

これら二つのメカニズムの必要性は明らかである。もし習慣がなかったならば、行動は非常に不経済な方法をとることになろう。私たちは、あらゆる思考が、すなわち非習慣的行動、新しい条件への適応、新しい反応の創造が、常に困難から発生し、あらゆる運動の行詰まりとか多少なりと長引く停滞を予防することを覚えている。習慣をもたず、それを行動様式として利用することのない動物は、あらゆることで困難に突き当たると、決定的に反応が停滞する。

これとは反対に、もし疲労がないとすると、一般的運動領野確保のための闘争、ある領野から他の領野への移行も存在しないことになろう。動物の環境への適応のあらゆる機能的多様性はなくなって、画一的・自動的な反応に代わることになるだろう。

これら二つのメカニズムの弁証法的矛盾は、動物の発達の一般法則に完全に応えるものなのである。

## 2 練習の教育学的意義

意識的行動は、次のような特徴によって他から区別される。何かの行為をする前に必ず私たちは、外に現われない、行動にブレーキをかける反応をする。それは私たちの行為の結果を予測し、次なる反射への刺激となる。言いかえれば、一定の思考が、あらゆる意志的行為に先行する。

この問題についてミュンスターベルグは次のように述べている。「私は、本に手を差し伸ばす前に、本を手にとることを考える。このようにして、目的に関する事前の表象が最後の結果と一致するということは、基本的事実である。しかし、その際もっとも本質的なことが見落されているように思われる。そこにはなお中間的過程が存在するのではないか——私が立ち、手を伸ばすとき、本についての私の考えと運動との間に内的衝動、決定の行為の感情が？　ここにはまさに意志の秘密があり、隠れているのではないか？　几帳面な心理学は、秘密は扱わない。だが、綿密な分析は、このような衝動に基づく体験を分離することができる。実際にも、ここでは最終目的を達成するために遂行しなくてはならない最初の運動についての事前の表象が一定の役割を果たすのである。

私が本を取ろうと考えるとき、その最終段階は、最初の一歩、椅子から立つことに依存する。最初の運動の遂行がすべての行為の遂行を決定する。したがって、私の意識には全過程のキューとしての最初の運動に関する表象がなければならない。実際の運動に先行する最初の運動に関するこの表象は、私たちがふつう、衝動の感情と呼ぶものの内容でもある。

衝動の感情というのは、このように遂行しなければならない最初の身体的運動の結果に関する事前の表象である。言いかえれば、決定や衝動の感情を含んだすべての意識的体験や願望は、目的に関する互いに競い合う表象の比較から構成されるのである。それら表象のうちの一つが優位に達し、遂行しなければならない最初の運動と結合する。そしてその精神状態が運動へと移行する。私たちには、この運動は私たち自身の意志が生み出したものという感情がある。それゆえ、達せられる最終的結果は、目的に関する先行の表象と一致するのである。」

このようにして、私たちの行動の成否は、目的の表象の明瞭さ、すなわち私たちの意識において先行する反応がどれだけしっかりと支配するかに依存する。「練習を必要とするような特別の意志的能力は存在しないし、目的の表象からそれの実現への移行を引き起こさないような特別の精神力もない。子どもは、徐々に発達しながら、自分の視野の前にある取りかかった行為の目的をしっかりと支える能力を獲得するにちがいない。この点に事実上、教育的影響の中心がある。私たちが実際にしたいことをする、つまり、自分の義務を果たすことである。この能力――知的視野の前にある私たちの深い欲求の対象となるものをしっかりと保持する能力――を発達させること以上の高い教育目的はない。」

この分析から、練習の教育的意義が完全に明らかとなる。ミュンスターベルグが、子どもの他の機能は年ごとに発達するのだが、子どもの注意は体系的な綿密な練習によってのみ発達すると述べているのは正しい。どうして練習が注意のはたらきにおいてこのような役割を果たすのかを説明しよう。私たちは、注意が私たちの有機体の順応のための反応であることを知っている。その際、いわゆる随意的注意は、内的思考反応によって発生する。したがって、それは多数の内的刺激と結びついていればいるほど頻繁に現われる。言いかえれば、それの発生のためには内的刺激の蓄えがたくさんあることが必要である。注意の練習は、常にこのような内的反応を介して起こされるものである。言うまでもなく、私たちがそれをたくさんすればするほど、このようなケースを増やせば増やすほど、内的刺激と注意反応との結びつきはより強固なものになる。それゆえ、ミュンスターベルグは、無意味な運動を抑え、合目的的運動を強化することほど外的行為の制御手段を決定的なものにするものはないと述べている。

意識的行動は注意を前提とするが、注意は練習によって確立される。すなわち、運動の表象をともなう条件反射の方法によって定着される一定の運動の反復によって確立される。

しかし、これは問題の一つの側面にすぎない。いま一つは習慣の問題である。習慣は意識的行動にどんな新しいことを持ち込むのかが問われる。言うなれば、習慣は私たちの行動における予測を長引かせ、私たちの側に大した努力を求めることなしに思考が、相互に結びついたたくさんの運動を処理することを可能にする。

習慣的行為とそうでない行為とを比較すれば、自動化のおかげでどれほどたくさんな力の節約が達せられるかを知ることができる。一から一〇〇まで数えることはたやすいが、これを逆にして一〇〇から一まで数える過程はどんなに困難なことか。単語を普通の読み方で左から右へ読むのは楽だが、これを単語の末尾から読むのは、同じ文字の組み合わせにもかかわらず、どんなにむずかしいことか。

同じ文句を普通の順序で読むのと、逆に読むのとを比べるときに得られる節約は、練習によって得られるあらゆる節約に当てはまるものである。

実験的研究は次のことを明らかにしている。私たちが読むとき、私たちは目の均等な運動で読むのではなく、目はとぎれとぎれの運動を起こしながら刺激を知覚している。まぶたの運動の映画的記録とか、まぶたに固定したレバーによる記録を通して、私たちは私たちの目の刺激に合わせた線を明瞭に知ることができる。そこから言えることは、私たちはけっして動く目によって読むのではなく、動かない目によって読んでいるということである。最初の文字を見るだけで私たちは言葉を言い当ててしまう。ところが、言葉を逆に読むときには、私たちは意識的にすべての文字を組み立てなければならない。まさにここに習慣のはたらきがある。習慣は、自動的に一連の反応を結びつけ、そのことによって私たちの意識のなすべき仕事を軽減するのである。習慣による反応の量が増えれば増えるほど、私たちの意識は遠く隔たった目的をより多く立て、記録することができる。たとえば、私が寝床から起きて、服を着る動作のすべてを習慣でやっているとすれば、私の意識が決めることは、〈起きなくちゃーいけない〉と考えるだけである。この考えが最初の運動と結びつくと、あとのすべての過程が容易におこなわれ、服を着るときに必要なものについて考えることができる。習慣が、朝食から朝の散歩、勤めへの出発まで及んでいるとすると、私の最初の意識的構えは、ただちに〈出勤しなくちゃー〉という考えで表現されるかもしれない。このようにして、基本的構えは、より長い一連の行為まで及ぶかもしれない。

習慣による節約は、私たちが私たちの運動をどうするかをもはや自覚しないことにある。「私は、棚から本を取るのに、私のどんな筋肉が必要かを知らない。私は、本を取ることを考え、それを取るときの運動を感じる。どのようにして前者が後者を導くのか、それは私の意識的願望には関係ない。私の意志は、このメカニズムを正しく操作するに決まっている。同じことは、私の表象の動きについてもいえるだろう。たとえば、私はある言葉を他の言語に翻訳したり、数学の問題を解いたり、何かの計画を立てたい。これらの場合、すべてが目的に合わせて順調に運ぶ。私たちは、どのようにして目的についての表象が、その順調に運ぶ過程を導くのかを意識しない。」（ミュンスターベルグ『精神工学の基礎』一九二二年）

習慣の形成は、ますます強力なメカニズムを私たちの意志の配下に置き、私たちがますます遠くの目的をたてることを可能にする。習慣は意志の負担を軽減し、意志がより高い目的をめざすことを可能にする。もし読み書きの過程が、私たちにとって習慣的なものにならなかったとしたら、私たちの意志エネルギーのすべてをその過程が吸収し、私たちがその過程において発揮しなければならならない意味への集中のための余地をなくしてしまうだろう。習慣が包み込む活動の範囲が広ければ広いほど、私たちが目的達成のために費やさねばならない意志エネルギーはより少なくなるだろう。

危険は、習慣が常に機械的行動様式を意味し、それゆえ、条件が画一的なところでのみ有益であるのかもしれないということにある。習慣的行動は、前もっての新しい適応が求められるケースでは有害となりうる。「習慣は、私たちが自分の努力をより高い目的に向け得るように私たちを解放し、豊かにする。しかし、習慣は私たちを奴隷にし、私たちの努力に対抗することもある。教育においては、習慣形成のこれら両面を考慮する必要がある（同上）。

習慣のこの両面的性格は、練習と記憶の過程の間に存在する疑いのない結びつきを思い出せば容易に明らかとなるだろう。記憶は純粋に反射的、自動的にはたらく。「だれも〈レプリカ〉なしには思い出せない」とジェームズは語っている（『心理学』一九〇二年）。記憶の反射を呼び起こすレプリカ（模写）には、二重の性質がありうる。それが多かれ少なかれ恒常的・ステレオタイプ的にはたらく刺激に属し、型にはまった陳腐な回答を要求するものであるとしたら、習慣的行為は条件に合致した反応であり、レプリカにふさわしい正しい回答であろう。だが、もしレプリカが新しい、予期せぬ、非習慣的状況に属するものならば、レプリカはステレオタイプな反応の正常な経過への障害を内に含み、習慣的行為はそれに対する最悪な回答となり、思考にとっての障害となるだけであろう。

練習の正しい理解にとってきわめて重要な、心理学的に正しい規則がもう一つある。それは、練習は内的満足をともなう時にのみ十分な成果をあげることができるというものである。そうでない場合、練習は骨の折れる反復となり、身体がそれに抵抗する。「成功に終わる努力は、前進運動にとってもっとも本質的な条件である。得られた結果に十分満足するような場合は、すべて適応の神経メカニズムにある変化をもたらす。この事実は、重要な教育学的意義をもつ。それは、単純な反復だけでは成功の増大を保障しないということを語っている。なぜなら、何かの行為のうまくいった遂行のみが、中枢神経系に望ましい構造の形成を促すのであって、もし同一の運動が繰り返し繰り返し反復されるなら、疲労は不満足な結果をもたらし、新しいほんのちょっとした抵抗の形成をも妨げることになるからである。」（ミュンスターベルグ『精神工学の基礎』一九二二年、二〇二頁）

## 3　疲労学説

「疲労は、練習の敵である」とガウプは語っている（『児童心理学』一九一〇年）。問題は、練習の過程は私たちの身体の共同の活動を同時に求めるということにある。たとえば、私たちが書いたり、歩いたりするとき、私たちの手や足の運動は目のはたらきによって調節され、決定されており、目を閉じて書いたり歩いたりすることがどんなにむずかしいことかはだれもが知っている。このようにして、私たちのあらゆる活動は、何かある一つの器官ではなくて、一連の器官がいっしょになってはたらくのであり、注意の活動には常に他の反応の積極的停滞や制止がともなう。このことにより、作業器官にすすむ純粋の筋肉疲労のほかに、一般的神経疲労の現象が存在し、それが広く広まって私たちの身体の活動の継続を不可能にするのである。

この場合、三つの基本的概念――疲れ、疲労、過労――を区別する必要がある。疲れというのは、疲労が起こる生理学的根拠が何もないときにも発生することがある神経状態のことをいう。疲れは、良い睡眠の後とか催眠をかけられた後にもありうるし、私たちの前でなされていることに興味がなかったり退屈なときにも起きる。正常な状態の場合、疲れは私たちにとって疲労のやってくるシグナルである。疲労は、純粋の生理学的事実であり、ある研究者たちは、疲労が神経系に特別の毒物が現われることと結びついていると推測している。

かつては、疲労の特別の毒が存在するとさえ考えられ、それが長期の激しい作業を続けるとき、私たちの組織に害を与えるのだとされた。しかし、このような毒物の存在は証明することができず、疲労の生理学的本性は、今日まで完全には解明されずにいる。いずれにしても、あらゆる神経作業が私たちの神経系のうちにある一定の物質の負担でおこなわれるものであり、したがってこの物質の消耗は遅かれ早かれ私たちの作業に終止符をうつことになるという周知のきわめて簡単な事実については疑う余地はない。

そのとき、消費した栄養の回復を必要とする神経系は、ある種の無為、あるいはさまざまな形態の睡眠の性格をとる感覚麻痺のような状態に陥る。この現象を研究したパヴロフは、睡眠は大脳半球における内制止過程が広くあふれた状態という結論に達している。

このようにして、疲労はまったく正常かつ必要な事実であり、私たちの行動が肉体にとって有害となってきたときにその作業を中止させるという意味においてその行動を制御するものである。この意味で、疲労が正常に現われるのはあらゆる種類の活動にとって必須の法則である。

教育者は疲労を恐れてはならない。教育者が恐れなくてはならないのは、疲れを自覚することなしに過度の疲労がやってくるときである。私たちが何かの複雑で困難な仕事に携わったり、あるいは非常に緊張して眠るのを妨げるような興奮状態にあって、私たちが自分の疲れをこらえる意志を強化し、疲れを克服するときに、このようなことが起きる。

明らかに、疲れは主体的反応であり、疲労は私たちの身体の客観的状態である。疲労は突然やってくるのではなく、徐々に、おそらく作業の小休止とか仕事の形態の交替と並行してやってくるものである。したがって教育者にとって非常に重要なことは、子どもが疲労に陥ることなく、続けて作業することのできる最大限の時間を確定することである。

年少の子どもの疲労度は、年長の子どもの疲労度よりもいちじるしく高い。それゆえ、八歳の子どもと六歳の子どもにやってくる疲労度はまったく違うのに、一学年の授業時間とその後の学年の授業時間とを同じにするのは大きな教育学的誤りであることを認めなければならない。

そこで作業中に長い休憩時間とか、小休止をたびたびとることとか、同じような作業が続いて疲労を早めることのないように作業の種類を交替することの要求が生まれる。疲労そのものは、作業中の最悪の条件である。疲労は、いわば作業に対する肉体の抗議であり、作業を混乱させたり遅らせ、その正確さを減らし、練習の質や結果を低めるものである。

それゆえ、もっとも重要な要求となるのは、子どもがすでに疲れているときに重い作業を課すことなく、正常な疲労に導くような授業計画を立てる特別の教育衛生学を打ち立てることである。この意味において、疲労そのものは望ましい要因である。なぜなら、疲労は、やすらぎ、休息、睡眠への強力な刺激となり、消耗した力の回復を精力的に促進するものだからである。

これに反し、過労はそのような十分な回復を不可能にする力の異常な消費を意味する。そのときには、肉体に病的な結果を引き起こす恐れのあるエネルギーの補充不可能な消費が生じる。それは、過労を生み出すような肉体に強い反作用を呼び起こす作業なのである。

# 第9章　障害と補償

## 1　超補償について

人格の統一性概念を中心にすえる心理学体系においては、超補償の観念は支配的役割を演じる。「私を滅ぼさないものは、私をより強くする」――シュテルンは、このようにこの観念を公式化し、弱さから強さが発生し、欠陥から能力が発生することを指摘している（『人の人格』一九二三年）。オーストリアの精神科医アドラーの学派によって創設され、ヨーロッパおよびアメリカで広く普及し、大きな影響を与えている心理学流派は、自らを個人心理学、あるいは人格心理学と呼び、この観念を心理に関する全体的体系、完結した学説に発展させた。超補償は、有機体の生活に稀な、特別の現象ではない。その例は、いくらでも無数にあげることができる。それは、むしろ生きた物質の基本法則と結びついた有機的過程の高度に一般的な、広く行きわたった特徴である。たしかに、私たちはこれまで超補償に関するいくらかでも周到な余すところのない生物学的理論をもたないでいる。しかし、有機的生活のいくつかの分野では、この現象が根本的に研究され、それらの実践的利用も顕著であるから、超補償については、その有機的生活における科学的に確認された根本的事実として、私たちは十分な根拠をもって語ることができよう。

私たちは、健康な子どもに天然痘の接種をする。子どもは軽い病気にかかるが、回復すれば長年にわたって天然痘に対し保護されたこととなる。子どもの体は免疫性、すなわち私たちが接種によって呼び起こした軽い病気に打ち勝つだけでなく、以前よりもより健康となってその病気から離脱する。体は中に持ち込まれた毒薬のはたらきよりもはるかに強力な解毒剤をつくり出すことができるのである。もし今、この子どもと接種を受けていない他の子どもたちとを比べるならば、私たちは、この子どもがあの恐ろしい病気に対して超健康であることがわかるだろう。かれは、他の健康な子どもたちと同じように今病気にかかっていないだけでなく、その毒が再び血液のなかに入ったときにも健康のままでいられるのである。

この一見パラドックス的な、病を超健康に変え、弱さを強さに、害毒を免疫性に変える有機的過程は、超補償と名づけられている。その本質は、次のようなことにある。有機体に対するあらゆる損傷、あるいは有害な作用が、有機体の側に、直接の危険を麻痺させるうえで必要なことよりもはるかにエネルギッシュな、より強い防衛反応を呼び起こすということである。有機体は、相対的に閉鎖的な、内的に結びついた諸器官の体系であるが、潜在的エネルギー、隠れた力の巨大な蓄えを所有している。そして、危険が迫ったときには統一的全体として作用し、集積された力の隠れた蓄えを動員して、かれを脅かす害毒よりもはるかに強力な解毒剤をもって危険な箇所に集中する。このようにして、有機体は引き起こされた害を補償するだけでなく、常に危険が発生する前よりも高度に保護された状態に自らを導くような、危険を陵駕する力の余剰をつくり出すのである。

伝染性細菌が侵入したところへは白血球が、伝染病に対抗するのに必要な数よりはるかに大量に集中する。これも超補償である。結核患者をツベルクリン、すなわち結核菌の注射によって治療するとしたら、それは有機体の超補償をあてにしているのである。この刺激と反応の不一致、有機体における作用と反作用の不平等、解毒剤の過剰、病の後の超健康、危険克服を通した高次の段階への向上は、医学と教育学、治療と教育にとってきわめて重要である。心理学においてもこの現象は、精神を有機体から切り離さず、身体と無関係な精神としてではなく、有機体のシステムのなかで、その独自な高次な機能として研究するようになったとき広い応用を獲得した。人格の体系において超補償は少なからざる役割を果たしていることがわかった。現代の精神工学に注目すればよい。その見解によれば、練習のような人格の教育過程においてもっとも重要な機能は、実際上、超補償の現象にほかならない。アドラーは、障害の結果、はたらきが困難になったり撹乱された欠陥のある器官は、それらが適応しなければならない外界との葛藤、闘争に入る必要があることに注意を向けた。この闘争には並み以上の発病とか死がともなうが、闘争自体は超補償の高い可能性をも秘めている（『個人心理学の実践と理論』一九二七年）。対の器官（腎臓、肺臓）のうちの一つが病気になったり、摘出された場合、もう一つの器官がその機能を代わりに引き受け、補償的に発達することになるよう、中枢神経系が器官のはたらきを鋭敏にしたり改善したりして欠陥のある器官の補償をおこなう。精神機構は、このような器官の上に、そのはたらきの効果性を高めたり軽減する高次の機能からなる精神的上部構造を創り出すのである。

「器官の障害の感覚は、その個人にとって精神の発達への絶えざる刺激となる」というリュウレの言葉（『プロレタリアの子どもの心理』一九二六年）をアドラーは引用している。

障害の結果、個人に発生する自分の価値が低いという感情とか意識は、自分の社会的立場の評価であり、それは精神発達の主要な原動力となる。超補償は、「予感とか予見といった心理現象、あるいは記憶、直感、注意、感受性、興味のような精神活動の要因、——要するに、すべての強化された心理的要因を発達させながら」（同上）、病的身体に超健康の意識をもたらし、欠陥のある状態から超完璧な状態の涵養、障害の天才、才能、能力への転化をもたらす。ことばの障害に苦しんだデモステネスは、ギリシャの偉大な雄弁家になった。かれについては次のように語られている。かれは、自分の生得的欠陥を特別に拡大し、その障害を強化し増大させることを通して自分の偉大な技術を獲得した。かれは、口に石を詰め、かれの声を聞こえなくする波の騒音の克服に努めたりして、ことばの発声の訓練をした。

「間違いから、よい考えが生まれる」とイタリアの諺は語っている。改善への道は、障害の克服を通して拓かれるのであり、機能障害は、機能向上の刺激となる。ベートーベンやスボーロフ（ロシアの陸軍元帥）も、その実例となる。

どもりのK・デムーレンは優れた雄弁家であり、三重苦のヘレン・ケラーは、楽観主義の有名な作家、普及者である。

## 2　アドラー学説の弁証法的性格

二つの事情が、私たちをこの学説に特別の関心をもたせる。第一に、この学説は、しばしばドイツの社会民主主義者のサークルやマルクスの学説と特別に結びつけられている。第二に、この学説は、教育学、教育の理論および実践と内的に結びついている。私たちは、個人心理学の学説とマルクス主義とがどのように結びつくかという問題はしばらく脇に置くことにする。この問題の究明には特別の研究が必要とされるだろう。マルクスとアドラーを結びつける試み、人格の学説を弁証法的唯物論の哲学的・社会学的体系の文脈のなかに取り込む試みがなされたし、どのような根拠がこれら二系列の思想の接近をそそのかすことができるのかを理解しようとする試みがあるということだけを指摘しておこう。

すでにフロイト学派から分かれ出た新しい傾向の発生が、精神分析の代表者たちの政治的・社会的見解における相違を呼び起こしている。ここでの政治的局面は、明らかに重要な意義をもち、アドラーとその同調者の一部が精神分析サークルから離脱したことについてウィッテリスが語っている。アドラーとその九人の同僚は社会民主主義者である。かれの多くの継承者は、このモメントを強調することを好む。「ジルムンド・フロイトは今日まで、かれの学説が支配的社会体制の利害にとって有益であるようにあらゆることをしてきた。これに反して、アドラーの個人心理学は革命的性格をおび、その結論はマルクスの革命的社会学の結論と完全に一致する」とO・リュウレは語っている(一九二六年)。かれは、プロレタリア少年の心理に関する自分の研究において、マルクスとアドラーの総合に努力している。

これらすべては、前にも述べたように議論の余地があるが、このような心理学的接近を可能ならしめる二つのモメントが注意を引く。

第一に、新しい学説の弁証法的性格であり、第二に、人格心理学の社会的基礎である。アドラーは、弁証法的に思考する。人格の発達は矛盾によって引き起こされる。障害、不適応、低い価値――これらはマイナス、欠陥、否定的量であるだけでなく、超補償への刺激でもある。アドラーは、次のように結論づけている。「身体的不完全さを主観的な不完全さの感情を通して、補償や超補償への精神的欲望に弁証法的に転化するのは心理学の基本法則である。」（アドラー、一九二七年）アドラーは、心理学をより広い生物学や社会学説の文脈のなかに引き込んだ。まさにすべての真の科学的思考は、弁証法的に運動する。

チャールズ・ダーウィンは、適応が不適応から、闘争、破滅、陶汰から発生することを教えている。そしてマルクスも、空想的社会主義者とは異なり、資本主義の発達は必然的にプロレタリアートの独裁による資本主義の克服を通して共産主義を導くのであり、一見そう思われるように資本主義から連れ去るのではない。アドラーの学説も、どのようにして非合目的なもの、最低なものから合目的的なもの、最高のものが必然的に発生するのかを示そうとしている。

人格心理学は、ザルキンドが正しく指摘しているように、「性格の研究における生物学的統計主義から」最終的に断絶し、「真の革命的性格論の流派」となった（『ソビエト教育学の諸問題』一九二六年）。というのも、フロイト学説とは反対に、それは生物学的宿命の地位に歴史と社会生活の推進力、形成力をおくからである（同上）。アドラーの学説は、生得的な体質が身体の構造や性格を決定し、「人間の性格のその後のすべての発達も、その人間に生まれつきそなわる基本的生物学的タイプの受動的展開にすぎない」というクレッチマーの反動的生物学体系と対立するだけでなく、フロイトの性格論とも対立する。アドラーは、二つの観念――すなわち、人格発達の社会的基礎の観念とこの過程の最終的方向性の観念――でフロイトとは異なる。個性心理学は、性格および人格の心理学的発達のすべてが有機的実体と必然的に連関するということを否定する。個人の全心理生活は、一つの課題解決に向けられた戦闘的構えと、人間社会に内在的な論理、社会生活の要求に対する一定の立場との交替である。

人格の運命を決定するものは、結局のところ、障害そのものではなくて、障害の社会的結果、障害の社会的-心理学的現実化である。これと関係して心理学者にとっては、すべての心理的活動を過去との関連においてだけでなく、人格の未来との関連において理解することが必須となった。これは、私たちの行動のフィナーレ方向性と名づけることができよう。実際上、このように心理現象を過去からだけでなく、未来からも理解するということは、現象を永遠の運動のなかで理解し、その傾向を、現在によって決定されたその未来を解明することの弁証法的要求以外の何ごとをも意味するものではない。人格の構造や性格に関する学説における新しい理解は、心理学にとってきわめて深い価値のある未来展望をもたらしている。それは私たちを、フロイトやクレッチマーの学説を振り返る保守的見方から解放する。

あらゆる有機体の生活が、適応の生物学的要求に方向づけられているように、人格の生活は、社会的存在からの要求によって方向づけられている。「私たちは、私たちの前に存在するなんらかの目的と関係なしに考えたり、感じたり、欲したり、行動することはできない」とアドラーは語っている（アドラー、一九二七年）。個々の行為も、人格の発達全体も、それらに含まれた未来への傾向から理解することができる。言いかえれば、「人間の心理生活は、うまい劇作家によって創られた登場人物のように自分の未来行動を志向するのである」（同上）。

この学説によって心理過程の理解に導入された未来展望は、私たちの注意をアドラーの方法に引きつける二つの要素のうちの一つに私たちを導く。ウィッテリスは、教育学をアドラー心理学の主要な応用部門と名づけている。実際のところ、教育学は、記述的心理学派にとっては、医学が生物科学にとって、技術が物理-化学にとって、政治が社会科学にとってもつ意味と同じような意味をもつ。教育学は、ここでは最高の真理基準である。なぜなら、実践は人間に自分の思想の真実を証明するからである。なぜ、まさにこの心理学流派が子どもの発達や教育の理解を助けるのかは、最初から明白である。子どもの不適応には、したがって超補償の源泉、すなわち機能の超補償的発達の源泉が込められている。何かの動物種の子どもが環境により適応していればいるほど、発達と教育の可能性は少ない。

超価値の担保は、欠陥の存在にある。それゆえ、子どもの発達の原動力は不適応、超補償である。このような理解は、私たちに階級心理学や階級教育学への鍵を与える。川の流れは、岸や川床によって決定されるように、発達し、成長しつつある人間の生活プラン、心理学的主流は、人格の社会的川床、社会的岸辺の客観的必要性によって決定される。

## 3 超補償の教育的意義

聴覚・視覚などの障害をもった子どもの教育の理論と実践にとって超補償に関する学説は、根本的意義をもち、心理学的基礎となる。障害は、マイナス、欠陥、弱さであるだけでなく、強さや能力の源泉であり、プラスでもあって、そこにはある積極的意味が含まれていることを教育者が知るとき、教育者の前にどのような展望が開けることだろう！実際には、心理学は古くからこのことを教えており、教育者も古くからそれを知ってはいたのだが、最近になってはじめて主要な法則が学問的正確さをもって公式化されることになったのである。子どもは、近視であればなんでも見たいと思うし、耳に障害があればなんでも聞きたいと思う。話し方に困難があったり、どもりの癖があれば、うまく話したいと思う。飛びたいという願いは、跳躍に大きな困難を抱える子どもにはっきりと表われる（アドラー、一九二七年）。この「肉体的欠陥と願望、空想、夢、すなわち補償への精神的欲望との対立」（同上）は、あらゆる教育の出発点であり、原動力である。教育の実践は、その一歩ごとにこのことを確証している。もし私たちが、びっこをひく少年が、そのためにだれよりも速い走者となったという話を聞くとしたら、その話はこの法則を語っているのだと私たちは理解する。もし実験的研究が、正常な条件のときと比較して障害があるときに反応がもっとも早く、強いことを示したならば、私たちが見たのはこの法則なのである。

人の人格についての高度な理解、その有機的統一性の理解は、健常でない子どもの教育の基礎になければならない。他の心理学者よりも深く人格の構造に分け入ったシュテルンは、次のように考えている。「あれこれの特質が健常でないことの確認から、その人が健常でないと結論づけることは、人格の非健常性についてたった一つの特質を、その唯一の原因とすることができないのと同様に、私たちがしてはならないことである。」（『差異心理学の方法論的基礎』一九二一年）

この法則は、身体にも心理にも、医学にも教育学にも当てはまる。医学では健康か病気かの唯一の基準は、全有機体の機能のはたらきが目的にかなっているかいないかであって、個々の非健常性は、有機体の他の機能によって正常に補償されているかいないかが唯一の評価基準であるという考えが、ますます強まってきている（同上、一六四頁）。心理学においても、非健常性の顕微鏡的分析は、それの再評価をもたらし、非健常性を人格の全般的非健常性のあらわれとしてみるようになってきている。シュテルンのこれらの考えを教育に適用したならば、「障害児」という概念やその用語を放棄することにならざるをえないだろう。

リップスは、このことのなかに、かれが貯水池の法則と呼ぶ心理活動の一般法則を見ている。「もし精神的できごとが自然の流れの中で中断したり、支障をきたしたり、またそのある点でなんらかの異分子が登場したりして、自然の流れの中断、停滞、あるいは暴動が起きるところでは、冠水が生じる。」（『心理学の指導原理』一九二七年、一二七頁）エネルギーがその点に集中し、高まって、停滞が克服されることもある。それは回り道をたどるかもしれない。「多くの他のこともあるなかで、そこでは失われたもの、あるいは破損されたばかりのものの高い評価があるのだ。」（同上、一二八頁）ここにも超補償の観念がある。リップスはこの法則に普遍的意義を与えている。およそあらゆる意欲をかれは、冠水の現象としてみる。喜劇的・悲劇的体験だけでなく、思考過程すらもリップスは、この法則のはたらきで説明する。障害が発生するとき、「あらゆる合目的的活動が、必然的に先行の無目的なあるいは自動的な出来事の道に沿っておこなわれる」。貯水池のエネルギーは、「脇へ動いていく傾向に固有のものである。その目的は、真っ直ぐの道では達することができず、冠水のおかげで生まれた回り道の一つによって達せられるのである。」（同上、一二七四頁）

困難、停滞、障害のおかげでのみ、他の心理過程の目的達成が可能となるのである。あるなんらかの機能の自動的働きが中断したり撹乱した点は、その点に向けられ、したがって合目的活動の形態をとった他の機能の「目的」となる。それゆえ、障害およびそれによって創り出された人格の諸機能における撹乱は、個人のあらゆる精神力の発達にとって究極の目的地となる。そこでアドラーは、障害を発達の基本的原動力であり、生活設計の究極の目的地点と名づけた。「障害−超補償」の路線は、なんらかの機能あるいは器官の障害をもった子どもの発達の幹線でもある。このようにして、あらかじめ与えられた「目的」は、本質的には外見上の目的にすぎず、実際にはそれは発達の第一原因なのである。

さまざまの障害をもった子どもの教育は、これらの子どもが障害と同時にそれとは反対方向の精神傾向を、つまり障害を克服する補償の可能性を与えられており、それらは子どもの発達の前面に表われ、発達の原動力として教育過程に含まれるにちがいないということに立脚しなければならない。超補償への自然的傾向の路線に沿って全教育過程を構成するということは、障害から発生する困難を軽減するということではなく、全力をその補償に傾け、新しい角度での全人格の形成に応えるような課題を提起することを意味する。

教育者にとっては、なんと解放的な真理であろう。盲者は、落ちた機能の上に精神的上部構造を発達させる。その唯一の課題は、視力の補充である。聴覚障害者は、聾唖者の孤立化、隔離を克服する手段の獲得にあらゆる能力を傾ける！

今日まで私たちは、この精神力、健康への意志、このような子どもにとって鍵となる社会的価値意識を考慮することなく、利用もしないでいたずらに過ごしてきた。障害は、マイナスの障害としてのみ見られてきた。障害によって作用しはじめる積極的力は、教育の脇に置かれたままであった。心理学も教育学も、肉体的欠陥と補償に対する精神的意欲との対立に関するアドラーの法則を知らず、前者の欠陥だけを考慮していた。障害は、精神的な貧困であるだけでなく、精神的富の源泉であること、弱さであるだけでなく、強さの源泉であることを知らないできた。盲児の発達は、盲目に向かっていると考えていた。だが、それは盲目の克服に向かっているのである。盲目の心理学は、実際には盲目の克服の心理学なのである。

障害心理学の間違った概念は、伝統的な盲児や聾児の教育の失敗の原因であった。障害を単に欠陥とのみ理解する以前の見方は、健康な子どもに接種された天然痘を見て、かれに病気を接種したというのに似ている。実際にはかれに超健康を接種したのである。教育は、発達の自然力に依拠するだけでなく、発達の目標とする最終の目的地をも拠りどころとするということがもっとも重要である。社会的に高い価値は、教育の究極の目的地である。なぜなら、あらゆる超補償の過程は社会的地位の獲得に向けられているからである。補償は、積極的な意味にせよ正常からのさらなる逸脱をめざすのではなく、個々の場合に応じた、人格の超正常で一面的な異常発達、つまり正常な、一定の社会的タイプに接近する方向での発達をめざすものである。超補償のノルマ（規準）は、人格の一定の社会的タイプである。世界から切り離され、あらゆる社会的関連から除外されたかのように見える聾唖児に、私たちは社会的知能の低さではなく高さを、社会生活への意志を、コミュニケーションへの渇望を見いだす。かれのことばに関する精神的能力は、話すことの肉体的能力に反比例する。逆説的と思われようが、聾唖児は健常児よりも話したいし、話すことを好むのである。

私たちの教育は、このことを無視しておこなわれてきた。聾唖児たちは、そんな教育なしに、それにもかかわらず、このあこがれから発生した自分の言語を発達させ、創り出してきた。心理学者がよくよく考えるべきことがここにある。聾唖児の話しことば発達における私たちの失敗の原因がここにある。まったく同じようにして、盲児も空間習得の高い能力をもち、晴眼児と比べたとき、視力のおかげで私たちには難なく与えられている世界へのより大きなあこがれをもっている。障害は、弱さであるだけでなく強さでもある。ここに、障害児の社会的教育の心理学的真理、そのアルファとオメガがある。

# 4 障害児の発達と教育

リップス、シュテルン、アドラーの思想には、障害をもった子どもの教育の心理学の健全な核が含まれている。しかし、これらの思想はある種の不明瞭さに覆われている。それらを完全なものにするためには、それらが形態とか精神において近い、他の心理学理論や見解とどのような関係にあるのかを正確に明らかにする必要がある。

第一に、これらの思想は、学問的楽観主義によって生まれたのではないかという嫌疑が容易に生じる。障害とともにそれを克服する力が与えられているとすると、あらゆる障害が幸いとなる。本当にそうだろうか？ 超補償は、この過程の二つの可能な結果のうちの一つの極端であり、障害によって複雑化された発達の二つの極のうちの一つである。もう一つの極は補償の失敗であり、病への逃走、ノイローゼ、心理学的立場の完全な非社会性である。失敗した補償は、病を助けとする防衛闘争に転化し、生活設計を間違った道に向かわせる偽の目的になる。これら二つの極、極端なケースの間に、補償の最小から最大までのあらゆる可能な段階が存在する。

第二に、これらの思想は、その意味において正反対の思想と容易に混同され、そこに障害や苦しみのキリスト教的-神秘的評価への、後方への回帰が見られる。上述の思想とともに、健康を損ねた病の高い評価、苦しみの利益を認めるような、強い、価値ある、強力なものを犠牲にした、弱い、みじめな、衰弱した生活形態の普及が浸透するのではないだろうか？ いや、新しい学説は、苦しみそのものを積極的に評価するのではなく、それの克服を評価するのである。障害に従順なのではなく、障害への反乱である。弱さそのものではなく、そこに含まれた衝動、力の源泉を評価するのだ。したがって、それは病弱者に対するキリスト教思想とは正反対の思想である。貧困ではなく、精神の潜在的豊かさ、貧困克服、蓄積への衝動としての貧困が、ここでは幸せと呼ばれる。強さや力の理想は、アドラーをニーチェと近づける。ニーチェの場合、個人心理は、第一次的欲望としての権力や威力への意志として示された。超補償の最終地点としての社会的価値に関する学説は、この心理学を弱さのキリスト教的理想と分かち、ニーチェの個人的力崇拝とも分かつ。

第三に、障害の超補償に関する学説は、古い素朴‐生物学的器官補償理論、言いかえれば、感覚器官のヴィカリズム（姉妹性）理論とも区別する必要がある。疑いもなく、そこにはある機能の低下は、他のそれに取って代わる機能の発達の刺激を与えるという真理の最初の科学的予感が含まれていた。しかし、その予感は素朴でゆがんでいる。感覚器官の間の関係が、対の器官の間の関係と同一視されている。病気にかかった人の健康な腎臓と同じように、視覚の低下を触覚と聴覚が直接に補償するというのである。肉体的マイナスが、機械的に肉体的プラスによってカバーされ、このような場合、耳や皮膚を補償に駆り立てることになる社会的‐心理学的なものは明らかにされないでいる。視覚の低下は、生活に不可欠な機能を傷つけることにはならないのである。実践と科学は、古くからこの学説の破産を解明してきた。事実的研究は、視覚障害児に視覚の欠陥を補う触覚や聴覚の自動的向上が生じるようなことはないことを示した。（バークリン『盲心理学』一九二四年）。反対に、視覚それ自体が取り替えられることはなく、それの欠如から生じる困難は、心理的上部構造の発達によって解決されるのである。

このようにして私たちは、視覚障害者の記憶の向上、注意の向上、言語能力の向上といった考えに出会う。視覚障害者の心理学ですぐれた労作のあるペッツェルドは、この点に超補償の基本的特徴をみている（『盲人の集中――教育心理学的研究』一九二五年）。視覚障害者の人格にもっとも特徴的なことは、ことばの助けによって晴眼者の社会的経験を習得する能力にあると、かれはみている。グリズバフは、感覚ヴィカリズム（姉妹性）のドグマは批判に耐えられず、「視覚障害者は、この理論を自分から遠ざけただけ、晴眼者の社会に近づくことができる」（同上）ことを示している。この理論には、多少の真実が実際にある。それは、すべての障害が機能の孤立した低下に限定されず、人格全体の根本的再編をもたらし、新しい精神力を蘇らせ、人格に新しい方向を与えることにある。補償の純粋に有機的性質に関する素朴な見方のみが、この過程の社会的‐心理学的要素を無視していることだけが、超補償の一般的性質と究極の方向性の無知だけが、古い学説と新しい学説とを区別するのである。

最後に第四に、アドラーの学説と最近、反射学の資料に基づいて創られつつあるソビエトの治療社会教育学との真の関係を明らかにする必要がある。これら二つの思想の境界は、条件反射の学説は教育過程のメカニズムそのものの構築の科学的基礎を与え、超補償の学説は子どもの発達過程そのものの理解に科学的基礎を与えているということにある。私を含め多くの著者は、条件反射の観点から視覚障害者や聴覚障害者の教育を分析し、きわめて重要な結論に到達した。すなわち、晴眼児と視覚障害児の教育に原則的相違は何もなく、新しい条件結合は同じしかたで任意の分析器を結びつけ、組織的な外的作用は教育の決定的力だということである。ソコリャンスキーの指導する学校は、全体としてこの学説を基礎に視聴覚障害者のことばの教育の新しい方法を作成して、驚くべき実際的成果をあげ、ヨーロッパの進歩的聾唖教育学の建設に先んずる理論的立場に到達している。しかし、それに甘んずることはできない。盲児、聾唖児、健常児の教育のあらゆる相違が理論的に解消されたと考えることはできない。それゆえ、実際にこの相違は存在し、威力を見せている。聾唖教育学や盲人教育学の歴史的経験は、そのことを肯定している。

障害をもった子どもの発達の特質をさらに考慮する必要がある。教師は、特殊教育学の独自性が、どこに根ざしているか、子どもの発達におけるどのような事実が、この独自性に呼応し、それを求めているのかを知らなければならない。視覚障害児あるいは聴覚障害児は、教育学の観点からは原則的に健常児と同一視することができる――それは真理である。しかし、かれらは、健常児が到達するところへ違った方法で、違った道をとり、違った手段で到達する。教育者にとってとくに重要なことは、まさにこの子どもを導く独自の道を知ることである。視覚障害者の伝記は、視力のある人の伝記とは似ていない。視覚障害者の発達が、きわめて深い独自路線を引き起こさないなどということを認めることはできない。

実際のところ、心理活動の最終的性格、その未来への方向性は、もっとも初歩的な行動形態から現われる。パヴロフ学派がおこなった条件反射のメカニズムの研究においては、もっとも単純な行動形態のなかに、すでに行動の目的志向性が現われている。パヴロフは、生得的反射のなかで、特別の目的反射を識別している。この矛盾した名称によってかれが示そうとしたのは、おそらく次の二つの要素であろう。(1)ここで私たちが問題にしているのは、反射のメカニズムだということ、⑵このメカニズムは、目的に適った活動のようにみえること、つまり未来との関連においてはじめて理解されるということ。「生命というものは、一つの目的――すなわち生命そのものの保持――の実現である」（『動物の高次神経活動の客観的研究二〇年の経験』一九五一年、三〇八頁）とパヴロフは語っている。かれは、この反射を生命反射とも名づけた。

「すべての生命、そのすべての改善、そのすべての教養は、目的反射によって生ずるものであり、自分自身の生活のなかで立てたあれこれの目的を志向している人々においてのみ生ずるものである。」（同上、三一〇頁）パヴロフは、教育にとってのこの反射の意義を直接に定式化しているが、その観念は補償の学説と一致する。「目的反射の完全な、正しい、効果的な発現には、一定の緊張が必要である。この反射の高次の具体的表現ともいえるあるアングロサクソン人は、このことをよく知っており、それゆえ、目的達成の主要な条件は何かとの質問に、ロシア人の目と耳には思いがけない、信じがたいような答をした――「障害の存在だ」。かれはこう語りたかったのだろう。「障害に対する応答として、私の目的反射を緊張させなさい。そうすれば私は目的を、その達成がどんなに困難であろうと、達成するだろう。」かれが回答において、目的達成の不可能性をまったく無視しているのは興味深い。」（同上、三一一頁）

パヴロフは、われわれに「目的反射のような生活のもっとも重要な要因に関する実際的情報が欠けていることを」嘆いているのだ。「ところで、この情報は生活のあらゆる分野で、そのもっとも重要な分野である教育からして必要なものなのである。」（同上、三一一―三一二頁）

反射について、これと同じことをシェリントンも語っている。かれの考えによれば、反射的反応は、その目的の知識なしには生理学者には実際に理解しがたいものだが、反応を正常な機能の有機的複合全体の観点から考察するときにはじめて生理学者も目的を認識できる。

これは、両者の心理学理論を総合することを可能にする。「アドラーたちの戦略的構え――それは一般生理学的な意味のドミナントではなくて、臨床的・心理療法的公式におけるドミナントである。」とザルキンドは語っている（『新反射学』からの引用、一九二五年）これら二つの学説の理論的・実際的一致のなかに著者は、かれらが進む基本的方向の正さ」の確認を見ている。

教育問題は、未来展望なしに考えることはできない。そのことは、私たちを同じような考察に必然的に導いた結論が語っている。すなわち、ソコリャンスキーは次のような逆説的結論に到達している。「盲聾唖児の教育は、聾唖児の教育より易しく、聾唖児の教育は盲児の教育より易しく、盲児の教育は健常児の教育より易しい。教育過程の複雑さやむずかしさの程度は、このような順序であるとしている。かれは、ここに反射学を障害の見方の再検討に適用した直接の結果をみている。「これはパラドクス（逆説）ではなく、人間の本性やことばの本質に関する新しい見方からの当然の結論である。」（ウクライナ反射学通報、一九二六年）プロトポポフもこれらの研究から、視覚障害者では「社会的コミュニケーションの可能性がきわめて容易に確立される」と結論づけている（『反射学と教育学』一九二五年）。

このような心理学的命題は、教育学に何をもたらすことができるか？　盲聾唖児と健常児の教育のむずかしさや複雑さの比較は、異なる条件（健常児と障害児）のもとで同じ教育課題が遂行されることを考慮に入れるときにのみ目的に適っていることは明らかである。共通の課題、同一水準の教育的達成のみが、両者の教育困難度の共通の尺度となりうる。有能な八歳児にかけ算を教えるのと、遅れている学生に高等数学を教えるのと、どちらがむずかしいかを問うのは無意味である。ここでは、前者の易しさは能力によるのではなく、課題の易しさによるものである。盲聾唖児の教育が易しいのは、かれの発達水準、かれの発達への要求、かれの達成しようとする教育課題の水準が最小限だからである。もし私たちが健常児にその最小限を教えようとするのなら、それがよりむずかしいことだと、だれが言うだろう。反対に、私たちが盲聾唖児の教育者に、健常児の教育者に課せられるのと同じ容量の課題を課したならば、それがより容易にできるばかりか、そもそも実現できるとだれが受け合うだろう。労働者、店員、ジャーナリストの一定の社会的仕事を、健常児と盲聾唖児のうちのだれがより容易に為し遂げるか？　この問いに一つ以上の答をはたして出しうるだろうか。プロトポポフが言うように、盲聾唖児はきわめて容易に社会的コミュニケーションの可能性を確立することができるが、それは最小限の範囲においてのみである。聾唖児のクラブや盲聾唖児の寮を、社会生活の中心にすることはできない。盲聾唖児に新聞を読むこととか社会的コミュニケーションのなかに入ることを、健常児よりも容易に教えられることを証明したとしよう。このような結論は常に、子ども自体の発達路線やその見通しを考慮することなしに、教育のメカニズムだけを検討するときに出てくるものである。

超補償のはたらきは、二つの要因によって決定される。一方では、子どもの不適応の範囲、程度、かれの行動と、かれの教育に提起される社会的要求との不一致の角度、他方では、補償の基金、機能の豊かさと多様性。盲聾唖児ではこの基金はきわめて貧しい。かれの不適応性はきわめて大きい。それゆえ、盲聾唖児の教育が、健常児の教育と同じ結果を得ようとしたら、容易なことではない。しかし、教育のこの区別、障害をもっている子どもたちにとってのそれの社会的価値や超価値の可能性は決定的意義をもつ。それの達成はきわめて稀であるが、その幸せな超補償の可能性そのものは、灯台のように、私たちの教育が進む道を指し示している。

すべての障害が常に幸せにも補償されると考えるのは、すべての病気が常に健康を取り戻すことで終わると考えるのと同じようにあどけない。私たちには、なによりもまず評価の観点とリアリズムが必要である。私たちは、盲や聾唖のような障害の超補償の課題は巨大だが、補償の基金は貧しく乏しいことを知っている。発達の道はきわめて険しいが、それだけにいっそう正しい方向を知ることが重要である。実際に、そのことをソコリャンスキーも考慮し、そのことによって自分のシステムに大きな成果をもたらした。かれの方法にとっては、かれの理論的パラドクスは、かれの教育における壮麗な実際的構えほど重要ではなかった。かれの方法においては、顔の表情がまったく無益となっただけでなく、子ども自身が自分からそれを用いようとしなかったと、かれは述べている。それとは反対に、話しことばは、かれらにとって抑え難い生理学的欲求となった（一九二六年）。それは、世界中のどんな方法論も安請け合いすることのできないものだが、まさにそこに聴覚障害者教育の鍵がある。話しことばが欲求となり、子どもの顔の表情に取って代わるようになれば、教育は超補償の自然な路線に沿って進んだことになる。それは子どもの興味の路線を進むものであって、その反対ではない。

傷をつけた歯車のような話しことばの伝統的教育は、子どもの自然的力や衝動のメカニズムを取り上げることがなく、内的補償の活動をはたらかせず、空転していた。古典的苛酷さをもって生徒に叩き込まれる話しことばは、聾唖者の公式的言語となり、技術のすべては顔の表情に向けられた。だが、教育の課題は、発達のこの内的力をとらえることに帰せられる。ソコリャンスキーの連鎖的方法は、これをおこなっており、かれは実際に超補償の力を考慮し、それをとらえている。得られた成果は、最初はその方法の適切さを正しく証明するものではなかった。それは技術の問題であり、それの改善は、ついに実際的成功を勝ち取った。その原則的意義はただ一つ、ことばの生理学的欲求である。欲求を創り出す秘密が発見されれば、すなわち目的が立てられれば、ことばは自ずと生じるのである。

視覚障害者教育学にとってこのような意味と価値をもったのは、ペッツェルドの確立した命題である。視覚障害者にとっての知識の可能性は、すべてのことについての完全な知識の可能性であり、その理解はすべてのことについての完全な理解の可能性の基礎である（A. Petzeld『盲人における集中──心理学的・教育学的研究』一九二五年）。この著者は、視覚障害者の心理やその人格の構造の性格学的特質は、異常な空間的制約にあるだけでなく、完全なことばの習得にあるとみている。視覚障害者の人格は、これら二つの力の闘争からできている。この命題がどれだけ、どの範囲で、どれだけの期間で実現するかということは、きわめて多くの事情に依存する教育学の実際的発達の問題である。

健常児でもしばしばその教育の過程で自己のすべての可能性、ないしはその大部分をさえ実現していない。プロレタリアの子どもは、かれの到達可能な発達段階にはたして達しているだろうか？　視覚障害児も同じである。だが、たとえ控え目な教育計画であっても、それの正しい構成のためには、このような子どもの特殊な発達に自然そのものによって設けられたという限定された視界を取り払うことがきわめて重要である。その教育は、社会的価値の路線をとり、視覚障害者は欠陥のある人間として運命づけられているというような考えをとり入れるのではなく、リアルな本質的な限界を考慮に入れることが重要である。

## 5　ヘレン・ケラー伝説の理解のしかた

以上を総括するにあたって、一つの例を取り上げよう。最近、ヘレン・ケラー伝説の崩壊にかかわる学問的批判が強力に展開されるようになったが、それにもかかわらずこの伝説の運命は、ここで発達した思想の流れをなによりもよく説明する。ある心理学者は、もしヘレン・ケラーが盲聾唖者でなかったら、彼女はけっしてあのような発達、影響、評判を勝ち取ることはなかっただろうとまったく正しく指摘している。このことをどのように理解するか？

第一に、これは彼女の重大な障害が超補償の巨大な力を呼び起こしたことを意味する。だが、これがすべてではない。彼女の補償基金が極端に貧しかった。第二に、これは、彼女の障害を社会的プラスに転化させるようなきわめて幸運な事態のなりゆきがなかったならば、粗野なアメリカのあまり発達していない目立たない一俗人にとどまっていたことを意味する。だが、ケラーはセンセーションを巻き起こし、社会的注目の中心となり、著名人となり、国家的英雄となり、数百万のアメリカ住民にとって神がかりの奇跡となった。彼女は国民的誇りであり、偶像視されている。彼女の障害は、彼女にとって社会的利点となり、彼女は劣等感をもたなかった。彼女は贅沢と栄誉で囲まれ、彼女の教育的観光旅行のため特別の汽船まで用意された。彼女の教育は、国全体の事業とされた。彼女には、巨大な社会的要求が提示された。彼女は、博士、作家、説教者となろうとし、実際にそれらになった。いまではほとんど、何が本当に彼女のものなのか、何が住民の注文で彼女のためにつくられたものなのか区別することができない。この事実は、彼女の教育に社会的注文がどのような役割を果たしたのかを何よりもよく物語っている。彼女自身が書いている。もし彼女が違った環境に生まれたなら、永遠に暗闇のなかにいて、彼女の人生は外界とのすべての交流から切り離されたさびしいものであったろう（『オプチミズム』一九一〇年）。彼女の歴史に、だれもが肉体的牢獄に閉じ込められた精神の生活と、自主的力との生きた証明を見いだした。ある著者は書いている。たとえ「理想的な外的影響がヘレン・ケラーにあったとしても、彼女の幽閉された精神とはいえ生き生きした強力な魂が、外的影響にとめどなく突進することがなかったとしたら、われわれは彼女のめったにない書物を見ることはなかっただろう。」（同上）

盲聾唖は二つの構成要素の合計であるだけでなく、「盲聾唖の概念の本質は、はるかにより深いものであること」を理解していた著者は、伝統に従ってこの本質を彼女の歴史の宗教的-心霊論的理解のなかに見ている。だが、ヘレン・ケラーの生活はすこしも神秘的なものを含んではいない。その生活は、超補償の過程が完全に二つの力――発達と教育に提起される社会的要求と保持された精神の力――によって決定されるものであることを直観的に示している。ヘレン・ケラーの発達に提起されたきわめて高い社会的注文と、条件反射によるそれの幸運な社会的実現が、彼女の運命を決定した。彼女の障害は妨げにならなかっただけでなく、発達を保障する衝動となった。

それゆえ、アドラーが、あらゆる活動を、それと統一した生活計画およびそれの究極の目的との関連のなかで検討することを勧めているのは正しい（『個人心理学の実践と理論』一九二七年）。カントは、A・ネイルが、われわれは生活体を合理的に構築された機械として検討さえすれば、それを理解できると語っていると考えた。アドラーは、個人を具象化した発達への傾向として検討することを勧めている。

＊　＊　＊　＊　＊

精神の障害をもった子どもの伝統的教育においては、ストイシズム（禁欲主義）はまったくない。それは、哀れみと博愛の傾向によって元気を失い、病気と衰弱の毒で毒されていた。

私たちの教育は無味乾燥である。それは生徒の痛いところを突いていない。教育に塩がない。私たちには、鍛え上げる男らしい理念が必要である。私たちの理想は、病人の綿布団で囲まれたり、けがをあらゆる手段で保護したりするようなことはせず、障害の克服、それの超補償に広大な道を開くことである。そのためには、私たちはこの過程の社会的方向性を身につける必要がある。

ところが、教育の心理学的基礎づけにおいて私たちは、動物と人間の子の教育、訓練と真の教育の境界を失いはじめている。ヴォルテールは、ルソーを読んで、かれは四つんばいに戻ろうとしているのかと、ふざけている。このような感情を、わが国のほとんどすべての新しい子どもの科学が呼び起こしている。それは、しばしば子どもを四つんばいの子どもとして見ている。ブロンスキーが、次のことを認めているのは注目すべきことである。「私は、歯のない子どもが、四つんばいの動物のポーズをするのを見るのが好きだ。それは、私には常に個人的にきわめて多くのことを語っている（『児童学』一九二五年、九七頁）。正確に言えば、子どもの科学は、このポーズにおいてのみ子どもを知っているのだ。ザルキンドは、これを子どもについての動物学的アプローチと呼んでいる（『ソビエト教育学の諸問題』一九二六年）。

ここで議論はしない。このようなアプローチは重要である。人間を動物種の一つとして、高次の哺乳動物として研究することはきわめて重要である。だが、それがすべてではなく、教育の理論や実践にとっては主要なことでもない。フランクは、ヴォルテールの象徴的な冗談を続けて、ルソーとは反対に、ゲーテの場合、自然は「人間の垂直的立場を否定せず、むしろ要求している。自然は、人間に単純性とか原始性への後退ではなく、人間性の発達、複雑化への前進を呼びかけている」と語っている（フランク『哲学と生活』一九一〇年、三五八頁）。

これら二つの極からここで発展させる思想は、ルソーではなく、ゲーテに近づく。条件反射の学説が人間の水平線を描くとすれば、超補償の理論は人間の垂直線を描くことになろう。

# 第10章　困難をかかえた子どもの発達とその研究（テーゼ）

## 1　定義と分類

(1)　その行動と発達が正常よりはずれており、そのため教育関係で一般の子ども群から分離される子ども、すなわち広い意味で困難をかかえた子どもには、二つの基本的タイプがある。①なんらかの肉体的障害（盲、聾唖、盲聾唖、身体障害など）のため行動が正常よりはずれている子ども、肉体的障害のため知的に遅れ、弱い子どものタイプ。②機能障害のため行動が正常よりはずれている子どものタイプ（狭い、本来の意味で困難をかかえた子ども——法違反者、性格欠陥の子ども、精神病者）。

教育関係で例外的な第三のタイプの子どもは、正常より高い才能をもった（天才的）子どもで、そうした子どもを選り出すことは最近のことだが、重要な問題をはらんでいる。いわゆる正常な（大衆的、平均的）子どもと、あらゆるタイプの教育困難児との間には過度的形態が存在する。複合的あるいは混合的教育困難児の形態である。

(2)　困難をかかえた子ども、知的に遅れた子どもの選択は、原則として教育と教授の過程そのもののなかでおこなわれなければならない。一般の学校に来ていなくて肉体的障害のまったく明瞭なケース（視覚障害者、重度知的障害者など）を除いて、一般の学校に来ている生徒のなかからは、教育過程そのものの流れの中で特別の研究を必要とする個々の子どもを選び出すべきである。オリエンテーション的手段として，伝統的な手法（ビネー・シモン法など）を利用することは可能であるし必要である。しかし，このような研究を基礎にして児童学的診断をおこなうことは危険である。これらの手法は，特別の研究のために子どもを選び出すだけであって，その研究方法については後で述べることにする。

(3)　一般の学校から選び出された子どもの割り振りは，肉体的・機能的形態の区別に基づいておこなわれなければならない。知的に遅れた子どもについては，現状では三つのクラス（重度，中度，軽度知的障害児）に分けるのが正しいだろう。その割り振りの原理は，個々の徴候や障害に基づくのでなく，発達や行動のタイプ，子どもの人格の一般的・全体的特徴に基づいてそれはなされるべきである。

## 2　知恵遅れの子ども

(4)　知的に遅れた子どもの研究において基本的原理となるのは，あらゆる障害が補償の刺激を創り出すという命題である。それゆえ遅滞児のダイナミックな研究は，障害の程度や重さの確認に限られることなく，常に子どもの発達と行動における補償過程（代替，増築，平均化過程）の考察を含む。幾人かの著者たちによって提起された補償の三段階（①補償，②超補償，③重補償）を採用するのは目的に適っているだろう。障害の定義は，児童学者に何も語っていない。

(5)　知恵遅れの子どもの研究において特別に重要なのは，その子どもの運動範囲である。運動遅滞，運動魯鈍，運動幼稚症，運動白痴は，あらゆる種類の知恵遅れとさまざまの程度において複合し，子どもの発達や行動に独自の情景を与えている。それらは，知恵遅れがあっても存在しないこともあるし，反対に知的障害がなくても存在することもある。子どもの発達と行動における精神-運動的統一の原理は，知恵遅れの子どもの研究において常にこの二重的性格学を求める。運動遅滞はそれ自体が欠陥の補償を仮定し，上述のテーゼ(4)で述べたことがすべて当てはまる。

高次の知的機能から相対的に独立しており、訓練が容易な運動的才能は、しばしば知的障害の補償や行動の平均化の中心的領域となる。運動的才能の研究における実際的研究の出発点となりうるのは、オゼレッツキー博士の計量尺度である。

(6) 実際的知能、すなわち合理的、合目的的活動の能力（praktische, naturliche Intelligenz）は、運動的才能に近いものとはいえ、心理学的本性からいえば、知恵遅れの子どもの研究における特別の領域に入れられるべきものである。その研究の出発点となしうるのは、O・リップマンあるいはW・シュテルンである。ケーラーとリップマンによって提起された原理は、疑いもなくその研究の基礎に置かれなければならない。他の知的活動の形態とは相対的に独立した合理的行動の特別なタイプとしての実際的知能は、さまざまの程度で他の形態と複合し、それぞれ子どもの発達と行動の独自な情景をつくり出す。それは補償の傾注する点になることもあるし、他の知的障害をやわらげる手段ともなる。このような事実を考慮することなしには、発達のあらゆる情景が不完全となり、ときには間違ったものになるだろう。

(7) 知的活動の高次な形態（知的障害者では普通それが侵されている）は、時に理論的、認識活動などと呼ばれるが、言語を基礎にして発生し、後には人類の獲得した歴史的文化や社会心理の産物を構成する論理的思考形態や概念の利用に基づいている。この思考は文化的人間に固有のものであり、一定の文化的記号の道具的利用に基づくもので、道具主義的方法によって研究されうる。ここでの出発点となるのは、アッハによって創造され、知恵遅れの子どもの研究に適用された概念形成の実験的研究である。この方法論は、概念形成において子どもが到達した段階を明らかにすることが可能である。

(8) 知恵遅れの子どもの研究は、障害の量的判定に基づくのではなく、主として質的テストに基づいておこなわれるべきである。このような子どもの研究の課題は、個々の機能が到達した量的水準ではなく、行動の発達のタイプを確定することである。知能というものも、何か一つの一体的なものではなく、行動のさまざまな質的タイプないし活動形態の一般的概念である。一つの形態における障害は、他の形態の発達によって隠れていることがありうる。知的活動の要因の数は増大するし、それとともに障害の多様性やそれの補充の可能性も増大する。

(9)　知恵遅れの子どもの研究で上にあげた形態はすべて、普通このような研究で適用されている他の方法とも同様に、教育過程における子どもの長期の研究を背景にしてのみ科学的適用が可能である。結局のところ、われわれは、障害ではなくて、あれこれの障害をもった子どもを研究せねばならないのである。それゆえ、周囲の環境との相互作用のもとでの子どもの人格の全体的研究が、あらゆる研究の基礎におかれねばならない。教育学的観察の資料は、一定の図式に基づく体系的観察（たとえば、モロジャービー）、自然的実験とか教育学的実験の資料によって補足されることができる。子どもの情動、意志その他の側面や子どもの社会的行動の一般的タイプ（主要路線）を知るときにのみ、われわれは子どもの知的障害に正しく接近することができる。

(10)　あらゆる肉体的障害は、子どもの行動のなかにかれの社会的地位の低下として実現される。この第二次的心理的形成物（劣等感など）を、知恵遅れの子どもの研究においては考慮しなければならない。障害のダイナミズム（補償、機能の練習可能性、変化の能力）は、まさにこの社会的‐心理学的複雑化（教育可能性係数）によって決定される。

## 3　教育困難をかかえる子ども

(11)　本来の意味における教育困難児というのは、行動と発達における正常からの逸脱が機能的に見られるケースである。このようなケースの大部分の本性は、子どもと環境との間、あるいは子どもの人格の個々の側面や層の間の心理学的葛藤である。それゆえ、教育困難をかかえた子どもの研究は、常にその基本的葛藤の調査から出発せねばならない。

(12)　最初の頃、教育困難をかかえる子どもの研究方法論の作成の出発点とされたのは、グルーデの提起し、採用した分割の図式であった。グルーデは次の区別をした。

①環境の外傷的影響によって条件づけられた教育困難のケース（環境 Milieu—M）、②子どもの発達における内的―心理学的要因により条件づけられたケース（素質 Anlage—A）、③混合的ケース（MA）。これは、さらにあれこれの要因の支配的意義（MaとAM）に依存して二つのクラスに分けられる。グルーデによれば、内的心理学的要因（A）は、常に病理的素質を意味するとはかぎらない。

⒀　グルーデ、フォルトレンデルその他によって提起された教育困難をかかえた子どもの分類は、困難をかかえた子どもの研究における経験的図式として利用することができる。

⒁　教育困難性の形成をもたらしたすべての葛藤は、子どもの発達史における独自の個人的な特別の条件に根ざしているものであるから、教育困難をかかえた子どもの研究には、個人心理学的観点と方法を適用しなければならない。その葛藤は、普通子どもの心理の深層における過程に条件づけられ、しばしば無意識的層に根ざしているものであるので、教育困難をかかえた子どもの研究には、子どもの心理の私的側面を考慮し、深層に入り込む方法を適用しなければならない。しかし、古典的形式における精神分析の方法は、困難をかかえた子どもの研究には適用できない。

⒂　「個人心理学」協会の作成した教育困難をかかえた子どもの研究の図式は、教育困難性の基礎に横たわる葛藤の研究手段として、最初の段階で利用することが可能である。この図式は多くの点を変えたり、拡大したうえで、わが国の教育困難児の特質に適用しなければならない。教育困難児の研究のためのモロジャービーの図式は、いくらかの変種をつくらなければならない。この課題にとってのかれの図式の価値は、行動と環境との相関の方法である。困難をかかえた子どもの研究という特殊な課題のために、この図式の変種をつくり出す必要がある。意志、情動、想像力、性格などの研究のためのテストは、補助的・試験的な手段として利用することが可能である（ロールシャッハ、ビュラン、ドンネイ）。

⒃　教育困難児の研究は、他のどの児童タイプよりも、教育過程における長期の観察、教育学的実験、創造の産物、遊び、その他子どもの行動のあらゆる側面の研究に基づかなければならない。

## 4　才能のある子ども

(17)　才能のある子どもの選び出しは、児童学的判断によって、すなわち子どもたちの発達、とくに学業の早いテンポによって決められる。科学的手段によってこのような選び出しの試みを経験的におこなう必要がある。いずれにしても、特殊教育（音楽教育など）との関連で才能のある子どもの発達の特別なタイプに関する問題を、少なくとも理論的に提起しなければならない。

## 5　混合的・過度的形態

(18)　過度的・複合的形態の存在は、特別の注意をひきつけねばならない。というのは、これら過度的ケースは、広い意味で子どもの発達のタイプの格下げ、あるいは困難を予告し、混合的形態（教育困難をかかえた知恵遅れの子どもなど）は、特別の複雑な研究方法を要求するからである。これらの形態の研究の正しさの保証となるものは、子どもへの全体的アプローチの方法であり、子どもの行動における個々の欠陥とか違反だけでなく、子どもの発達の主要路線、肉体的障害の補償、発達の欠陥とか動態（変化の能力）を基礎に発生する第二次的心理の複雑化、社会的-心理学的葛藤を考慮することである。知恵遅れの過度的形態に対しては、教育学的実験を適用すること、これらの子どもを学校のなかで特別のグループに分けることがなによりも望ましい。

## 6　組織的問題

(19)　困難をかかえた子どもや知恵遅れの子どもを、特殊学校の生徒として選択したり、かれらを個々の教育施設に配分し、かれらの教育を方向づけるために研究することは、精神病理学、障害学、治療教育学に通暁した専門家がしなければならない。児童学者、教育学者、医師の協同のみが成功を保障する。

(20)　困難をかかえた子どもや遅滞児の正しい研究や、個々の学校や児童学者の実際的活動の指導のためには、教育相談所（Heilpadagog, Beratunsstelle）を組織することがきわめて重要であろう。それらは、ドイツ、オーストリアその他の国では、その使命を立派に証明している。その部屋は、知恵遅れの子や困難をかかえた子どもの研究のセンターとならねばならない。

(21) この問題の科学的-研究的精査を組織し、正しく方向づけ、それをこの種の実際的調査活動と緊密に結びつけることがきわめて重要である。困難をかかえた子どもと知恵遅れの子どもの研究と教育におけるヨーロッパ諸国の成功は、まさにこれら二種類の活動の緊密な結合のおかげである。その科学的-研究的活動の基本的課題は、困難をかかえた子どもや遅滞児の診断と標準化の原理と方法を確立することにある。

# 第11章　困難をかかえた子ども

## 1　教育困難性と子どもの性格形成の問題

困難をかかえた子どもの心理学は、さまざまな側面から検討されるべききわめて現実的な問題の一つである。というのは、「困難をかかえた子ども」や「教育困難をかかえた子ども」の概念はきわめて広いからである。ここでは、私たちは事実上互いにいちじるしく異なり、ただ一つ否定的特徴によってのみ統合される子どものカテゴリーに出会うことになる。かれらはすべて、教育的関係において困難性を表わす。それゆえ、「困難をかかえた子ども」あるいは「教育困難をかかえた子ども」という用語は、学問的用語ではなく、何か一定の心理学的あるいは教育学的内容を表わすものではない、互いに異なる巨大なグループの子どもたちの一般的な標示であり、実際的な便宜さから提起された予備的な標示である。

このような子どもの発達の形態の科学的研究はまだそんなに長くなく、私たちは正確な定義をもつまでにいたっていない。とくに最近、教育困難性は子どもの年齢だけに限るべきものではないという指摘がなされたのは正しい。実際のところ、大人の行動においても、私たちはきわめてしばしば子どもの困難性にまったく類似するような形態に直面する。私たちは大人を教育していないのだから、かれらを教育困難と呼ぶことはできないとしても、これらの人々はやはり困難をかかえている。

この概念を明らかにするため、大人が家庭で、生産活動や社会的活動において困難をかかえている場合を引用してみよう。心理学的側面から見るならば、かれらが実際に子どもの場合と同じように、かれらの困難性その他の特徴を現わしていることを具体的に指示することができる。言いかえれば、ここで問題になるのは、社会的適応、活動、行動において一連の困難性や欠陥をもたらすような、人間の性格形態とか才能の程度なのである。問題はますます広がっている。この分野で研究しているアメリカのきわめてまじめな心理学者が、これを心理学の特別の分野とし、「中間者の心理学」と呼ぶことを提案している。というのはここでは、すでに神経病理学あるいは精神病理学の形態と取られるような神経活動の破壊が見られるからだが、しかしそれはなお正常の範囲にとどまっている。にもかかわらず正しい教育過程、社会的労働活動、個人的・家庭的生活をかきまわすような重大な困難性を表わすのである。

このテーマの異常な複雑さと広さを考慮し、私は中心的意義をもつ二つの基本的点だけを取り上げることにしたい。それは、子どもの性格形成の問題と、子どもの天賦の才能の問題である。というのは、困難をかかえている子どもの大部分は、なによりもこれら二つの領域で複雑さを表わしているからである。私たちの前にいるのは普通低い才能のため、教育困難をかかえている子どもか、あるいは行動における何かの構え、子どもを他人と折り合わなくする性格特徴の結果、教育困難をかかえている子どもである。かれらをうまく扱うことは困難であり、かれらは学校の規律などに従わないのである。このような困難な性格の問題あるいは子どもの性格形成の問題に目を向けることにしよう。

## 2　障害の現実的補償と虚構的補償

最近、性格の問題は、心理学において修正、再検討を迫られている。私の課題は、この問題を完全に取り込むことではない。私に関心があるのは、教育困難をかかえている子どもの問題と関連のある側面だけである。

現代の性格学では、研究者は二つの対立する方向で仕事をすすめている。一方の心理学者は、私たちが人間の性格、あるいはより正確には、人間的気質と呼んでいるものの生物学的基礎づけを研究している。かれらは、あれこれの行動タイプと相関する有機的体系の相互関係を研究している。人間の身体の知識が、その原理と結びついている研究のもっとも明瞭な例といえるのは、有名なクレッチマーの学説である。

他の研究者たちは、性格の生物学的、肉体的基礎よりも、子どもが自分の性格をそこでつくり上げることになる社会的環境のさまざまな条件のなかで、性格がどのように発達するのかを研究している。言いかえれば、これらの研究者たちは、気質ではなく、完全な意味での性格を問題にしている。かれらは、遺伝によって生まれるものよりも、遺伝的なものを基礎に子どもの教育、発達の過程、あれこれの環境への適応の過程で創り出される人間行動の構えを考慮するのである。もっとも興味をひくのは、第二の系列の研究である。なぜなら、私がすでに述べてきたように、かれらは子どもにおける困難な性格の形成の問題、あるいはその性格の逸脱の問題にもっとも近く接近しているからである。

私は、現代心理学があれこれの性格特徴、人間の行動におけるあれこれの構えの形成をどのように描こうとしているかを示す具体的事例から始めることにしようと思う。私たちの前に、なんらかの原因で聴覚の障害に悩む子どもがいるとしよう。この子どもが、周囲の環境に適応しようとして一連の困難を体験するだろうということは容易に想像できるだろう。かれは、遊び時間に他の子どもたちからうしろに押しやられるだろうし、散歩では遅れるし、子どもの祭典への積極的参加からも脇に寄せられることになるだろう。要するに、低い聴覚をもった子どもは、単なる肉体的欠陥のために、遅れた子どもよりも社会的により低い地位に置かれることになるのである。この子どもは、社会環境への適応過程において普通の子どもよりも大きな障害にぶつかることになるということを私たちは言いたい。この事情は、子どもの性格形成にどのように影響するだろう?

私は、子どもの性格の発達は、このような基本的路線に沿って進むものと考える。それは悪い事情の結果として困難にぶつかることになり――そのために、高い鋭敏さ、注意深さ、好奇心、周囲の者に対する不信の念を発達させる。

さらに、もしかしたら子どもは次のような一連の特徴を自らの内につくり上げるかもしれない。それらの性格特質は、子どもが遭遇する困難への反応であることに私たちが注意すれば理解可能となるものだ。子どもは、友だちからの嘲笑の対象となるような欠陥をもつがために、自分のなかに強い疑いの念、好奇心、警戒心をつくりあげるのであり、これらの複雑な心理的上部構造、すなわち複雑な構えの体系や行動様式は、子どもが社会的環境への適応過程において遭遇する困難への応答として、反応としてのみ理解できるのかもしれない。

私たちは、子どもにおけるこのような反応形成に、三つの基本的タイプを認めることができる。そのうちの一つは、精神病との関係として有名であり、医学ではそれを耳の遠い人のたわごとと呼んでいる。このグループは、知恵遅れとはいちじるしく異なっているので、精神病学は古くからそれを取り出していた。耳の遠い人たちでは、上述のような反応形成が発生する。そのような人には、疑いの念、不信の念、心配性、警戒心が発達する。まわりの人々のあらゆる言葉が強い不安の種となり、かれには人々が何か、かれに対し悪いたくらみをしているように思われるのである。かれは眠れなくなり、かれを人々が殺そうとしていると恐れはじめ、かれに対する陰謀を非難しようとし、すべての新しい人物が怪しい人のように思われる。そして結局、いわゆる迫害のたわごとが発生するのである。

このような性格特徴は、私が上で述べたものと同じ心理学的性質のものだろうか？　そこで形成されているものは、周囲の環境への適応の困難に応答するものと思われる。聴覚の障害が、この人間を周囲の環境から切り離さず、周囲の人々との正常な関係を続けていたら、どのような特別の行動も生じなかったろう。たとえここでも反応の形成があったとしても、疑惑とか警戒心といった行動の構えは、周囲の環境に対する一定の行動のしかた、すなわち人間が遭遇した困難への応答として形成されるしかたである。しかし、これは現実から出発したものではなくて、虚構的構えである。なぜなら、近くの人々はまったくかれの悪事を期待していないからである。

困難への応答として私たちの病人に形成される行動の様式は、実際に困難を克服することはない。困難そのものは、現実と一致しない観念に基づいて発生したものであり、病人はこの幻影に想像上で闘うのである。現代心理学は、このようなあれこれの性格特徴の形成を、虚構的補償と呼んでいる。かれらは、これら警戒心、疑惑、心配性は、かれらの前に現われた困難から自分を守ろうとするときに補償として発生するものだと語っている。私が上であげた例に戻ると、耳の遠い子どもには二つの対立した性格の発達路線が可能であった。

第一は（私たちはそれを現実的補償と呼ぶことができる）、多少なりとも現実的に考慮された困難への応答として発生するものである。こうして耳の遠い子どもが、高い鋭敏さ、観察力、好奇心、注意深さ、のみこみの早さを形成し、他の子どもたちが聴覚によって認知するものを、ぼんやりした特徴からも認知することを覚えたとすると、かれはどんなことも見逃さないように、警戒すべきものを放置するようなことはなくなるだろう。なぜなら、かれは困難性の現実的な考慮から出発しているからである。これは現実的補償と呼ばれる。虚構的補償についてはすでに述べた。

最後に、第三のタイプの形成がある。それはきわめて多様な形態をとることができる。私たちは、ここでは上述の二つのタイプの補償（夢想的および現実的補償）には出会わない。第三のタイプはもっとも定義がむずかしい。それは一つの言葉で表わすことができないほどに多様であり、外的統一性を示していない。しかし、ここに一つの例がある。子どもは一定の弱さを体験している。この弱さは、強さの一定の条件となることも可能である。子どもは、自分の弱さを隠すこともある。子どもは弱々しく、耳が良く聞こえない――このことは、他の子どもたちと比較してかれの責任性を低め、他の子どもの側に大きな思いやりを引き起こす。そして、子どもは自分の病気を育成しはじめる。というのは、病気はかれに高い注意を要求する権利を与えるからである。かれは、いわば回り道をして自分の困難の体験に報酬を与える。大人は、子どもたちの責任が低められた場合、病気がどのような利益をもたらすかを知っている。子どもたちは自分を特別の地位に置くことができる。子どもは家庭で、それをとくにうまく利用する。病気のために子どもはただちに周囲の者たちの注意の中心になるからである。これは病気への逃亡であり、自分の弱さを隠し、自分を第三のタイプの補償と見せるのだが、これが現実的かどうかを言うことはむずかしい。子どもが一定の利益を得るとすれば、それは現実的であるが、子どもが困難から救われないばかりか、反対に困難が増大するようであれば、それは虚構である。私たちは、自分の障害をいっそう重くした子どもを見ている。聴覚をテストするとき、かれは実際にそうであるよりも疾患の程度がずっと大きいように見せようとする。なぜなら、その方がかれにとって多少なりとも有利となるからである。

しかし、別の性格の反応が生じるかもしれない。子どもは、社会的環境（子どもの環境、両親、学校の環境）との関係において、攻撃的な応答行為によって困難性を補償することもある。言いかえれば、子どもは別のタイプの補償の道に沿って進むかもしれない。これを困難をかかえた子どもの具体例によって示すことにしよう。かれは、他の子どもに対して攻撃性、強情、短気を現わすことがあり、かれの障害が奪ったものを実践的方法で奪い返そうとした。耳が遠い結果、遊びで最後にする子どもが、大きな役割を果たそうとするのである。かれはいつも、より下の年齢の子どもになろうとした。このような補償はきわめて独特である。ここでは、私たちが仮に権力欲、「専制」への志向、強情と呼ぶもの、すなわち子どもに提案されたことが、かれのしたいと思っていることに照らして少しも合わないものでも、常に自分のものにしようとする志向である。

子どもの性格の発達における最後の例と、上述の子どもが病気に逃げていくとき、あるいは自分の弱さを育てようとするときの例とはどう結びつくのだろう？　一定程度まで、この補償は現実的である。なぜなら、子どもは自分の障害が奪ったものを別の方法で獲得するからであるが、それとともに、もちろんこれは虚構である。というのは、幼児の集団では強情とか力でほしいものが得られるが、子どもの前にある困難を真に克服することにはならないからである。

これらの例に基づいて、私たちは次のように言うことができよう。子どもの性格の発達は、補償的反応、すなわち子どもの前にある困難を克服しようとする反応のメカニズムに基づいており、この反応は、三つの異なる形態でおこなわれる。すなわち、補償の現実的タイプか、虚構的タイプか、中間的タイプである。

上述の例から、私たちが教育困難をかかえている子どもの心理学の領域に入っていることはまったく明らかである。

なぜなら、現実的補償の場合においてさえ、私たちは子どもの性格の教育において巨大な困難に遭遇するからである。自分のなかに高度の判断力その他の積極的性質をつくり上げてきた子どもは、自分の不幸によってもたらされた現実的立場の低下を克服しようとして、かれの補償されないでいる側面の影響のもとでの欠損をもかせごうとするだろう。これは順調な過程ではなく、いちじるしく不幸な過程である。かれを病的と呼ぶことはできない。なぜなら、かれは健康であるから。しかし、健康的だということもできない。なぜなら、かれは病に侵されているからである。

子どもは環境そのものに埋め込まれた困難に遭遇するとき、かれの性格形成に影響する手に負えないような現象に遭遇する。そのとき、子どもには異なる精神的性質の混ざり合った矛盾した性格が形成され、私たちはかれに何が起こったのか自信をもって言うことはけっしてできない。「何を言ったらよいのか、〈かれは札付きの手におえない人間だったが、いまはいくら誉めても誉め足りない〉のか、それとも反対に、〈以前は良かったけど、今は手におえない〉のか、わからない。」

補償の別の例を取り上げれば、本当の意味で困難をかかえる子どもを目の前に見ることになろう、すなわち教育者が長い闘いをしなくてはならず、私たちに求められる特別な構えの正常な育成を妨げるような性格特徴を目前にすることになろう。

## 3　困難をかかえた子どもの教育の「方法論的弁証法」の原理

困難をかかえた子どもの性格について、どのような作用のしかたがこのような心理学的理解を進めるかについて、二つのことを述べることにしよう。困難をかかえた子どものこの新しい教育システムは、どこでもまだ定式化されず、どこでもできあがったシステムには転化していないが、その試みはわが国を含めさまざまの国でおこなわれている。このような子どもの教育の基礎におかれなくてはならない心理学的原理をここでは解説することにしよう。

ウィーンの教育学者A・フリードマンは、この原理を「方法論的弁証法」、すなわち必要な結果を得るために直接の目的とはある逆のことをおこなう方法と名づけている。フリードマンは、自分の神経的発作によって、周囲の者を恐怖させたり服従させる神経の興奮しやすい子どものことについて語っている。

授業中に、かれはランドセルをもって窓に近寄り叫んだ。「僕はこれを窓から投げるよ。」女教師は言った。「すきなようにしなさい」――子どもはとまどった。というのは、この教師が説明するように、彼女は子どもに打ち勝つため、攻撃するためなのに、外見的には子どもに屈しているからである。女教師は、少年が授業にあきたためではなく、彼女を驚かすためにランドセルを窓から投げ出そうとしていることを理解していた。子どもに屈しているかのような答によって女教師は、たちまちその反応を根こそぎ切り取り、こうして少年を苦境に陥らせたのである。

このような教育の例、このようなやり方はすべて、子どものあれこれの反応あるいは構えの心理学的根源を理解しながら、外見的には子どもの欠陥に適応した後、子どもに打ち勝つ、すなわち攻撃するために子どもに譲歩することを計算しているのである。これをフリードマンは「方法論的弁証法」の原理と名づけたのである。私たちはこの原理を、子どものあれこれの反応を制圧する直接的な圧迫を避ける場合に、いたるところで適用している。

私たちはあれこれの困難性を引き起こす原因を理解しはじめたら、すなわち、性格の悪い特徴を生み出す困難性の現象ではなく、根源を叩こうとしたときには、それらの特徴を性格の良い特徴に転化するために、その欠陥を利用する。――このやり方の全体を、方法論的弁証法の原理と呼ぶのである。

たとえば、子どもたちのグループの中に秩序破壊者の子ども、子どもたちの仕事をじゃまし、規律を乱す子どもがいたとする。その子どもに次のようなしかたではたらきかけるとしよう。すなわち、その子にクラスの組織者の役割をすることを提案し、彼をグループのリーダーにする。するとグループには相対的安定がもたらされる。相対的というのは、このようなやり方は、そのリーダーを折りよく自分の下に掌握しないと、きわめて危険だからである。だが、フリードマンが言うように、最善の方法は、盗人をあなたの倉庫の番人にすることなのである。

だが、もし子どもがグループの中で一定の地位を求めており、それを授業の妨害のなかで表現しようとしているとしても、かれのそのような感情が出口を見いだすときには、私たちは彼をこのような地位におかないだろう。もし私たちが、彼を自分の強情の専制君主にしつらえるなら、かれは私たちにとって都合の良い方向で進むことになろう。この場合、私たちは子どもの構えを転換させ、かれの弱点、かれの否定的特徴をプラスに、一定の力に、性格の積極的特徴の形成をもたらすようなものに転化させるのである。

第一の問題を終えるにあたって、私は次のことを指摘しておきたい。困難をかかえた子どもがいかに鋭い心理学的興味の対象となるかということ、そこでプラスとマイナスがいかに絡み合い、一つの矛盾が他の矛盾を支配し、子どもがぶつかる一つの困難が、いかに性格の積極的側面の形成も、否定的側面の形成も、促すことができるかということである。

古くからの観察は、教育困難な子どもが、たとえ子どものうそや強情などを示すことはあっても、しばしば才能のある子どもであることを語っている。その心理学的エネルギーや、行動の構えのすべては、あれこれの発達の道筋からの逸脱とか他の道への転換といったものではないだろう。

私は、この問題がきわめて易しく、理論的に解決すれば、実践的にはすべてを変化させたり、なんらかの手段を発見すれば、ただちに子どもの発達を左から右へ、また反対に向きを変えることができるなどと言うことはできない。実際には、この問題はとてつもなく困難である。なぜなら、発達が間違った道を進んだら、すべての有機的・外的力や情況は、偶然的なものも含めて、発達がまさにその方向に進むのを促進することになるからである。発達を目的に方向づけることは高度に複雑で困難なことである。そこでは、人を深くわくわくさせるような作用が必要である。子どもの場合、大きな反抗もなければ、多少とも外的な手段がしばしば大きな効果をあげる。だが、これらの手段は、子どもの側からのすごい反抗にあう場合には、それ自体は立派なものであっても無力となる。このような反抗は、実際に巨大な力を発揮する。なぜなら、子どもは強情をしたいから強情になるのではなく、子どもの性格の発達が決めた一定の原因が、最初からその強情を増大させるからである。このような子どもの再教育は、きわめて長期にわたる複雑な課題であり、そのあり方については、実際上私たちはごく一般的な手法を探り始めたばかりのところである。

## 4　教授困難な子どもの才能の問題

次に教育困難ときわめて深い関連のある別の心理学的問題、才能の問題について述べることにしよう。性格のあれこれの欠陥のために教育上の困難をかかえた子どもがいるが、才能のあれこれの欠陥のために教授-学習のうえで困難を現わす別の子どもの大群がいる。

一般的な精神発達のうえでのその欠陥は、子どもの学校における学習、他の子どもが獲得する知識の獲得を妨げる。当然のことながら、私はここではもっともひどい場合だけを問題にするのであって、混合的な例は取り上げない。というのは、教授困難な子どもは、教育困難な子どもであるかもしれないからである。私は、境界線上の例とか、上の見出しに合わないような例は避ける。才能の問題は審査を受けることになるが、性格の問題よりははるかに大ざっぱである。性格の学説においては、古代心理学の時代から知られた二つの基本路線の継続がみられる。すなわち、性格を肉体の特質か教育の社会的条件と結びつけているのだが、才能の問題においては現代心理学は、この言葉の意味の大変革をおこなっている。

才能の問題を体系的に叙述することはたいへんむずかしい。私は、性格の問題の場合もそうであったが、問題の一つの側面だけを取り上げることになろう。教授困難な子どもの教育と発達の問題に直接に関係するのは、才能の統一性と多様性の問題である。この問題というのは、結局のところ、才能は統一的で同質の、全一的・同種的側面、要因あるいは機能なのか、あるいはこの一般的名称の下に多くの形態が隠れているのかということである。この問題は多くの段階を経てきた。才能学説の歴史にはこのような一般的な章は少し見いだされるだけである。

ここでは困難をかかえた子どもの問題と直接につながる才能の問題について述べることにしよう。すべての心理学的研究は、才能は全一的機能ではなく、一つの一般的なものに統合される一連のさまざまな機能や要因からなることを示している。これによって私たちの才能に関する表象は、形成された機能というものになっている。とくに「軽度の知的障害児」の定義は、私たちの才能に関する表象が十分に正確なものでないことを示している。私たちは、否定的特徴をもった子どもを「軽度の知的障害」の子どもと呼んできた。学校における規律や教授の理解が困難な子どもをすべて私たちは、教授困難な子どもと認定した。注意などの一定の機能を測定すると、知恵遅れの子どもは健常児よりも低いことがわかった。このような子どもに何が欠けているかが語られたが、かれらにあるものについては語られなかった。

あれこれの同じ機能に障害のある子どもたちが、健常児にはないさまざまな補充的可能性をもっていることがわかっている。それゆえ、リップマンが、知恵遅れの子どもを単に知恵遅れと定義することにした心理学者は一人もいないと語っているのはまったく正しい。現代の医者が、病人を単に病気の程度だけで定義することはできないのと同じように、心理学者はこのようなことをするべきでない。医者のところへ子どもを連れていけば、医者は悪いことをあげるだけでなく、子どもの肉体を補償する健康の積極的側面をもあげる。同じように心理学者も、子どもの遅れを個別化し、どこに遅れがあるのかを明らかにしなければならない。

現代の心理学者によって研究された、このような子どもの遅れと発達の組合わせの基本的形態をあげてみよう。この問題は、私がここで述べる形態ですべてがつくされるのではないということをあらかじめことわっておかなくてはならない。現代の心理学者は、知恵遅れの子どもの心理学の問題が現在どのような複雑さをかかえているか、一定の知恵遅れの子どもに足りないことを指摘するだけでこの問題を解くことはできないことを明らかにしなければならない。

この問題について述べるにあたり、なによりもまず言わなくてはならないことは、子どもの運動的障害の形態を取り出すことがきわめて重要な意義をもつということである。さまざまの著者が、このさまざまに名づけられている子どもの遅滞の特別な形態を観察している（運動の軽度の障害、運動の重度の障害など）。しかし、どのようにそれが名づけられようと、その本質は、明らかに同一である。この子どもたちには、運動器官の明らかな深い障害というものはない。それにもかかわらず、この子どもたちは運動の性格において遅滞を現わす。その遅滞は二つの方法で調べることができる。既成の尺度を使い、六、七、八、十歳の子どもに運動のどのようなタイプに遅れがあり、二―三年以上の遅れがあると定義するか、あるいはロッソリモの知能面の尺度と比較して、左手と右手の協調に欠陥があると定義するのである。というのは、これらの子どもは手の運動の協調などがむずかしいのである。知的遅滞かもしれないし、運動の遅滞かもしれないといった以前の見方は破壊された。もっとも多いのは、これらが手に手をとって進む場合であるが、ときには運動の遅滞が知的遅滞をともなわないことがあるし、逆に知的遅滞が必ずしも運動の遅滞をともなわないこともある。

ドイツのクリューデレンの最近の研究は、知恵遅れの子どもの大部分が、運動の能力において同じ年齢の子どもよりも劣っていることを明らかにした。この事実は、子どもの知恵遅れに関する理論にとっても、また実践的にも巨大な原則的意義をもつ。もしこれら発達の二つの環が互いに無関係に進むのなら、「遅れ」という言葉はさらに分化させる必要があることは明らかである。このことが第一。第二に、この研究が明らかにしていることは、一つの環が他の環との関係において補償の中心的環であり、子どもの能力をより強化するということである。それは情況により、運動面がより発達するということもあるし、逆に認識能力、発達の知的側面が強化されるということもある。

これは才能の心理学理論にとって巨大な意義をもつ事実である。多くの資料によって検証されたこの事実は、ある領域において並み以上に発達する傾向は、子どもが困難に直面している他の領域では不十分な発達の可能性を前提としているという命題を支持している。この事実は統計的にも確認されている。しかし、もし私たちがここで明確な数値を得られなかったとしても、この事実の心理学的意義は少しも揺らぎはしない。重要なことは、このような相互関係が可能であり、遅滞児の運動の発達が積極的結果をもたらすということである。このことに基づいて、なぜ一般の学校で学ぶことのできない子どもの九〇パーセントが労働に、それも労働低能児のような初歩的形態のものではなく、より複雑な形態の労働に参加し、遂行することができるのかを説明することができる。

知的遅滞そのものもさまざまである。たとえば軽度の知恵遅れということがいわれる。ここでは遅滞そのものとその補償が互いに無関係に進み、時には一つの環が他の障害のある環の補償となるほどの反対物に転化さえする。それは実際的知能と呼ばれることもある。

現代心理学は、動物や子どもの合理的行為の能力を仮に実際的知能と呼んでいる。ケーラーの猿の研究は、合目的的行為が必ずしも合理的判断の能力と結びつかないことを明らかにした。その観察によれば、理論面ではたいへん遅れている子どもが、実際的知能、実際的行為の面ではいちじるしく進んでいることがわかった。実際的・合目的的行為の領域では、子どもは理論的発達よりはるかに先に進んでいたのである。

リップマンは、ケーラーの方法を軽度知的障害児の研究に適用し、知的にはいちじるしく遅れているのに、実際的知恵は知的な分別よりいちじるしく高いことがあるのを見いだした。これらのグループの子どもは、合理的行為の能力をもっているのである。リップマンは、きわめて興味ある実験をした。かれは、被験者に同一の問題を最初は行為で、その後理論的に解くことを求めた。その問題というのは、ゆらゆらする脚立からある物を取るということであった。被験者がその物に近づき、それを取ろうとするとき、結果は一つであったが、かれが考えはじめると、判断の性格は異なっていた。被験者は、理論的にはこの難題を解くことができなかったが、実際的にはみごとにそれを解いたのである。

知恵遅れの子どもの知能の研究は、すでに古くから子どもが実践的にはきわめてしばしば理論におけるよりもはるかに機知に富み、合目的的に行為できて、頭で考えるよりもはるかに上手に手で「考える」ということを示してきた。ある研究者たちは、実際的知能と理論的知能とは互いに逆の関係にあるかもしれず、抽象的思考の弱い子どもでは、そのために実際的知能が強力に発達するし、その逆もありうることを明らかにした。

これの文化的発達との関係をここで説明することにしたい。文化的発達も実際的知能も、思考の文化的方法、とくに言語的思考の利用と結びついている。最近、文化的発達の問題に光をあてる子どもの思考の形態、子どもの文化的発達の最低限度としての子どもの原始性が取り出された。

グレビッチの病院でこの現象を研究したペトローヴァから私が借りてきた子どもの原始性の例を、ここで引用することにしよう。順応反応においていちじるしく遅れている子どもが研究された。この子どもは多くの児童施設に回されており、そのため精神病についてのある偏見をもって精神病院に来ていた。病院では精神病を見いだせず、子どもはグレビッチのクリニックの研究のところに来ていた。

あるタタール人の少女は、幼児の時代に、まだ自分に力のついていない言語を別の言語と取り替え、その言語で話されることを理解はするが、その言語で考えることはまったくできなかった。たとえばいくつかの言葉に基づいてなんらかの推論をすることができなかった。心理学者は、彼女にいくつかの思考問題を、あるときは実際的に、別の場合は言葉で提示した。実際的課題が提示されたときには、被験者は正しい結果を出したが、言語的課題に対してはまったく無理解で、考えることができなかった。たとえば、少女に次のように話した。「私のおばさんは私より高いけど、私のおじさんはおばさんよりもっと高い。おじさんは、私よりも高いか、そうじゃないか?」少女は答えた。「私は知らない。私はおじさんを見ていないので、おじさんが高いかどうか言えない。」

すべての問題に対して、彼女はこのように答えた。一度も自分の目で見ていないものについては、彼女は何も言えなかったのである。彼女は、二つの言語的命題から言語的方法で第三の命題を導き出すことができるというようなことを想像できなかった。それは彼女にとっては不可能なことであった。この子どもは文化的発達、言語的思考の発達において停滞していたが、外面的には魯鈍（軽度の知的障害）に似ていても魯鈍ではなかった。彼女の思考はまずく、簡単な思考操作もできなくて、ばかげた答をした。だが、私たちは少女が実際的資料に基づいて結論を出すこともできないと考えるとしたら大きな間違いを犯すことになろう。

## 5 総　括

子どもの才能の理解、とくに教授困難や障害をかかえた子どものような否定的側面の理解の領域では現在、これまでの古い見方の根本的再検討がおこなわれている。

統一的機能としての才能に関する古い見方は効力を失い、その代わりにその個々の形態の機能的複雑さに関する新しい見解が確立している。それゆえ、私はこの話しを、軽度の知的障害の研究においてはどのような形態の心理学的研究を選択すべきかを指摘することでもって終えるのがもっとも適当と考える。

ある相談所に知恵遅れの嫌疑を教師によってかけられた子どもが連れてこられた。以前だとふつう、子どもが答えるべきことを答えられない、周囲のごく簡単な条件に適応できないとわかれば、それで結論は用意されていた。いまは、現代の心理学が出す第一の要求は、子どもの性格的マイナスだけを指摘してはならない、なぜならそれらはこの子どもにある積極的なものについてまったく何も語ることができないからだということである。たとえば、子どもは一定の知識をもたない。かれにはカレンダーに関する観念がない。だが私たちには、かれが何を所有しているのかを明確にはわかっていない。

今では研究は、遅滞児の性格は必ず二重的で、現代の医学が結核に二重の分類をするのと同じようなことをせねばならないとされている。一方では、病人の発達の段階を性格づけ、他方では補償過程の程度を指示するのである。指数の1、2、3は病気の重さを指示し、A、B、Cは病気の補償を指示する。これらの資料の結合のみが、人の病気に関する十分な観念を与える。したがって、ある患者は病気の疾患が他の患者より大きいかもしれないが、補償も大きい。また、ある患者は結核の第三段階にいるが、補償はかれが労働能力を発揮し、十分に働くことができるほどになっている。だが他の患者の疾患ははるかに小さく、その補償もわずかだが、病気の発達はより多くの破滅的役割を演じている。

非健常児の研究においては、ある障害の指摘は、その障害の補償の程度をはっきり標示せず、障害に対抗する行動形態の形成がどのような路線で進むのか、子どものどのような試みがかれの直面している困難を補償することになるかを示さないうちは、心理学者にまだ何も語っていないことになる。

この二重的性格はほとんどあらゆるところで、実践における日常的現象となっている。実際上、私たちは少なくとも障害と補償の三重の性格をもっている。子どもの研究を身近で見ている人は、どのようにしばしば知恵遅れの子どもが、自らあれこれの機能を、たとえば記憶をかなり高度に遂行するのだが、それを自由に使用する能力がほとんどないことに、不幸があることを知っている。同じことが、前に述べた原始的少女についてもいえる。少女はみごとに推論する。彼女の推論には完全な三段論法が含まれているのだが、それを一定の言語的推論の連鎖のなかに含めることができないために、彼女は重い障害児と見られるのである。

私たちはしばしば次のようなタイプに出会う。かれらの記憶の有機的基礎そのものはきわめて高く、平均水準よりわずかにずれているか、ときには陵駕しているのだが、その記銘の能力やその能力をより高度の文化的過程に利用することはごくわずかしかできない。ある知恵遅れの子どもの例を引用しよう。かれの視覚的記憶はいちじるしく発達していて、読むことはできないのだが、次のような実験を遂行する能力はあった。かれの前にカードの上に描かれた人物のかなり多くの名前が書かれたメモが配布された。名前のメモは、それぞれの絵の前に置かれた。その後、メモはごちゃごちゃにされ、子どもは言葉の指示に従ってそれらを再びあるべきところに並べ換えた。だが、この子どもは、非常な視覚的記憶力をもつにもかかわらず、読むことができないため、文字を記銘し習得すること、それらを音声と結びつけることなどはできなかった。子どもの習得能力はわずかなものであった。

現在の学習に関しては新しい観念が発生している――二重あるいは三重の性格づけをおこなっている。すなわち、実際的知能、実際的資料とそれらを使用する能力という性格づけである。

要するに、低知能の一般的定義に代わって、第一に、それがどこに現われているのか、第二に、子ども自身がその現象とどのように闘おうとしているのかの問いに答え、第三に、学校は、あれこれの子どもが悩んでいる欠陥との闘いにおいてどのような道をたどるべきかを明らかにするのである。

このような新しい研究へのアプローチは、どのような教育学的結論を示唆するだろう？　養護学校の仕事の具体例でもってそれを示してみることにしよう。

私たちは、低知能児は抽象的思考の発達が不十分であり、そのためにかれらの教授は直観手段に頼っているということをよく知っている。しかし、直観教授はこれらの子どもに直観的思考だけを発達させ、その弱さを育てている。現代の教育学者は誰一人として、教授の直観的方法が養護学校において基本的地位を占めることに反対することはない。しかし、子どもの思考的弱さを考慮しつつも、抽象的思考のいくらかの基礎を直観教材に依拠しながらかれらに形成する必要がある。言いかえれば、知恵遅れの子どもの発達の一般的路線を前へ押し進める必要がある。

現代の教育学では（革命的教育学にもっとも傾いていない国々においてさえ）別の原則がとられはじめている。すなわち、養護学校では子どもたちの思考を発達させ、かれらに社会的概念を形成すること、それを直観教材を基礎にしておこなうことが必要なのである。

このようにして、これまでの話しからの実践的結論を要約するとすれば、次のように言うことができよう。新しい実践と古い実践との相違はすべて、新しい実践が古い命題を否定することにあるのではなくて、新しい実践がさらに前進することにある。以前は、子どものかかえる困難性を障害の体系として理解していたとすれば、現代の心理学は、それらのマイナスの裏に隠されているものを指摘しようとする。そして古い教育は障害に屈し、障害に従っていたとすれば、現在の教育は障害を考慮し、障害に打ち勝ち、子どもを教育困難あるいは教授困難にしている障害を克服するために譲歩するのである。

# 第12章　人間の具体的心理学（『モスクワ大学通報』）

**注意**：歴史という言葉（歴史的心理学）は、私の場合、二つのことを意味する。

(1)　物事に対する一般的弁証法的接近――この意味においては、すべての物が自己の歴史をもつ。この意味においてマルクスは言う：ただ一つの科学は、歴史である[注①]。自然科学は自然の歴史、自然史。

(2)　本来の意味の歴史は、人間の歴史。

第一の歴史は、弁証法的、第二の歴史が、史的唯物論。

高次の精神機能は、低次の機能とは異なり、その発達において歴史的法則性に従う（ギリシャ人とわれわれの性格を比較せよ）。人間の精神のあらゆる特質は、そこに二つの歴史（進化＋歴史）の合体（総合）が存在することにある。同じことが、子どもの発達にも見られる（自然的発達と文化的－歴史的発達の二つの路線）[注②]。

＊　＊　＊　＊

構成的方法は、二つの意味をもつ：

(1)　自然的構造ではなくて、構成を研究する。

(2)　過程を分析するのではなくて、構成する（突然に見つける方法に反対——分析、タキストスコープ「瞬間露出器」：ビュルツブルグ学派の体系的方法に反対）。

だが、実験による認識的構成は、過程そのものの現実の構成と合致する。これが基本的原理。

**注意**　ベルグソン（チェルパーノフ選集を参照）

知能と道具。

人間の心理学は、ホモ・ファーベル（働く人）を扱う。

道具は人間の外にあり、器官は人間の内にある。

知能の本質は、道具のなかにある。本能は有機体の道具を利用し構成する能力であり、知能は非有機体的である。それは自分の長所と短所をもつ。

だが、心理的構成的活動（意志）は、原理的に新しいあるものであり—あれこれの活動の総合である。なぜなら、有機的構成や機能は外的、非有機体的な手段を使って頭脳の内につくられ、本能がつくられるからである。

ウフトムスキーを見よ：神経学的機能は器官である。この意味で人間は、道具主義的活動によって新しい器官、ただし有機的器官をつくり出す。

ジャネは、ことばと他の反応（自然への適応）とを区別しないのは、最大の幻想だと呼んでいる。これはワトソンのした誤りである：ことば＝水泳とかゴルフのような技能。

まさにこのようなものではない。ことば主義の問題は、子どもの文化的発達の歴史における中心的問題である。

**注意**　われわれは、次の一般法則を知っている。はじめは他者へのはたらきかけの手段であるものが、後に自分へのはたらきかけの手段となる。

この意味で、すべての文化的発達は、三つの段階を通る：即自、対他、対自（指示的ジェスチャー——最初は、対象に向けられ、行為を意味するうまくゆかない捕捉運動：その後、母親がその指示を理解し：最後に、子ど

| 知能↔本能 |
|---|
| 道具↔器官 |

も自身が指示しはじめる。）シャロッテ・ビューラーを参照：指示的ジェスチャーをしている子どもの肖像画。それは、すでに対自（自分のための）である。

マルクス参照：ペテロとパウロ[注③]。他人を通してわれわれは自分となる。文化的発達過程の本質は、純粋の論理的形式においてまさにその点にある。

マルクス：階級について[注④]。人格は、自分の内にあるもの（即自）が、つまり以前自分の内にあったもの（即自）が、他人のためのもの（対他）になることを通して、自分のためのもの（対自）になる。

これが人格形成の過程である。ここから何故、高次の機能におけるすべての内的なものが、必然的に外的なものであったこと、すなわち今は自分のためのものが、他人のためのものであったことが理解できる。

これは、内的なものと外的なものとの問題すべての鍵である。ジャネとクレッチマー（ビューラー）における心内化の問題を見よ。選択の転移、内からのテスト（だが、かれらは、その際選択が人格そのものによってなされることに注目していない）。われわれが考慮しているのは、その外的性格ではない。

われわれにとって、外的過程について語ることは、社会的過程を語ることを意味する。あらゆる高次精神機能が、外的なものであった――それが社会的なものであったことを、それは意味する。機能となる前に、それは二人の人間の間の社会的関係であった。自分へのはたらきかけの手段は、最初は他人へのはたらきかけの手段であり、他人の自分の人格へのはたらきかけの手段であった。

**一般的形態において**：高次精神機能の間の関係は、かっては人々の間の現実的関係であった。私は、人々が私に相対するのと同じようにして、自分自身に相対する。

熟考は論争であり（ボルドウィン、ピアジェ）：思考はことば（自分との対話）である：ジャネによれば、言葉は他人への命令であった。模倣、機能の変化は、機能の行為からの分離を導く。

**図式**：最初、ある人が叫び、戦い、模倣者は同じことをする。その後、前者は叫ぶが、戦いはしない。後者は戦うが、叫ばない。上司と部下〔ヴィゴツキーの脚注〕

それは常に命令である。それゆえ、習得の基本的手段である。しかし、どうして言葉は、われわれの意志的機能となり、なぜ言葉は、運動的反応を自分に従わせるのか？

言葉の行動に対する支配はどこからくるのか？　指揮の実際的機能からだ。言葉の精神的機能に対する精神的支配の背後に、ボスと従者の現実的支配がある。

心理的諸機能の関係は、発生的には人々の間の実際の関係に相関している：言葉による制御、ことば主義的行動＝支配‐服従。

ここから：ことば（ジャネのことば主義の法則）は中心的機能である――社会的関係＋心理学的手段。人々の間の直接的関係と間接的関係を比較せよ。

ここから　補説：機能の変更、変形のメカニズムとしての模倣と機能の社会的分割。

ここから　レオンチェフの労働の例：監督者と奴隷のすることが、一人の人間のなかに統合される：これが随意的注意と労働のメカニズムである。

ここから　意志的努力の秘密――筋肉的あるいは精神的努力ではなく――命令に対する有機体の反抗。

ここから　ささやき、秘密ごと、その他の社会的機能の役割に関する私の過小評価。私は、ことばの外的消滅を無視した。

ここから　子どもでは、ことばの機能における即自、対他、対自の交替を一歩一歩跡づけることができる。

最初、言葉は自分のなかで意味（事物との関係）をもつ（客観的つながり、それがなければ、ここには何もない）。その後、母親がそれを機能的に言葉として利用する：その後に、子ども自身がそうする。

ピアジェ：口論の登場が、言語的思考の登場。大人と子どもとの言語的コミュニケーションのあらゆる形態が、後に心理的諸機能となる。

**一般法則**：あらゆる機能は、子どもの文化的発達において二度登場する。すなわち、二つの場面で――最初は社会的場面、次に心理的場面、最初は精神間カテゴリーとして人々の間に、次に子どもの内部に。ピアジェの時間的ずれの法則。これは随意的注意、記憶などに当てはまる。

これは法則である。

**比較せよ**：他人への指示、自分への指示。山猫の爪、他者に対する、自分に対する。

**比較せよ**：手紙――自分に、そして他人に。自分のメモを読む、自分のために書くことは、自分に他人として相対することを意味する、など。これは、あらゆる高次精神機能にとっての一般法則である。

もちろん、外部から内部への転移は、過程を変化させる。

発生的には、あらゆる高次機能とそれらの関係の背後に、人々の社会的関係、現実的関係がある。Homoduplex.（二重の人間）ここから、文化的発達の研究における人格化の原理と方法が生じる。すなわち、人々の間に機能が分けられ、機能が人格化する。たとえば、随意的注意：一方が制御し、他方が制御させられる。一人に融合していたものが、新たに二人に分けられる（現代の労働）、高次の過程（随意的注意）の小さなドラマへの実験的展開。ポリツェルのドラマによる心理学を見よ。

われわれのテーマに適用された「社会的」という言葉は、多様な意味をもつ：

(1) もっとも一般的には――すべての文化的社会的なもの

(2) 記号――有機体の外に、道具、社会的手段としてある

(3) すべての高次機能が、系統発生において生物学的にではなく、社会的に形成されること

(4) もっとも重要なもの――意味――そのメカニズムは、社会的なもののコピーである

これらは、人格の内に移された社会的秩序の心内化された関係であり、人格の社会的構造の基礎である。

これらの組成、発生、機能（行為様式）は――一言でいって、それらの本性は、社会的である。人格の内に心理的過程として心内化されてあるものだが、これらは疑似社会的なものにとどまる。個性的なものも、その反対ではなく、社会性の高次の形態である。

マルクスのパラフレーズ：人間の心理学的本性は、心内化され、人格の機能となり、その構造の形態となった社会的諸関係の総体である注⑤。

マルクス：類としての人間（人間の「類的」本質）について：ここでは個人について。

文化的発達＝文字通りの意味でなく社会的発達（縮小された素質の発達、しばしば外からの：発達した形態の構成、凝縮の役割、すなわち、随意的注意、発達における外因性の役割）。むしろ構造の外から内への転移：

有機的発達の場合とは異なる個体発生と系統発生との関係：後者では系統発生が潜在力としてあり、個体発生において繰り返されるが、前者においては系統発生と個体発生との真の相互作用が存在する。生物型としての人間は必然的ではない。母親の胎内で人間の子が発達するとき、胎児は大人の生物型とは相互作用しない。文化的発達においては、この相互作用が、あらゆる発達の基本的原動力である（大人の算数と子どもの算数、ことば等）。

一**般的結論**：精神機能の背後に、人々の発生的関係があるとすれば、

(1) 高次精神機能の特別の中心とか、皮質（前頭葉――パヴロフ）のなかに最高の機能を探すのはばかげたことだ、

(2) それらを内的、有機的結合（調整）から説明するのではなく、外から――人間が脳の活動を外からの刺激を通して制御することから説明する必要がある、

(3) それらは自然的構造ではなく、構成物である、

(4) 高次精神機能（人格）のはたらきの基本的原理は、人々の相互作用の代わりとなる相互作用〔「自分の身体を制御する」自己刺激――ヴィゴツキーのメモ〕タイプの社会的機能である。それらは、ドラマの形式においてもっとも

完全に展開されることができる。

**補説**：構成活動においては、刺激の近接は脳過程の近接、神経活動の二つの形式に一致する：

(1) ドミナント（触媒）、

(2) 連合は、(a) 指示、強化、力点に、(b) 記憶術（結び目）に対応する。集中、放散――すべてがその対応物をもつ。対象が接近するとき、私は神経過程（反応）を接近させる：外部にはたらきかけながら、私は内的過程そのものを制御（支配）する。

あらゆる組織、規制（バーソフ）、構造は、これら高次のタイプの制御-構成活動と比べたとき何を意味するか？随意的注意その他どんな高次の機能の性質も、個人心理学から導き出すことはできない。自己暗示の問題とＸＹＺ（次頁の手記のこと、後に付記されたもの）を考えよ。

高次過程の神経学の十分な再検討。機能局在、中心でなく。

**注意！** ベルグソン：記憶は、精神を物質から区別させる。精神の存在は、およそあらゆる意図的過程（過去に目を向ける）にとって必要である。われわれは、心理過程にとってその精神的側面がどうでもよいものとは考えない。とくにそれの対象との関係は、他の何ものとも比較できない。しかし、それは純粋の精神ではない。重要なことは、それが運動的記憶と非運動的記憶とを区別するのではないということである。そこには過渡的形態があるが、精神と物質との間にはそれはない。その過渡的形態というのは、記憶術である。ベルグソン自身が、精神の記憶と記憶術とを近づけている。ビューラーは、記憶術とチンパンジーの記憶とを近づけている。重要なことは、ある一回の方向づけで暗記は可能であるが、記憶（回想）はできないということである。結び目と動機（私は、記憶術に二つの特徴があることを知っているが、それらが何を意味するかは知らない）。それゆえ：方向づけは、回想に必須の道づれだが、それは高次の記銘（記号の指示的、仲介的役割の結果）の独立した要素である。

**注意** 高次精神機能の社会的本性について。

ジャネによれば、言葉の機能は、最初人々の間に分けられ、分配され、後に個人のものとなる。個人的意識や行動のなかに、これに類似するものは何もない。

以前は、個人的行動から社会的なものを導き出していた（個人は、集団のなかでも二人きりで反応し、模倣が個人的反応を社会化する）。私たちは、集団生活の形態から個人的機能を導き出す。発達は社会化に向かうのではなくて、社会的機能の個性化に向かう（社会的関係の心理機能への回転――ことば、社会的根源）。

子どもの発達における集団の心理学は、すべて新しい見地に立つ。ふつう、あれこれの子どもは、集団の中でどのようにしているかが問われる。私たちは問う：集団はあれこれの子どもに高次の機能をどのように形成しているかと。以前は次のように考えられていた：機能は個人に出来上がった形、半分出来上がった形、萌芽的形で存在する、――そして集団で機能は訓練され、展開され、複雑化し、向上し、豊かにされたり、支障をきたしたり、抑えられたりすると。いまは：機能は集団で子どもたちの関係というかたちで形成され、その後、個人の心理的機能となる。

**論争**　以前は：すべての子どもが思考をもち、それらがぶつかり合って論争が生じる。いまは：論争から熟考が生まれる。すべての機能について同じことがいえる。

（子どもの）集団心理学の基本的問題は、この基礎の上に提起される。すべては、いまなされていることの反対だ。区別せよ：

他者への直接的関係と間接的（記号を介した）関係。自分に直接的に関係することは不可能だ。間接的関係が可能。したがって、最初、記号が道具として客体と主体との間に存在する。その後、私と私の記憶との間にそれが位置づく。操作の刺激-対象は、刺激-道具の適用される対象ではない。これは記号と道具のもっとも重要な相違である。道具刺激の作用する対象は脳である（図式1）。

構成は、それが二つの次元で、二つの対象に対し行われることで、道具的思考より区別される（図式2）。S1とS2が同一人であっても、操作には常に二つの対象がある：脳と心理的課題の対象（覚える、等）。実際上これは

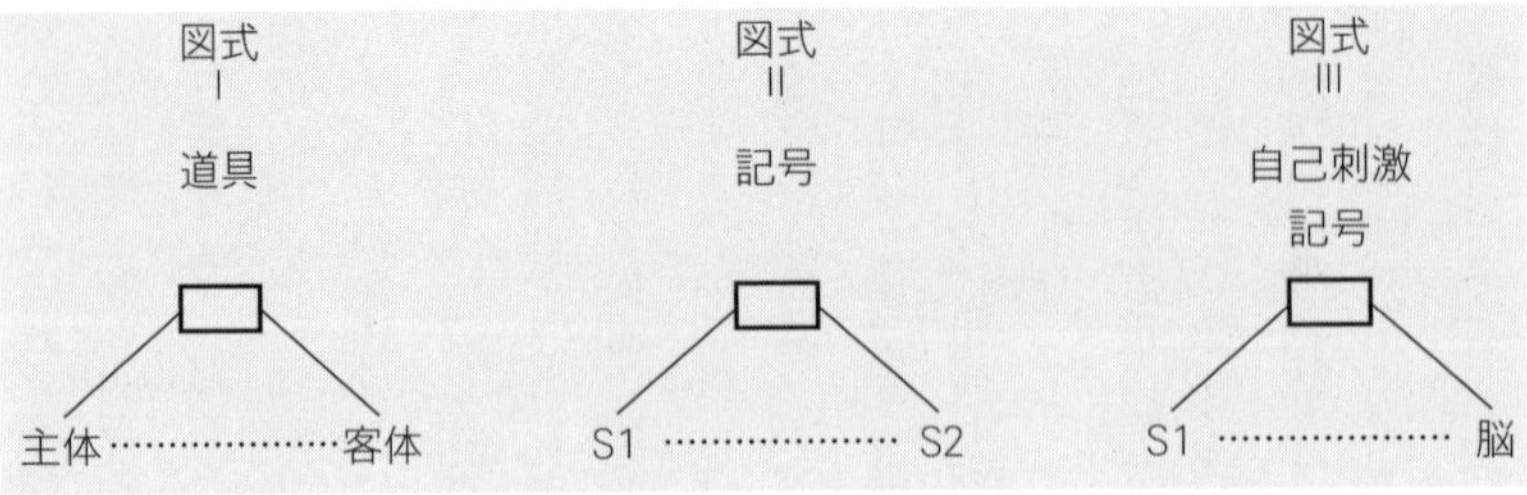


**図式1**

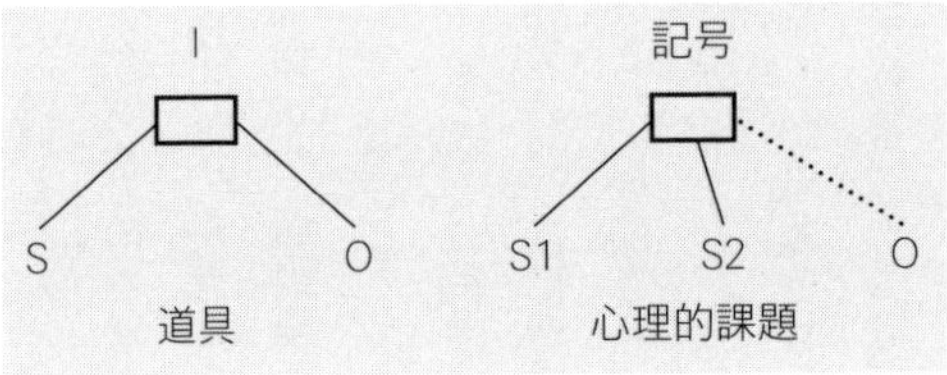


**図式2**

Sが道具でないこと（すなわち物理的作用でないこと）、そして心理的課題が作用すること（対象にでなく行動に対して）による。対象が他人の脳であれば、すべては簡単である。対象が自分の脳であるとむずかしい。

心理的操作と運動的操作（覚える＝つかまえる）との隠れた同一視を否定する必要がある。

このようにして道具的操作は、常に社会的結合を手段とした自分自身への社会的作用であり、二人の人間の間の社会的関係の形態において十分に明らかにされる。

以前は、われわれは、操作の対象、道具を考慮していた。いまは、操作の対象、刺激を考慮する。

刺激は操作の対象には作用しない。連結、実行のメカニズム―意志―は社会的関係：命令、条件（「一人が叫び、他が闘う」―ジャネ）の結果である。

記号がもたらす物と物との間。人とその脳との間。人は対象に向けられた操作を支える。だが、かれの対象は操作そのもの、神経過程である。このようにして、道具的操作の基礎は、一人の人間のなかに一体化したペテロとパウロである。刺激-対象と刺激-手段の関係は、自然的心理的なものと、人工的に構成されたものとの関係である。

社会的発生が、高次の行動への鍵である。そこでわれわれは、言葉の心理学的機能（生物学的機能でなく）を見いだす。社会発生学的方法。

自己刺激は、社会的刺激の特殊な（きわめて特殊な）例である。社会–個人的――ジャネの用語を使えば（熟考におけるコミュニケーションの機能――ナトルプ参照のこと）。

**記号化**：人間は外から結合を創り出し、脳を制御し、脳を通して身体を制御する。神経活動の基本的な制御原理としての脳の機能と皮質との内的関係は、新しい制御原理としての人間の外および内における社会的関係に取り替えられた（他人の行動の制御）。しかし、中枢と機能との間の結合と制御関係の外からの創造は、いかにして可能なのか？この可能性は、二つの契機に（それらに一緒に）与えられている：

(1) 条件反射のメカニズム（パヴロフによれば脳のメカニズム、ウフトムスキーによれば器官！――外から構成される）

(2) 社会生活の事実、すなわち自然の変化、それゆえに、自然的結合の変化、異なる対象のコミュニケーションよりも、異なる秩序の個人の相互作用の変化

ここから、三つの段階：

(1) 条件反射――外から創り出されるメカニズム、しかし、＝自然的結合のコピー、受動的適応に合致する

(2) 家畜（奴隷？）、人間自身＝家畜（ツルンワルト）＝外からの結合の受動的形成

(3) 結合形成への積極的参加＋社会的刺激の特殊例としての自己刺激。vocal（話す）, semivocal, mutum（無言の）道具――最後の道具は、自然への積極的適応に合致する＝人間の心理学。問題は人格のうちにある

パヴロフは、神経系を電話にたとえた。だが、人間の心理のあらゆる特質は、一つの存在のなかに電話と電話を使う人とが、すなわち機械と人間による機械の制御とが合体していることにある。

条件反射のメカニズムを通して自然は人間を制御する。だが、自然的結合は、自然そのものの変化を除いて、行動

のあらゆる種類の結合を生み出すことができるのだ。自然的結合のなかには、労働活動の必要性は含まれていない。電話交換手というのはなんだろう?（この比較と記号＋の機械的側面は無視して）精神、心のことがいわれる、電話交換手は無駄ではないのだ。シュテルン参照：技師＋機械。

違う。本当にどんな神経器官の活動も人間なしには理解できない。この脳は、人間の脳だ。これは人間の手だ。そこに核心がある。たとえば、くじ、結び目は、電話交換手によって結ばれる電話的結合である。

パヴロフの趣意は、一般に考えられていること、電話交換手（精神）がすること、機械そのもの（身体、脳）がすることは何かということを示すことにあった。

それゆえ、電話交換手は精神ではない。では何か？　人間の社会的人格。一定の社会的グループのメンバーとしての人間。一定の社会的単位としての人間。即自、対他、対自の存在としての。リヒテンベルグその他を見よ。私にはそう思われると、私は思う。

自我の問題。子どもでも言わなくてはならない：私は（ピアジェを見よ）。すべての発達は、機能の発達が、私にから、私がにすすむことにある。

レヴィ-ブリュールを見よ。私はその夢を見るだろう。ところで、人格は、個人の生物学には存在せず、存在できない結合を打ち立てることにより、個人の心理機能、システム、階層を変える。皮質下中枢と皮質中枢の関係ではなく、人格の社会的構造が、あれこれの層の支配を決定する。

カフィル人の夢とリーダーを見よ：

(1)　動物では、睡眠の機能は異なる

(2)　カフィル人のリーダーでは夢は、夢の社会的機能を通して制御機能を獲得する（説明しがたいもの、魔術の初歩、因果性、アニミズム等）。かれは夢で見たことをする。これは人格の反応であり、原始的反応ではない

(3)　夢と未来の行動との関係：未来の行動（夢の制御機能）は、発生的・機能的に社会的機能になる（魔術使い、賢人の会議）、夢の解釈者、くじを投げる人は、常に二人の人物に分れる。それからその社会的機能は、一人の人間に合体する

電話交換手（人格）の真の歴史は、ペテロとパウロの歴史である（マルクス：言語と意識について）注⑥——（人々の間の）社会的関係の心理的なもの（人間のうち）への転移。未開人や子どもにおける名前の役割。

もっとも基本的なことは、人間は発達するだけでなく、自分を構成することにある。

構成主義。しかし、主知主義（芸術的構成を見よ）や機械論（意味の構成を見よ）には反対。

心理学の課題は、人格の反応の研究にある、すなわち夢のタイプの関係＝制御のメカニズム。宗教の役割など。すべての（社会的）イデオロギーは、一定タイプの心理的構造に合致する——しかし、イデオロギー保持者とか主観的知覚の意味でなく、階層や人格の機能の構成の意味において。

カフィル人、カトリック、労働者、農民を見よ。私の観念——興味の構造と行動の社会的制御との（関係）を見よ。

考えるのは思想ではなく、人間が考えるのだ。

これは出発点の観点、（境界）フォイエルバッハ：デボーリン——ヘーゲル。

人間とは何か？　ヘーゲルにとっては、論理の主体。

パヴロフにとっては、身体、有機体。

われわれにとっては、社会的人格＝個人に体現された社会的諸関係の総体（社会的構造に基づいて構築される心理的諸

機能)。

人間は、ヘーゲルにとっては常に意識あるいは自己意識である。

先へ進もう。カフィル人だと：私はその夢を見るだろう。なぜなら、かれは夢を積極的に見るからだ。私たちならこう言うだろう：私にも夢があった。それゆえ、すべての機能において、私にと私はがある。だが、これは原始的反応(受動的-人格)と人格(積極的-人格)である。

さらに先へ。人間は考えはじめるやいなや、問う：人間はいかなるものか(カフィル人、予言＝〈夢〉するローマ人、合理主義者バザロフ、神経症のフロイト、芸術家、等)。

思考の法則は同一でも(ヘフディング：連合と思考の法則を見よ)、何について人が考えるかによって、その過程はさまざまとなる。

思考の自然的結合(皮質、皮質下など)ではなくて、社会的結合(その人における思考の役割)を見よ。

夢の役割を見よ。だれが夢を見るのか、どのような人が見るかで、すべてが同じではない。

次のことが可能：(1)私が、私と夢を見ると私の夢を見る。(2)これとそれとでは違ったものになる。

これもそれも研究する必要がある：具体的心理学の基礎――「カフィル人の夢」タイプとの関係。抽象的：タイプの関係：夢と楽しい刺激の反応(フロイト、ブントなど)(ここで、社会的人格の観念のなかで、疑いもなく精神の役割が解明される)。

商品＝超感覚的物質(マルクス)は、精神なしに可能か？　精神の本質は、積極的側面からすると、対象に対する意図的関係にある(消極的には、他人には理解できない＝内的知覚、非空間性)。

デボーリン：内容のない思考は空虚である(カント：空虚と盲目。したがって、思考を研究するとき、われわれは、対象との関係を研究する)。

「純粋思考ということで、あらゆる感性的知覚から解放された理性の活動を考えるとしたら、純粋思考というのは虚構である。なぜなら、あらゆる表象を欠いた思考は空虚な思考であるからだ。」…「実際に、概念は改造された知覚とか表象以外の何ものでもない。感覚、知覚、表象などが言葉とか思考に先行するのであって、その逆ではない。概念とかカテゴリーを形成する高次の能力という意味での思考そのものは、歴史的発達の産物である。」（デボーリン）

ことばの論理的構造を見よ。

補説：私は、私にと私自身との社会的関係である。

さらに先へ：ゲーテ：問題を仮定にする（ゲシュタルト学説は、創造的総合の問題を仮定とした）。同じことを私は、人格についてする。それは、高次な機能とともに創り出される第一次なものである。

夢と将来の行動との関係（カフィル人における制御機能）は、全人格により（すなわち、内に転移された社会的諸関係の総体により）媒介された関係であり、直接的な関係ではない。

子どもにおけるこれの研究。

**補説！**　ポリツェルを見よ：心理学＝ドラマ。一致するもの：具体的心理学とディルタイ（シェクスピアについて）。だが、ドラマは実際にこのような種類の関係に満ちている。

人格のある構造における情熱、けち、嫉妬。一つの性格が二つに分けられる――マクベス―フロイト。

真に内的葛藤に満ちたドラマは、有機体では不可能である。

人格のダイナミズムはドラマである。

カフィル人の夢
将来の行動

夢の中で妻は裏切り（オセロ）、殺される：悲劇。ドラマは、常にこのような関係の葛藤である（義務と感情、情熱など）。ドラマはそうでなければ不可能、すなわち体系の衝突。心理学は「人間化される」。

直接に。環境の役割、生物学にとっては：系統発生の要因。メカニズムは、量的には常に変化する。

社会的関係は、自然的な性質として作用する。（家畜を見よ。）だが、それは要素的機能においてのみ正しい。それらは（たとえば、形の構造の知覚など）すべての人類に共通ではない。しかし、要素的機能においては多くのものが共通であるとしたら、それはすべての社会的グループや階級において多くのものが共通だからである。

高次の機能はそうではない。器官が外から創り出され、脳の制御が外からおこなわれるとすれば、人格＝社会的諸関係の総体……「カフィル人の夢」タイプの関係、人格のダイナミズム＝ドラマ、社会的発生が、唯一の正しい観点、すなわち、メカニズムは環境において創り出される（構成）。

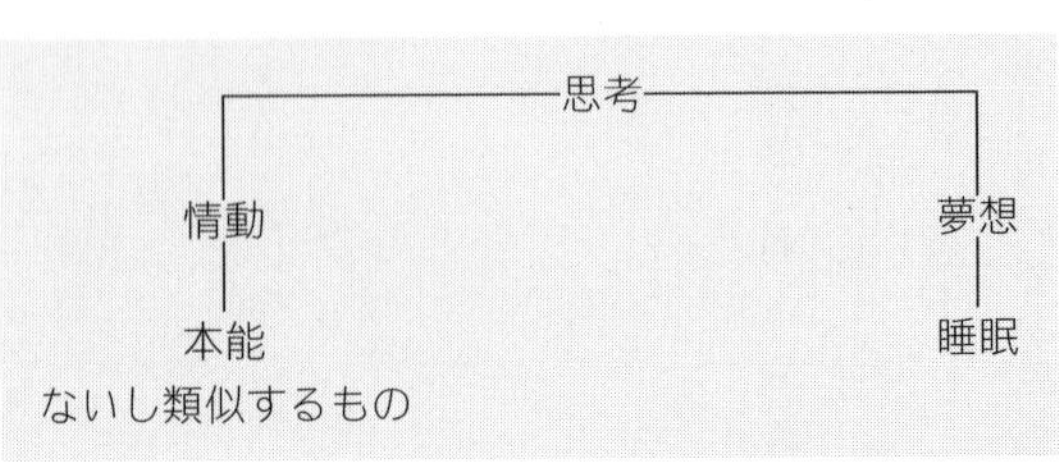


**概要**：人格は、社会的諸関係の総体である。高次精神機能は、集団のなかで創り出される。「カフィル人の夢」タイプの関係。人格の内容。ドラマ参加者としての人格。人格のドラマ（そこでは、愛、夢、思考、芸術は何を意味するか？　どのような人間が考え、愛するのか？——ヴィゴツキーのメモ）。具体的心理学。（欄外）機能はその役割を変える。：夢、思考、実際的知能。

私の文化的発達の歴史は、具体的心理学の抽象的探究である。

**結論**：電話交換手とその機械の実際の歴史：社会的関係の内への転移。電話交換手とその機械は、特別に複雑な制御活動にすぎない（制御原理）。人格：制御の特別な形態。

機能に永遠のヒエラルキーは存在しない。

それゆえ、永遠に固定された意志は存在しない。だが、それぞれの機能は、それぞれに可能な役割の領域を定めた可能性の自然的範囲が存在する。

**比較せよ**：役者の自然的データ（役柄）は、かれの役割の範囲を決めるが、それにもかかわらず、すべてのドラマ

（＝人格）が、自分の役割を果たす。Commedia del, arte（十六—十八世紀のイタリア即興喜劇）：固定した役割が、ドラマを変える役柄（コロンビン、アルレキン等）を演じるが、役割は同一＝それ自身である。

固定した役割のドラマ＝古い心理学の観念。

新しい心理学：一つの役柄のなかで、役割の変化がある。カフィル人のドラマ（人格）での夢は、一つの役割だが、神経症患者では別の役割を果たす：ヒーローと悪者、情夫。

たとえば、スピノザにおける思考——情熱の主。

フロイト、芸術家にとっては、思考は情熱の奴隷。精神科医はそのことを知っている。言いかえれば、図式的には：

（1）構造
思考
｜
情熱

（2）構造
情熱
｜
思考

〔欄外〕これ以上還元できない単位としての機能の操作。物理と制止に関するパヴロフの見解。

精神科医は、これをよく知っている。

問題は次の点にある。だれが考えるのか、思考は人格においてどのような役割、機能を果たすのか。自閉的思考が哲学的思考と異なるのは、思考の法則によるのではなく、役割による（道徳原理あるいは自慰）。

私は：役割の心理学について。ポリツェルはドラマ。

社会的役割（裁判官、医師）が、機能のヒエラルキーを決める。すなわち、機能が社会生活のさまざまな領域におけるヒエラルキーを変える。それらの衝突＝ドラマ。

私の興味の図式を見よ[注⑦]。行動の個々の領域ごとにこのような図式をつくることが可能であろう（レヴィン）。

図式3を比較せよ。

課題：青少年およびティーンエージャーにおける（具体的心理学）行動の個々の領域（専門的複合等）、そこでの機能の構造とヒエラルキー、それらの関係と衝突を研究すること。

**理想**：このようにモスクワ労働者たちに専門的複合体が構成されること。

比較的方法。一般病理学。

夢、思考の一般法則（取り替えられたカテゴリー）は、人格のさまざまなヒエラルキーのなかで独自の形態をとる。

マルクス：際だつ特徴の知識なしには――論理主義。

バーソフ：組織性の性格。それは科学を分ける（機械学、化学、生物学、社会学等）その際、組織化の特別なタイプが、第一次的概念（身体、物質、有機体、社会等）に取りかかる。

電話交換手＋機械は、組織性の特別なタイプであり、高次心理学の第一次的概念である。機械が発達するだけでなく、電話交換手も発達する。両者がいっしょに：子どもの発達の独自性。

私が、電話交換手＋器官（組織性の特別なタイプ）＋自己制御のことを話すとき：この制御は、筋肉の高次神経活動の制御よりもけっして神秘的ではなく、精神に近くもない。

しかし、メカニズムはより複雑である。ここでは、身体の一部分だが、他の場合、制御するものと、制御されるものとは分れている。前者では、AがBを制御する。ここでは社会的存在としての人間（A）が、B（自分の行動ないし脳の活動）を制御する。

過程の新しい独自な制御と組織化は――全体としての人間（＝電話交換手）

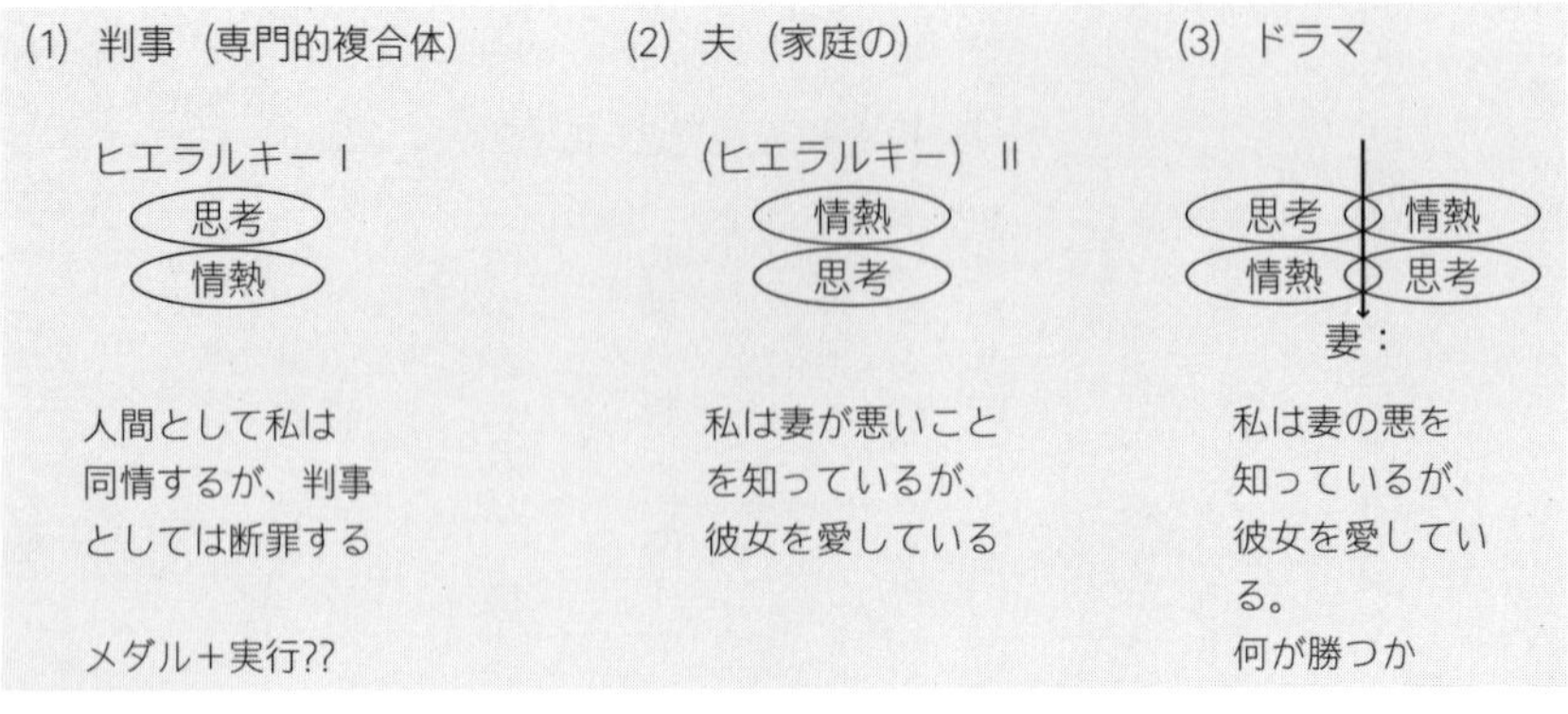


**図式3**

なしには、その器官（脳）の活動を説明することはできない。

人間が脳を制御するのであって、脳が人間（社会的！）を制御するのではない、人間なしにはかれの行動を理解できない、心理学は過程の概念では叙述できず、ドラマの概念で叙述せねばならないということを、私は語りたいだけである。

ポリツェルが語る時：人間が労働するのであって、筋肉が労働するのではない――これですべてが語られている。それは、人間のすべての労働についていうことができる。

三つの仮定を補足したい：

(1)　精神病者と健常者との相違、さまざまな精神病者の間の相違は、(a)精神生活の法則が精神病者では犯されている、あるいは(b)健常者にはない（新しい形成物）がある（腫瘍）。むしろ、健常者にも、病人にあるたわごと、嫌疑と同じものがある。関係のたわごと、しつこい観念、恐怖など。しかし、これらすべての役割、全システムのヒエラルキーが相違している。

すなわち、私たちにはない別の機能が前面に現われ、制御機能を獲得する。たわごとが私たちと精神病者とを区別するのではなくて、かれがたわごとを信じ、それに服従するのに、私たちはしないことに違いがある。カフィル人の夢。

いずれにしても、これはヒステリー患者、神経症患者などのことである。別の状況では、別のシステムが支配する。医者といる、あるいは家にいるヒステリー患者。

(2)　フロイトにおいては：夢と性機能との結合は一次的なものでなく、むしろカフィル人の夢タイプの結合である。神経症患者では、夢は性的欲望に奉仕する。しかし、これは一般法則でなく、神経症患者の法則である。カフィル人では、夢は別の機能を果たす。自閉症者の思考は別のものである。それは、具体的心理学の法則（いま、ここの特殊な法則）であって、一般法則ではない。フロイトの誤りは、かれがこれを一般法則としたことにある。

(3) 子どもの発達においては、「カフィル人の夢」タイプのようなシステムの混合が生じる。一歳の子ども、七歳、十五歳、七十歳の人間の夢は、同じ役割を果たしてはいない。しばしば、幼稚的な性質は消失しないで、自分の役割、地位、意義を減じるだけのことがある。

たとえば、カフィル人が文化的になると、その夢は意義を失う。役割の混合＝注意（すなわち構造の中心）の混合――アドラーを見よ。精神分析と個人心理学は、無意識的にこのことに基礎をおいている。

**一般的なこと**：心理学の人間化。動物心理学とならんで人間心理学が発生する、動物の科学的心理学とともに人間の心理学がある。ここにポリツェルの論文の意義がある。そこに「ドラマ」の核心がある。そこに人間の心理学の意味がある。〔余白に〕人間の心理学への序文。

動物の心理学は、人間の心理学と、薬草社会学や動物社会学と人間の社会学との関係と同じような関係にある。

バーソフ：動物の中の人間の心理学というのは正しくない。

ポリツェル――動物心理学と人間心理学に共通の公式はない。Ecce homo!（この人を見よ！）

次の三つの観念の間にどのような関連があるか：

電話交換手と、道具の作用と、人格の社会的構造？――

人間は、社会的方法によって自分自身にはたらきかける。そこには行動制御の方法と手段（すなわち、道具の作用）が与えられている。電話交換手も、この方法による制御の特別な形態の観念である。

(1) 人間は人間にはたらきかけるが、外からの、記号の助けが必要。

(2) 人間は自分自身にはたらきけるが、――外から、記号の助けを借りて、すなわち社会的方法による。

(3) 行動の内的な脳による制御とならんで、社会的刺激の特殊例としての自己刺激が前面に現われる（電話交換手は電話を制御する）。その行動のすべてを電話の活動と類比してはならない。しかし、器官＋人間……

## 注

① 「われわれは、ただ一つの学、歴史の学を知るのみである。歴史は二つの側面から考察され得、自然の歴史と人間の歴史に分けられる。」（マルクス-エンゲルス全集・第三巻、大月書店版、一九六三年、一四頁）

② ヴィゴツキー「子どもの文化的発達の問題」本書第六章を参照のこと。

③ 「人間は最初まず、他の人間になかに自分を映してみるのである。人間ペテロは、かれと同等なものとしての人間パウロに関係することによって、はじめて、人間としての自分自身に関係するのである。しかし、それとともに、またペテロにとっては、パウロ全体が、そのパウロ的な肉体のままで、人間という種族の現象形態として認められるのである。」（マルクス-エンゲルス全集・第二三巻a、同前七一—七二頁）

④ 「経済的諸条件がまず最初に国民大衆を労働者に転化させたのである。資本の支配は、この大衆にとって、共通な一つの地位を、共通な諸利害関係をつくり出した。だからこの大衆は、資本に対してはすでに一個の階級であるが、しかし、まだ大衆それ自身にとっての階級ではない。……闘争において、この大衆は自己を相互に結合するようになる。大衆自体にとっての階級に自己を構成するのである。」（マルクス-エンゲルス全集・第四巻、同前一八頁）

⑤ 「人間性は個人に内在する抽象物ではおよそない。その現実性においては、それは社会的諸関係の総体である」（マルクス-エンゲルス全集・第三巻、同前四頁）

⑥ 「言語は意識と同じほど古い。——言語は実践的な意識であり、他の人間たちに対しても現存するところの、したがって私自身にとってもそれこそはじめて現存するところの、現実的な意識であり、そして言語は意識と同じく他の人間たちとの交通の必要、必須ということからこそ成立する。」（マルクス-エンゲルス全集・第三巻、同前二六頁）

⑦ ヴィゴツキー『思春期の心理学』第一章「思春期における興味の発達」新読書社、二〇〇四年

# 訳者解説

柴田 義松

## 心理学におけるモーツァルト

ロシアが生んだ天才的心理学者レフ・セミョーノヴィッチ・ヴィゴツキー（一八九六―一九三四年）の心理学・教育学説への関心は、最近、わが国だけでなく諸外国でもますます高まっています。

早熟で非凡な才能の持ち主であったヴィゴツキーは、のちに「心理学におけるモーツァルト」と呼ばれるようにもなりましたが、その短い生涯のなかで、彼は「繊細な心理学者、博識な芸術学者、有能な教育学者、たいへんな文学通、華麗な文筆家、鋭い観察力をもった障害学者、工夫に富む実験家、考え深い理論家、そして何よりも思想家」として並外れた才能を発揮したと、ヴィゴツキーの伝記作者レウィチンは書いています。

ヴィゴツキーは、ロシア革命が起こった一九一七年にモスクワ大学を卒業し、しばらく郷里の白ロシアで中等学校や師範学校の教師をした後、一九二四年にモスクワの心理学研究所に勤めるようになりました。

革命後のロシアでは、他のあらゆる学問分野とも同様に、心理学や教育の世界でも大きな転換期に直面していました。ヴィゴツキーは「心理学の危機」としてこの問題を取り上げ、当時の代表的な心理学の諸流派に対し徹底した批判的検討を加えたうえで、科学的・唯物論的心理学の方法論建設をめざしたすばらしい著作『心理学の危機の歴史的意味』を一九二七年に書きあげています。この本は、ゲシュタルト心理学やフロイトの精神分析学、さらにはマルクス主義哲学などの基礎知識がないと少々難解な書物ですが、ヴィゴツキーのその他の著書・論文は、心理学の初心者にとってもけっしてそれほど難しい論を説くものではありません。有名な「発達の最近接領域」の理論をはじめとして、ヴィゴツキーの心理学説は、人間の心理発達の法則性や心理過程の基本原則を明らかにしようとしたものですが、それが人間の真実である限り、だれにもわからないはずはありません。真理・真実というものは、多くの場合、むしろ単純で、わかりやすいものなのです。

## 実践的性格をもった心理学説

そのうえ、ヴィゴツキーの心理学説は、教育と結びついたきわめて実践的な性格をもっています。たとえば、古い心理学は、「模倣」を純粋に機械的な活動とみる傾向があったのに対し、ヴィゴツキーは、模倣を通じた「協同」による心理発達、言いかえれば教授‐学習による精神発達は、基本的事実であり、子どもが今日、協同でできることは、明日には一人でもできるようになるとし、「教育学は、子どもの発達の昨日にではなく、明日に目を向けなければならない。その時にのみ、それは〈発達の最近接領域〉に今、横たわっている発達過程を教授の過程において現実に呼び起こすことができる」と考えたのです。これは、子どもの発達と教授との関係について当然の事実ないし原則のことをいっているのではないでしょうか。しかし、現実には最近でも、この原則に反して、子どもがすでに一人でもできるようなことを基にした授業が、「新教育」の名で行われていることが少なくないのです。

ヴィゴツキーは、さらにこの原則に基づいて、異質な能力をもった子どもたちが協同で学びあうことの大切さを、健常児だけでなく、障害をもった子どもの集団についても確かめています。「異質協同の学習」の重要性は、わが国でも民間の教育研究団体の教師たちによって主張され、実践されてきていますが、ヴィゴツキーの心理学説は、まさにそのような実践の正しさを理論的に裏づけるものといってよいでしょう。没後七五年たった今も、その魅力が衰ろえず、むしろより注目され、評価されているのは、彼の学説にこのような現代性とすぐれた実践性があるからだと思われます。

ヴィゴツキーが心理学の研究にたずさわったのは、モスクワ大学卒業の年から数えたとしても、僅か一七年にすぎません。しかし、この短い期間に、彼は驚くほど生産的に後世に残る数々のすぐれた業績を心理学の多分野にわたって生み出しました。彼がこの間に執筆した大小の著書・論文をすべて数え上げると一九〇点ほどになりますが、そのうち主要な著書一三点は、すでにわが国で翻訳され、出版されています（本書巻末の「ヴィゴツキー文献目録」を見ていただきたい）。

そこで、本書では、その他の論文のうちから、ヴィゴツキーの心理学説をよりくわしく理解するうえで参考となり、重要と思われるものを一二点選んで、翻訳することにしました。それぞれの論文についての短い解説は、以下の注解のなかで行っています。その他、ヴィゴツキーの生涯とか心理学説・教育学説について解説した書物についても、本書巻末の文献目録にあげておきましたので、参照してください。

本書の翻訳は、第1章「心理システムについて」から第4章「ゲシュタルト心理学における発達の問題」までを宮坂琇子が、第5章「子どもの文化的発達について」から第12章「人間の具体的心理学」までを柴田が分担し、全体の訳語の調整および注解は柴田が行いました。

なお、本書でも多用されている「ことば」「言葉」「言語」の区別ですが、原則として英語の speech にあたるものを「ことば」、word にあたるものを「言葉」、language にあたるものを「言語」と表記しました。

本書の出版にあたっては、学文社編集部の三原多津夫氏にたいへんお世話になりました。ここに厚く感謝の意を表したいと思います。

# 訳者注解

（1）〔9頁〕「**心理システムについて**」――この論文は、一九三〇年一〇月九日、モスクワ国立大学神経病クリニックでヴィゴツキーが行った報告の速記録である。ヴィゴツキー家の文書庫から発見され、『ヴィゴツキー6巻著作集』の第1巻（一九八二年）で初めて公刊された。

ヴィゴツキーは、この論文で、高次の精神機能は、注意、記憶、思考などの個別的機能が、それぞれ低次のものからより高次の機能に変わるのではなく、これらの機能間の関係、機能間の結合、機能間の構造が変化して、新しい心理システムが生み出されるのだということを明らかにしている。

さらに、この新しい心理システム形成のもう一つの法則性として、「行動のあらゆる高次の形態は、その発達において二度現われる。一度目は、行動の集団的形態として、精神間機能として、次には精神内機能として、一定の行動形式として現われる」ということを明らかにしている。たとえば、子どもの「ことばは最初、子どもと周囲の人々との結びつきの手段である。しかし、子どもが独り言を言い始めるとき、それは行動の集団的形態から個人的行動の実践への移動とみなすことができる」のである（本書17頁）。

（2）〔38頁〕「**意識の問題**」――これは、ヴィゴツキーが一九三三年一二月に行った講演の覚え書きである。これが最初に公刊されたのは、A・A・レオンチェフとA・H・レオンチェフが序文を書いている『文法の心理学』（一九六八年、モスクワ）という書物の中である。

意識の問題は、その当時、心理学にとってもっとも基本的な問題であり、弁証法的唯物論の立場に立ち、科学的心理学を打ち立てようとする心理学者たちの中心的テーマであった。そのためには、従来の観念論的心理学と同時に、意識の存在を故意に無視しようとする行動心理学や反射学の生理学的還元論を批判することが必要であったが、ヴィゴツキーはそうした研究の先頭に立ち、意識の具体的心理学的研究の必要性とその実際的方法論を提起して注目を浴びた。この問題についてのもっともくわしい論述は、『心理学の危機の歴史的意味』（一九二七年に執筆、邦訳は『心理学の危機』柴田義松他訳、明治図書、一九八七年）においてなされているが、この講演覚え書きでは、ヴィゴツキーの主張の要点が、簡潔なテーゼのようなかたちで示されているので、読者の理解をその意味で助けるところがあるように思われる。たとえば、「ことばは、意識の相関概念であって、思考の相関概念ではない。思考は、ことばが意識のなかに入って行く門ではない。」「ことばは意識間のコミュニケーションのための記号である。ことばと意識との関係は、精神物理学的問題である。」「記号的分析は、意識のシステム的、（個人的）意味的構造の研究に対して唯一の適切な方法である。」など（本書52頁）。

（3）〔55頁〕「**心理と意識と無意識**」――この論文の執筆年月は不明である。最初に公刊されたのは、『一般心理学の基礎知識』（一九三〇年、モスクワ）の中においてであった。

意識の問題と同様に、心理および無意識的なものの存在は、心理学の中心的・基本的問題の一つで、決定的・方法論的意義をもっていた。ヴィゴツキーは、心理過程と生理学的過程との統一に立脚する弁証法的心理学のみが、この問題を正しく解決することができると言い、心理過程と生理学的過程とを混同せず、人間の高次の行動形態を示す独自の精神生理学的統一過程を認め、それを心理学的過程と呼ぶことを提案している（本書63頁）。

そして、無意識的なものの存在も認め、「無意識的なものが意識的な過程と行動に影響を及ぼすという、まさに無意識的なものの性格そのものが、無意識的なものを精神生理学的現象と認めることを要求している」（73頁）としている。

（4）〔77頁〕「**ゲシュタルト心理学における発達の問題――批判的検討**」――この論文は、コフカの著書『精神発達の原理』のロシア語翻訳書（一九三四年、モスクワ）への長文の批判的序文として書かれたものである。

コフカは、あらゆる新しい行為が偶然的な諸行為の原理によって生じるとするソーンダイクの試行錯誤の理論に反対し、「ゲシュタルトの原理は、類人猿の高度の知的行為にも、ソーンダイクの実験における下等哺乳類の訓練にも同じ程度に適用でき、そしてついには、クモやみつばちの本能的反応にも適用できる」とするばかりか、「動物と人間の心理学全体をゲシュタルトの概念だけで把握しよう」としていることに対し、ヴィゴツキーはきびしい批判を加えている。動物と人間の心理とを区別するうえでもっとも本質的な役割を果たしているのは言葉である。「言葉は、子どもを、ケーラーが動物において観察したような（視野のゲシュタルトへの）隷属から解放する。言葉は、子どもの行為を解放する。言葉は、また状況の外見的諸要素を意味で満たし、一般化することによって、道具の対象的性質の発生をもたらす。道具は、この対象がどのようなゲシュタルトの中に入るかに関係なく、それ自体として存在する」と述べ、結局のところ、コフカが、人間の発達は「感覚から思考への移行のもとでなされる弁証法的飛躍を見落している」ことを批判するのである。

（5）〔143頁〕「**子どもの文化的発達の問題**」――この論文は、雑誌『児童学』一九二八年一月号に発表されたものである。

ヴィゴツキーは、系統発生的にも個体発生のうえでも、自然的発達の段階とは明瞭に区別される真に人間的な発達を、文化的発達、ないし文化的‐歴史的発達と呼んだ。

「文化的発達とは、あれこれの心理的操作を実行する手段として記号を利用することに基づく行動方法の習得である。……すなわち、文化的発達とは、人類がその歴史的発達の過程において創造した行動の補助手段を習得するということである。そのようなものとして、言語、文字、計算体系などがある。未開人の心理発達の研究だけでなく、子どもの直接的観察が、そのことを私たちに確信させる」と述べ、具体例をあげて、文化的発達をとげていない原始的子どもとの相違を明らかにしている。

（6）〔162頁〕「**子どもの性格の動態に関する問題**」――この論文は、『児童学と教育』（一九二八年、モスクワ）という論文集に掲載されたものである。

ヴィゴツキーは、従来の心理学が、性格の形成や発達の問題を「静的に取り扱い、常に現在あるがままの固定した定数としてみたり、過程ではなく常体として、生成するものではなく状態として理解」〔162頁〕してきたことに反対する。そして、「性格は、人格の社会的刻印であり、社会的地位のための闘争における人格の典型的行動に凝固し、結晶化している。性格は、生活の基本路線、無意識的な生活設計、すべての心理活動や機能に共通した生活的傾向の堆積である」として、子どもの性格の形成と発達は、「社会的に方向づけられた過程」であるとともに、「弱さから強さが発生し、欠陥から能力が発生する」といった「矛盾によって運動する」「弁証法的な過程」であることを強調している。

（7）〔176頁〕「**才能の問題と教育の個人的目的**」――この論文は、ヴィゴツキー著『教育心理学講義』（一九二六年、モスクワ）の中の第17章にあたる。この書は全部で19章からなるが、先に新読書社から出版された柴田義松他訳『教育心理学講義』（二〇〇五年）では、分量の関係から割愛されていたのを、ここで収録したのである。

　この章では、教育の「個別化」の問題が論じられている。「教育方法個別化の要求は、教育学の一般的要求であって、断固すべての子どもに適用されるべきものである」と言い、教育者には二つの課題の解決、すなわち「第一に、すべての生徒についてすべての特質の個別的研究をおこなうことと、第二に、それぞれの生徒に対するすべての教育方法および社会的環境の影響の個別的適用を図ること」が要求されると述べている。「社会的環境の影響」を特に取り上げているのは、「教師は、心理学的観点からいえば、教育的社会環境の組織者であり、その環境と生徒との相互作用の調整者、管理者だ」という、教育に関するヴィゴツキーの基本的な理論的立場からきている（『教育心理学講義』第2章「教育の生物学的要因と社会的要因」を参照してほしい）。
（8）〔181頁〕「**練習と疲労**」――この論文は、ヴィゴツキー著『教育心理学講義』（一九二六年、モスクワ）の第14章に相当する。
　この章は、『教育心理学講義』の全体がそうであるが、教師が教育の現場で日々直面している「実践的性格の課題」、すなわちここでは「練習」の問題にどう立ち向うかについて、心理学の立場から「教育過程の科学的理解」に基づく援助の手を差しのべている。その際、ジェームズの『心理学―教師との対話』（一九〇五年）とミュンスターベルグの『精神工学の基礎』（一九二二年）が主要な参考文献として利用されている。
（9）〔194頁〕「**障害と補償**」――この論文は一九二四年に執筆されており、ヴィゴツキーは、このテーマで第2回未成年者社会的―法的保護大会での報告を行っているが、最初に公刊されたのは論文集『知能・視覚・聴覚障害』（一九二七年）のなかで、「障害と超補償」というタイトルがつけられている。
　この論文で、ヴィゴツキーは、オーストリアの精神科医で社会民主主義者アドラーたちの「超補償」に関する弁証法的学説、すなわち「障害、不適応、低い価値――これらはマイナス、欠陥、否定的量であるだけでなく、超補償への刺激でもある」「身体的不完全さを主観的な不完全さの感情を通して補償や超補償への精神的欲望に弁証法的に転化するのは心理学の基本法則である」といった考えに基本的には共感しながら、その「楽観主義」に綿密な批判的検討を加えている。「補償の純粋に有機的性質に関する素朴な見方」と「この過程の社会的―心理学的要素の無視」を特に問題としている。「ヘレン・ケラー伝説の理解のしかた」についてのコメントも興味深い。

(10)〔214頁〕「**困難をかかえた子どもの発達とその研究**（テーゼ）」――このテーゼは、『ソ連邦児童学の基本問題』（一九二八年、モスクワ）に掲載されたものである。

困難をかかえた子どもの診断法、困難の種類や程度によるこれらの子どもの分類の基本的原理が述べられている。重要なことは、「障害ではなくて、あれこれの障害をもった子どもを研究すること」であり、「周囲の環境との相互作用のもとでの子どもの人格の全体的研究」、「教育過程における子どもの長期の研究」が必要であるということなどが、簡潔なテーゼの形で述べられている。

(11)〔221頁〕「**困難をかかえた子ども**」――この論文は、一九二八年三月四日に行われた講義の速記録である。これが最初に公刊されたのは、『ヴィゴツキー6巻著作集』の第5巻（一九八四年）においてである。

困難をかかえた子ども、教育困難な子どもの性格形成のあり方とともに障害の補償のあり方、さらにはこれらの子どものかかえる障害を克服し、欠陥に打ち勝つ方法が具体的に論じられている。なお、ヴィゴツキーがこうした子どもについて行った実験的研究などの資料は、ヴィゴツキー『障害児発達・教育論集』柴田義松他訳（新読書社、二〇〇六年）の中でくわしく述べられているので、参考にしていただきたい。

(12)〔238頁〕「**人間の具体的心理学**」――これは、ヴィゴツキーが一九二九年に執筆したと思われる手書きの草稿で、ヴィゴツキーの娘、G・L・ヴィゴツカヤの尽力により一九八六年モスクワ大学通報『心理学』№1に掲載され、はじめて公にされたものである。

ヴィゴツキーが、革命後のソビエトにおいて新しい科学的・唯物論的心理学を建設するうえで第一に必要と考えたのは、心理研究に歴史的方法を導入することであった。「歴史的方法が人間の心理学構成の主導的原理とならねばないという命題」を、ロシアにおいてヴィゴツキーが最初に提起したのは、一九二七年のことだとされている（レオンチェフ「人間の心理の研究における歴史的方法について」一九五九年）。その後、人間の高次精神機能の発達史を体系的に論述したものが一九三〇―三一年に執筆されているのだが、これも草稿のままになっていたのを、一九六〇年にその前半の理論編だけが『高次精神機能の発達史』（一九六〇年、モスクワ）として出版され、さらに後半も含めたものが『ヴィゴツキー6巻著作集』第3巻に収められた（『文化的―歴史的精神発達の理論』柴田義松監訳、学文社、二〇〇五年）。これらが生前、草稿のままにされていたのは、ヴィゴツキーとしては、この理論の体系的叙述としてはなお未完成で、書き足りないものがあると感じていたのではないかと思われる。

ところで、同じように草稿のままにとどまっているこの『人間の具体的心理学』は、その書き足りないものが何であるのかを読者が推察するうえでヒントとなるテーゼとか仮説のようなものが数多く述べられているところに、この草稿の貴重な意義があるように思われる。「私の文化的発達の歴史は、具体的心理学の抽象的探究である」（本書252頁）という言葉があるが、まさに「人間の具体的心理学」の探究が、ヴィゴツキーの究極的目標ではなかったのかとも思われるのである。

# ヴィゴツキー文献目録


『思考と言語』柴田義松訳、新訳版、新読書社、二〇〇一年
『文化的-歴史的精神発達の理論』柴田義松監訳、学文社、二〇〇五年
『教育心理学講義』柴田義松・宮坂琇子訳、新読書社、二〇〇五年
『障害児発達・教育論集』柴田義松・宮坂琇子訳、新読書社、二〇〇六年
『芸術心理学』柴田義松訳、学文社、二〇〇六年
『新児童心理学講義』柴田義松ほか訳、新読書社、二〇〇二年
『思春期の心理学』柴田義松ほか訳、新読書社、二〇〇四年
『「発達の最接近領域」の理論』土井捷三ほか訳、三学出版、二〇〇三年
『子どもの想像力と創造』広瀬信雄訳、新読書社、二〇〇二年
『心理学の危機』柴田義松ほか訳、明治図書、一九八七年
『人間行動の発達過程』大井清吉・渡辺健治監訳、明治図書、一九八七年
『子どもの知的発達と教授』柴田義松ほか訳、明治図書、一九七五年
『児童心理学講義』柴田義松・森岡修一訳、明治図書、一九七六年

「行動心理学の問題としての意識」一九二五年　Сознание как проблема психологии поведения.
「心理学における道具主義的方法」一九三〇年　Инструментальный метод в психологии.
「心理システムについて」一九三〇年　О психологических системах.
「意識の問題」一九三三年　Проблема сознания.
「心理学講義」一九三二年　Лекчии по психологии.
「困難を抱えた子どもの発達診断と児童学的臨床」一九三一年　Диагностика развития и педологическая клиникатрудного детства.
「子どもの発達における道具と記号」一九三〇年　Орудие и знак в развитии ребенка.

「学童における生活的概念と科学的概念の発達」一九三三年　Развитие житейских и начных понятий в школьном возрасте.
「学齢期の児童学」一九二八年　Педология школьного возраста.
「統合失調症における概念の破壊」一九三二年　Нарщения понятий при шчзо френии.
「児童学講義」一九三三—三四年　Лекции по педологии.
「高次精神機能の発達と崩壊の問題」一九三四年　Проблема развития и распада высших психических функций.
『心理学辞典』一九三一年　Психологический словарь.
「子どもの文化的発達の問題」一九二八年　Проблема культурного развития ребенка.
「学童における科学的概念の発達の問題によせて」一九三四年　К вопросу о развитии научных понятий в школьном возрасте.
「子どもの人格と世界観の発達」一九二九年　Развитие личности и мировоззрения ребенка.
「構造心理学」一九三〇年　Структурная психология.

# 参考文献一覧


1章
レオンチェフ『記憶の発達』一九三一年
ザンコフ『記憶』一九四九年
グロース『子どもの精神生活』一九〇六年
レヴィ-ブリュール『原始的思考』一九三〇年
ピアジェ『子どもの言語と思考』一九三二年
クレッチマー『身体の構造と性格』一九二四年

3章
ヘフディング『経験に基づく心理学概説』一九〇八年
フッサール『厳密科学としての哲学』一九一一年
ミュンスターベルグ『心理学と経済生活』一九一四年
プレハーノフ『哲学著作集』第1巻、一九五六年
ベヒテレフ『脳の働き』一九二六年
パヴロフ『主要消化腺の働きに関する講義』一九五一年

4章
コフカ『精神発達の原理』一九三四年

5章
ペトローヴァ『原始的子ども』一九二六年

6章
クレッチマー『身体構造と性格』一九三〇年
ブロンスキー『児童学』一九二五年

ザルキンド『ソビエト教育学の諸問題』一九二六年
フローロフ『本能の生理学的性質』一九二五年
アドラー『個人心理学の実践と理論』一九二七年
フロイト『性格と肛門性欲』一九二七年
リュウレ『プロレタリアの子どもの心理』一九二六年
グロース『子どもの精神生活』一九一六年

8章

ジェームズ『心理学』一九〇二年
ジェームズ『心理学―教師との対話』一九〇五年
シェリントン『神経系の統合活動』一九六九年
ミュンスターベルグ『精神工学の基礎』一九二二年
ガウプ『児童心理学』一九一〇年

9章

シュテルン『人の人格』一八二三年
シュテルン『差異心理学の方法論的基礎』一九二一年
アドラー『個人心理学の実践と理論』一九二七年
リップス『心理学の指導原理』一九二七年
バークリン『盲心理学』一九二四年
ペッツェルド『盲人の集中―教育心理学的研究』一九二五年
パヴロフ『動物の高次精神活動の客観的研究20年の経験』一九五一年
ザルキンド『新反射学』一九二五年
ソコリャンスキー『ウクライナ反射学通報』一九二六年
プロトホポフ『反射学と教育学』一九二五年
ケラー『オプチミズム』一九一〇年
ブロンスキー『児童学』一九二五年
フランク『哲学と生活』一九一〇年

# 索　引

## 〔人名索引〕

## わ

# 〔事項索引〕

[訳者紹介]

**柴田 義松**（しばた よしまつ）

1930年生まれ
東京大学名誉教授
〈主著・訳書〉
『ヴィゴツキー入門』（寺子屋新書）子どもの未来社
『教育課程—カリキュラム入門』有斐閣
『21世紀を拓く教授学』明治図書
ヴィゴツキー『思考と言語』（訳）新読書社
ヴィゴツキー『教育心理学講義』（共訳）新読書社
ヴィゴツキー『芸術心理学』（訳）学文社
ヴィゴツキー『文化的-歴史的精神発達の理論』（監訳）学文社
ヴィゴツキー『心理学辞典』（編著）新読書社　ほか

**宮坂 琇子**（みやさか ゆうこ）

東海大学教授
〈主訳書〉
ザンコフ『教授と発達』（現代ソビエト教育学大系8）ナウカ
ヴィゴツキー『教育心理学講義』（共訳）新読書社　ほか

ヴィゴツキー心理学論集

2008年５月15日　第１版第１刷発行

著者　ヴィゴツキー
訳者　柴田 義松　宮坂 琇子

発行者　田中千津子
発行所　株式会社 学文社

〒153-0064 東京都目黒区下目黒３-６-１
電話 03（3715）1501 ㈹
FAX 03（3715）2012
http://www.gakubunsha.com



印刷　新灯印刷
製本　島崎製本

ISBN 978-4-7620-1846-6